IT 사업 그리고 돈
IT BUSINESS AND MONEY

   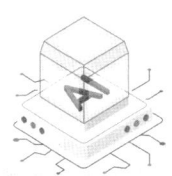

동일출판사

감사의 글
Acknowledgement

IT 분야에서 신기술 개발이나 신사업을 통하여 돈을 벌기는 쉽지 않습니다. 과거 사례를 보면, 대기업이나 스타트업이 추진하는 신사업의 90% 이상은 실패합니다.

그동안 돈을 벌 수 있는 IT 기술 개발에 대한 학교나 리서치 회사의 보고서는 많지만, 실제 상황에서는 적용이 안됩니다. 이 방법으로 사업을 했다면, 많은 회사가 돈을 벌 수 있었는데, 현실은 다릅니다.

신사업은 추진과정에서 예상하지 못한 변수가 많기 때문에 어떤 정형화된 이론을 적용하기는 어렵습니다.

본 서에는 IT 분야에서 이론적인 성공방법보다는 저자의 신기술 개발 경험을 기반으로 신사업에서 성공할 수 있는 방법을 제시하고 있습니다. 과거 사업의 몇 가지 성공과 실패 사례를 분석했고, 이를 통하여 향후 성공 가능성은 높이는 방법을 제안하고 있습니다.

본 서는 IT 회사에서 신기술 개발을 기획하거나 신사업을 추진하는 사람, IT 동향 파악을 위한 회사 경영층 그리고 IT와 관련된 공부를 하는 학생에게 많은 도움이 될 것으로 기대합니다.

본 서가 나오기까지 많은 자문을 해 주신 SKT 선후배, 오랜 기간 같이 일을 한 삼성, LG 사람들 그리고 많은 기술적 자문과 사업 경험을 이야기해 준 여러 분야의 사업하는 사람들께 감사드립니다.

마지막으로 이 책이 나오기까지 지속적으로 지지와 격려를 해준 사랑하는 나의 아내, 두 아들(민우, 승준)을 고맙게 생각합니다. 특히 새로운 도전에 힘을 주고, 꼼꼼하게 원고를 교정해 준 나의 인생 동반자 이나경에게 감사드립니다.

목차

Contents

chapter 1 머리말

chapter 2 IT 기술과 사업 개요

1. IT 역사, Hype Cycle ·· 18
   1) 시대별 주요 기업과 IT 역사 ···························· 18
   2) 기술 Hype Cycle ·· 26

2. 기존 기술 사용 ·· 30
   1) 광범위하게 적용된 기술 ·································· 30
   2) 물리법칙이 적용되는 기술 ······························ 33

3. 표준기술과 비표준기술 ··· 38
   1) 주요 표준기술 ·· 38
   2) 많이 사용되는 비표준 기술 ···························· 40

4. 혁신 기술, 개방형 혁신 ··· 47
   1) 혁신 기술 ·· 47
   2) 기술 융합, 개방형 혁신 ·································· 62

chapter 3 IT 사업에서 성공하는 방법

1. 사업 모델과 방향 ·· 72
   1) 사업 모델 ·· 72
   2) 사업 방향 ·· 92

2. 기술표준과 규제 ··· 100
   1) 기술표준과 규범을 지켜야 한다 ·· 100
   2) 규제가 강한 사업은 2등이 좋다 ·· 107

3. 신기술 특징 ·· 113
   1) 기존 문제를 해결하는 방법이 있다 ·································· 113
   2) 기술 패션과 기술 환생 ·· 130
   3) 미국은 신기술 개발의 중심이다 ·· 139

4. 사업의 본질과 방법 ·· 144
   1) 사업은 피봇팅될 수 있다 ··· 144
   2) First Mover, Fast Follower ··· 161

5. 고객이 원하는 서비스 ··· 165
   1) 개인화에 집중해야 한다 ··· 165
   2) 고객을 서비스에 참여시키고, 머물게 해야 한다 ············· 179
   3) Amazon의 고객 집착 ·· 188

6. 사업 생태계 ·· 190
   1) 기술 위주의 생태계 ·· 190
   2) 회사 위주의 생태계 ·· 199
   3) 플랫폼 사업에서 승자 독식 ··· 204

- MEMO

IT Business and Money

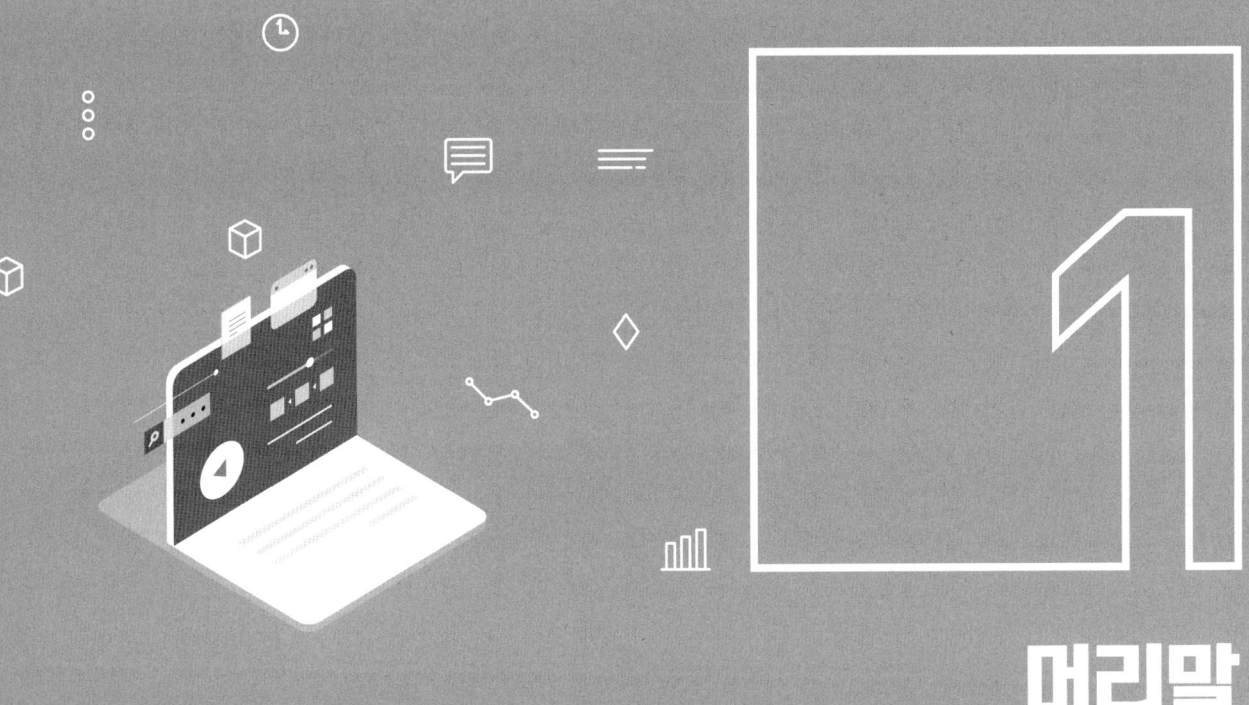

1
머리말

Chapter 1 머리말

IT(Information Technology)는 1990년대부터 기술 개발이 가속화되었고, 이러한 기술 발전은 Apple, Microsoft, Google, Amazon, Meta, NVIDIA 등과 같은 IT 기업이 크게 성장하는 계기가 되었다. 우리가 일상 생활에서 사용하는 제품이나 서비스는 대부분 IT와 연계되어 있어서, 이제는 IT가 생활의 필수 기술이 되었다.

그동안 전세계적으로 IT를 활용한 많은 신사업이 추진되었는데, 이 과정에서 성공과 실패 사례가 많았다. 어떤 신기술은 초기에 좋은 사업 아이템으로 평가를 받았지만 나중에 실패한 사례가 있었고, 어떤 신기술은 초기에 좋지 못한 평가를 받았지만 나중에 성공한 사례가 있었다.

이처럼 IT를 활용한 사업에서 성공과 실패 사례가 다양하고 많기 때문에 과거 사례를 면밀히 분석한다면, 향후 신사업의 성공 확률을 높일 수 있다. 어떤 회사가 신사업으로 성공했다는 것은 결국 수익이 창출된 것이다.

저자는 약 30년간 이동통신사업자와 IT 서비스 분야에 근무하면서 다수의 신기술을 개발하여 사업화 한 경험이 있다. 이러한 사업화 과정에서 성공과 실패를 많이 경험했는데, 이 경험을 전달하고자 한다.

대학이나 리서치 회사가 발행한 성공적인 사업 추진 방법론에 대한 보고서는 많지만, 이 방법을 적용하여 사업에 성공한 회사는 많지 않다. 이처럼 신사업은 추진과정에서 변수가 많기 때문에 어떤 정형화된 이론을 적용하기 쉽지 않다.

어떤 사업가는 싸움에서 태권도를 잘 하는 사람보다는 그때 그때 상황에 따라 변화를 잘 하는 사람이 싸움에 이긴다고 한다. 즉, 이론적인 기법보다는 예측이 쉽지 않은 시장의 변화에 빠르게 적응하는 사람이 성공하게 된다.

본 서에는 과거에 추진되었던 여러가지 IT 분야에서 기술 개발과 사업에 대한 사례가 분석되어 있고, 이를 통하여 사업에 성공할 수 있는 몇 가지 방법이 제시되어 있다. 따라서 본 서는 신기술을 개발하거나 신사업을 추진하는 회사원이나 IT와 관련된 공부를 하는 학생에게 도움을 주고자 한다.

또한 본 서에는 IT 영역에서 기술과 이 기술을 활용하는 사업(서비스 포함)을 최대한 구분해서 설명했다. 하지만 일부 내용은 기술과 사업을 구분하기 애매할 수 있는데, 이 경

우에는 문맥에서 의미를 파악해야 한다.

IT는 범위가 넓어서 정의하기 쉽지 않은데, IT 정의 중에 하나는 "IT is the use of computers to create, process, store, retrieve, and exchange all kinds of data and information"와 같이, "IT는 컴퓨터를 사용하여 데이터나 정보를 관리하는 기술"로 정의될 수 있다.

ICT(Information and Communications Technology)는 IT에 포함되는 개념으로써 전파, 광통신, 이동통신, 인터넷 등과 같은 통신 위주의 기술이다. 즉, ICT는 IT의 한 분야로써 주된 기술은 유무선 통신기술이다. 하지만 일부 전문가는 ICT를 IT와 다른 분야로 정의하기도 한다.

IT는 통신기술, 인터넷 기술, 웹 기술을 포함하여 AI(Artificial Intelligence, 인공지능), 클라우드(Cloud Computing), 빅데이터 분석, IoT(Internet of Things), Blockchain 등 많은 기술이 포함된다.

IT 제품이나 서비스에는 독립적인 다수의 기술이 복합적으로 사용된다. 예를 들어 우리가 휴대폰으로 웹 페이지를 보기 위해서는 ①5G(Generation) 이동통신 기술, ②통신망으로 특정 서버와 연동되는 인터넷 기술 그리고 ③브라우저로 웹페이지를 보는 웹(Web) 기술이 동시에 사용된다.

이처럼 휴대폰 내부에는 5G 이동통신, 인터넷 기술, 웹 기술이 모두 구현되어 있고, 사용자가 휴대폰으로 웹 페이지를 보기 위해서는 이러한 다수의 기술이 동시에 동작된다.

통신기술은 크게 유선과 무선통신으로 분류될 수 있는데, 대표적인 유선통신은 광통신이며 무선통신은 5G와 6G 이동통신이다. 이러한 통신기술은 초기에는(1990년 이전까지) 유선통신 위주로 기술이 개발되었고, 1990년 이후부터는 무선통신 위주로 기술이 개발되고 있다.

정보통신에서 정보가 전달되는 매체(Medium)를 보면 유선통신은 광케이블, 무선통신은 대부분 전파(Radio Wave)가 사용된다. 이것은 사용자(통신 서비스를 받는 사람)가 이동하면서(무선통신으로) 빠른 속도의 인터넷 접속을 원하기 때문이다. 무선통신을 위한 기술은 전파 이외에 음파, 레이저 등이 있다.

인터넷의 주된 기술은 1970년대에 개발된 TCP/IP(Transmission Control Protocol/Internet Protocol)이며, 이 기술은 현재까지 사용되고 있다. 이렇게 오래된 기술이 지금도 사용되는 이유는 TCP/IP 기반의 장비가 오랜 기간에 걸쳐서 전세계적으로 많이 구축되었기 때문이다.

인터넷 장비는 표준으로 정해진 프로토콜(Protocol: 통신규약, 약속)로 연동되기 때문에 새로운 프로토콜을 도입하기 위해서는 기존 장비를 교체해야 한다. 기존 인터넷 장비를 교체하려면, 많은 비용이 소요되기 때문에 새로운 프로토콜을 도입하기 쉽지 않다.

통신기술은 유선(Wireline)이나 무선(Wireless)으로 상호간 정보를 전달하는 기술이고, 인터넷 기술은 다수의 컴퓨터를 하나의 통신망으로 연결하는 기술이다. 따라서 통신기술과 인터넷 기술은 서로 특성이 다르지만, 이러한 두개 기술 연동을 위하여 정해진 API(Application Programming Interface)가 사용된다.

API를 자동차와 도로에 비유하면, 자동차(인터넷에 비유)가 효과적으로 도로(통신기술에 비유)를 달릴 수 있도록 API인 정해진 도로 표면과 자동차 바퀴가 사용된다. 즉, 포장도로와 비포장도로를 달리는 자동차의 바퀴는 다를 수 있기 때문에 도로 상태에 따라 바퀴가 정의된다. 물론 자동차와 도로는 각각 분리되어 발전될 수 있다.

웹(Web)은 WWW(World Wide Web)의 줄임 말로써, 통신망(즉, 인터넷)에 연결된 다수의 컴퓨터 상호간 정보를 공유하는 기술이다. 웹 기술은 크게 컴퓨터간 정보를 송수신하는 프로토콜인 HTTP(HyperText Transfer Protocol), 정보를 표현하는 HTML(HyperText Markup Language) 그리고 호스트(또는 컴퓨터)의 위치를 표시하는 URI(Uniform Resource Identifier)로 구성된다.

웹은 웹 1.0, 웹 2.0, 웹 3.0 등과 같이 발전되고 있는데, 웹 2.0은 서비스 사업자가 독점적인 서비스를 제공하여 수익을 창출하는 구조였는데, 웹 3.0은 분권화(또는 분산)를 통해서 서비스에 참가한 사용자가 컨텐츠를 만들고 수익을 공유하는 구조이다.

국제표준화 기구인 ISO(International Organization for Standardization)는 통신시스템 상호간 호환을 위하여 시스템이 처리하는 기능을 계층으로 분류했다. 이것이 ISO에서 정의한 OSI(Open Systems Interconnection) 7 Layer(계층)이다. 따라서 이동통신망, 인터넷 등과 같은 대부분 통신시스템은 기능별로 구분된 7개 계층의 규격에 따라 개발된다.

예를 들어 하위계층에서 상위계층으로 대표적인 기술은 통신기술, 인터넷 기술, 웹기술이다. 우리가 휴대폰 브라우저로 웹 사이트를 접속할 때, 휴대폰 내부 동작은 하위 계층인 이동통신, 그 다음 계층인 인터넷 그리고 최상위 계층인 웹의 순서로 동작된다.

이처럼 주요 IT는 기술적인 계층적으로 분류되는데, 이와는 별도로 AI, 빅 데이터 처리, Blockchain, IoT 등과 같은 기술은 OSI 전체 계층에 적용되거나 일부 계층(주로 상위)에만 적용된다. 예를 들어 AI 기술은 통신기술 계층에 사용될 수 있고, 웹 기술 계층에도 사용될 수 있다.

그동안 통신기술은 고속 데이터 전송 위주로 개발되었으며, 이 목적을 달성하기 위해서 유선통신은 광통신, 무선통신은 넓은 주파수 폭을 사용하는 이동통신 위주로 발전되고 있다. 이동통신에는 고속 데이터 전송과 함께 응용분야를 확대시키기 위해 실시간으로 기기를 제어하기 위해 통신지연이 짧은 기술 그리고 많은 IoT 디바이스를 수용하는 기술이 추가되었다.

통신에서 채널용량(Channel Capacity)은 미국의 샤논(Shannon)이 정의한 샤논 채널용량 수식에 따라 결정되는데, 2020년을 지나면서 채널용량은 샤논 한계점(Limit)에 도달했다. 따라서 이동통신의 경우, 기본적으로 주파수 폭을 넓게 설정하는 방법 외에는 어떠한 신기술을 적용하더라도 채널용량을 증대하기는 어렵다.

결국 이동통신은 고속통신을 구현하기 위해 물리적인 주파수 폭을 넓게 사용해야 한다. 샤논이 정의한 채널용량 수식에 따라 다양한 신기술(변조, 채널코딩 등)을 적용하더라도 채널용량 증대는 어렵다. 이러한 원리로 5G와 6G 이동통신은 고속통신을 위하여 4G보다 더 넓은 주파수 폭이 사용된다.

유무선 통신분야에서 신기술을 개발하는 것은 과거 2000년 이전보다 더 힘들다. 신기술을 개발하기 어려운 측면도 있지만, 이미 관련 기술을 보유한 회사가 생태계를 장악하고 있어서 스타트업이나 중견기업이 신기술 개발을 주도하기 어렵다.

인터넷 서비스 사업은 검색, 미디어 스트리밍, 쇼핑, SNS(Social Networking Service) 등 다양하다. 인터넷을 활용한 서비스 사업의 특징 중에 하나는 해당 영역에서 시장을 주도하는 하나의 사업자가 시장을 독점하는 승자독식(Winner Takes All 또는 Winner Takes All Market) 현상이다. 이 현상은 향후에도 지속될 것으로 보인다.

이러한 승자독식의 특징은 독점 사업자가 경쟁사보다 더 많은 가입자와 정보를 기반으로 방대한 데이터를 축적한 다음, 이를 활용하여 양질의 서비스를 제공하여 가입자를 더 모으는 성장의 선순환(Positive Cycle)이 형성되는 것이다.

IT에서 신사업 분야를 볼 때, 2000년 이전까지는 H/W(Hardware) 사업이 많았고, 2000년 이후부터는 S/W(Software) 사업이 많았다. 세부적으로 보면, 2000년 이전에는 유무선 통신이나 인터넷과 관련된 장비와 단말기 분야에서 사업 기회가 많았고, 2000년 이후부터는 인터넷을 활용하는 서비스 사업에서 기회가 많았다.

2020년 이후부터는 많은 IT 신사업이 AI 기술을 활용하고 있다. AI 기술은 DNN(Deep Neural Network) 알고리듬, 기계학습(Machine Learning)을 처리하는 칩(특히 GPU)이나 모듈(Module) 그리고 학습에 필요한 빅데이터 처리기술 등의 발전으로 확산되고 있다.

특히 AI의 기반 기술인 기계학습은 이미 일부 능력이(이미지 인식 등) Singularity(특이점)를 넘어선 단계이다. Singularity는 AI 능력이 사람의 능력을 능가하는 지점(시간적 측면)이다. 이처럼 AI는 바둑에서 사람을 이기고, 이후 이미지 인식 등 여러 분야에서 사람의 능력을 넘어선 상태이다.

이러한 상황을 볼 때, 향후 IT를 활용하는 신사업은 기본적으로 AI를 사용해야 한다. 우리가 생활하는데 필수 요소인 전기(Electric)와 같이 AI는 우리 생활에 필수 기술이 되었다. 우리가 아침부터 밤까지 생활하면서 전기가 없으면, 많은 것이 불편하듯이 이제는 AI가 없으면 생활이 불편한 상황이 되었다.

IT에서 혁신기술은 기존에 있는 여러가지 기술을 효과적으로 조합하는 것으로 정의될 수 있다. 예를 들면, 혁신기술이 적용된 것으로 평가받은 비트코인(Bitcoin)은 새로운 기술이 개발된 것이 아니라 기존에 있었던 여러가지 기술이 조합된 것이다.

Apple이 2007년에 iPhone을 처음 출시했는데, 당시 iPhone의 터치 스크린, App Store와 같은 기능은 새로운 기술이 아니었다. iPhone 출시 이전에 삼성의 터치 스크린 폰이 있었고, App Store와 같은 방식은 이미 Nokia(이전 핀란드 휴대폰 제조사)가 서비스를 제공하고 있었다.

이렇듯 혁신적인 기술이나 제품으로 평가를 받은 비트코인과 iPhone은 신기술이 개발된 것이 아니라 기존에 있었던 여러가지 기술이 조합된 것이다. 이렇게 신사업은 획기적인 기술 개발이나 발명보다는 기존에 있는 여러가지 기술을 효과적으로 조합하는 것이다.

과거 1800년대부터 1900년대까지는 수학, 물리학, 공학의 급격한 발전으로 전기, 전화기, 전파 등과 같은 혁신적인 기술이 많이 발명되었지만, 지금은 이와 같은 획기적인 기술을 발명하기 쉽지 않기 때문에 기존 기술을 조합하는 것이 좋다.

한편 우리는 IT 산업의 속성을 알아야 한다. IT 사업가는 늘 새로운 용어를 만들고, 이 용어를 유행어(또는 트랜드)로 만드는 경향이 있다. 즉, IT 사업가는 새로운 로직(Logic)과 유행어를 만들어서 일반인을 대상으로 미래 전망이 좋다고 홍보하는 속성이 있다.

이렇게 IT 사업가는 새로운 기술 유행어를 만든 다음, 세상의 이목을 끌어서 수익을 창출하려고 한다. 이때 어떤 신기술은 단순히 유행만 되고, 돈을 벌 수 없는 기술이 될 수 있어서 전세계 기술동향을 면밀히 파악해야 한다.

어떤 회사는 유행하는 신기술을 빠르게 받아들여 많은 인력과 자본을 투입해서 기술을 개발한 사례가 많았다. 일반적으로 이렇게 갑자기 유행하는 기술은 실패할 확률이 높다.

기술 유행의 대표적인 사례는 2010년대 초에 신사업으로 유행했던 O2O(Online to Offline)와 Fintech(Financial Technology) 그리고 2020년대 초에 유행했던 Metaverse가 있다. 이러한 기술이 유행할 때는 참여한 모든 회사가 돈을 벌 것 같았지만, 실제로는 일부 회사만 돈을 벌고, 유행에 참여했던 많은 회사는 실패했다.

또한 대규모 조직을 가진 대기업도 성장동력을 찾기 위해 이 유행 기술을 개발했지만, 성공보다는 실패 사례가 더 많았다. 물론 IT 신사업의 미래는 알 수 없기 때문에 미래 사업을 준비하는 차원에 유행 기술을 개발하는 경우도 있다.

한편 어떤 신기술이 유망하다고 해서 연관이 높은 기술도 함께 돈을 버는 것은 아니다. 예를 들어 줄무늬 셔츠가 유행한다고 해서 줄무늬 바지나 줄무늬 모자까지 돈을 버는 것은 아니기 때문에 시장동향을 면밀히 파악해야 한다.

실제로 과거 사례를 보면, 돈을 벌 수 있는 기술과 사업을 발굴하기는 쉽지 않다. IT 신사업이 시장에서 성공하기 위해서는 기술 완성도, 안정적인 수익모델, 관련된 이해 관계자와 협력 등 여러가지 요소가 복합적으로 작용된다.

어떤 신기술은 초기에 좋은 평가를 받았지만 수십년 동안 성공하지 못한 사례가 있었고, 어떤 기술은 성공 가능성이 낮다는 평가를 받았지만 단기간에 시장에서 성공한 사례가 있었다.

이처럼 과거 사업의 성공과 실패 사례가 미래에도 반복될 수 있기 때문에 과거 사례를 체계적으로 분석한다면, 신사업 추진에 도움이 된다. 미래는 알 수 없기 때문에 유일하게 참고할 수 있는 것은 과거 사례이다.

IT 영역에서 돈 버는 방법은 과거 원시시대 사냥과 같아서 어떤 규칙이 정해져 있는 것은 아니다. 하지만 원시시대 사냥에서 나의 몸을 건장하게 만들고 동물이 움직이는 동선을 미리 파악하고 있다면, 사냥에서 성공 확률을 높일 수 있다.

비슷한 의미로 아이스하키 선수인 웨인 그레츠키(Wayne Gretzky)는 "훌륭한 하키 선수는 퍽(공)을 따라 움직인다면, 위대한 하키 선수는 퍽이 갈 곳을 미리 예측해 움직인다."고 말했다.

이처럼 사업은 운(Luck)이 많이 좌우하지만, 사업에서 성공하기 위해서는 내가 해당 기술을 보유하고 있어야 하고, 사업 모델과 팀(즉, 구성원)이 준비된 상태에서 기회가 온다. 과거 사례를 보면, 신사업의 90% 이상은 실패하는데, 실제로 유능한 사람과 좋은 기술을 보유해도 실패한 사례가 많았다.

돈을 벌 수 있는 방법에 대한 정의로 'Timing(타이밍)'을 이야기하는 사람들도 있다. 사업환경은 정치, 경제, 전쟁, 전염병, 기후 등과 다양한 외부 요소로 변화가 심한데, 돈을 벌려면 나의 기술이 준비된 상태에서 Timing이 맞아야 된다는 의미이다.

신사업을 통해서 돈을 버는 방법 중에 하나는 혁신(Innovation)이며, 이것은 혁신적인 기술을 개발하여 새로운 고객을 만들고 이를 통해서 수익을 창출하는 방법이다. 새로운 시장을 만드는 주체는 고객이기 때문에 기술의 우수성 홍보나 경쟁 기업 분석보다는 고객을 우선적으로 고려해야 한다.

과거에 성공한 사례로 1980년대에는 SONY, 1990년대에는 Nokia가 있었지만, 이 회사들은 현재 대표적인 실패 사례로 평가받고 있다. 이처럼 과거의 경영 기법이 현재에도 적용되는 것은 아니기 때문에 빠르게 변하는 트렌드를 받아들여야 한다.

어떤 경영학자는 사업에 성공하기 위해서는 초기에 사업 아이템을 잘 선정해야 한다고 조언한다. 이 경영학자는 돈을 벌기 위해서는 초기 아이템 선정이 가장 중요하고, 이 아이템을 대량 상용화하기 전에 작은 규모로(즉, Small Start) 사업을 시작해야 리스크를 줄일 수 있다고 언급했다.

어떤 사업가는 이 세상에서 가장 어려운 것 중에 하나는 남의 주머니에 있는 돈을 정당한 방법으로 나의 주머니에 넣는 것이라고 이야기한다. 이처럼 다른 사람(즉, 고객)을 설득하여 기꺼이 돈을 지불하게 하는 것은 쉬운 일은 아니다.

저자는 20년 이상 이동통신사업자 기술원에 근무하면서 신기술을 활용한 서비스 개발을 많이 했다. 대부분 업무가 신기술을 개발해서 이 기술을 기반으로 제품이나 서비스를 상용화하는 것이었기 때문에 돈을 벌 수 있는 기술 분석을 많이 했다.

중국의 공자(孔子)는 "들은 것은 잊어버리고 본 것은 기억하며, 직접 해본 것은 이해한다."라고 말했다. 이처럼 직접 해 본 것이 중요한데, 저자는 오랜 기간 직접 IT 신기술을 많이 개발했고, 이 신기술을 사업화 한 경험이 있다.

본 서에서 언급되는 다수의 기술은 저자가 직접 개발에 참여했고, 무엇보다도 힘든 상용화를 경험하면서 돈을 벌 수 있는 방법에 대해서 약간의 식견을 가지고 있다. 이 과정에서 좋은 기술이 꼭 돈을 벌 수 없다는 것과 경우에 따라 아주 간단한 기술이 돈을 벌 수 있다는 것도 경험했다.

미국 투자회사의 파트너였던 빌 걸리(Bill Gurley)는 "올바른 판단은 경험에서 나오고, 경험은 틀린 판단에서 나온다(good judgment comes from experience, which comes from bad judgment)"라고 했다.

이것은 과거의 다양한 경험, 특히 실패 경험이 중요하다는 의미이고, 이러한 실패는 개

인적인 경험, 편견, 고집, 새로운 시대를 읽지 못하는 사고방식 등에서 시작될 수 있다. 결국 실패를 통한 경험은 올바른 판단을 위한 밑거름이 된다.

본 서에는 과거에 개발된 기술과 사업의 성공과 실패사례를 어느 정도 체계적으로 분석하여 향후 사업성이 있는 기술 발굴과 사업의 방향을 제시하고 있다. 과거의 기술 개발 사례와 신사업을 유형별로 분석했고, 성공한 이유와 실패한 이유를 명시함으로써 향후 신기술 개발에 도움을 주고자 한다.

따라서 본 서는 IT와 관련된 과거의 기술과 사업을 분석해서 향후 돈을 벌 수 있는 기술 발굴과 사업 방안을 제시함으로써, IT 분야에서 기술을 개발하거나 사업을 기획하는 분이나 IT와 관련된 공부를 하는 학생들에게 도움을 주고자 한다.

- MEMO

IT Business and Money

IT 기술과 사업 개요

1. IT 역사, Hype Cycle
2. 기존 기술 사용
3. 표준기술과 비표준기술
4. 혁신 기술, 개방형 혁신

Chapter 2. IT 기술과 사업 개요

1 IT 역사, Hype Cycle

1) 시대별 주요 기업과 IT 역사

IT(Information Technology, 정보기술)는 전기 통신, 방송, 컴퓨팅(정보처리, 컴퓨터 네트워크, 컴퓨터 하드웨어, 컴퓨터 소프트웨어, 멀티미디어), 통신망 등 사회 기반을 형성하는 유형 및 무형의 기술이다.

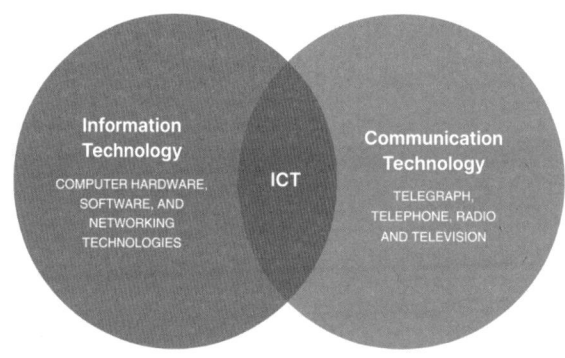

그림 2-1. IT, ICT 정의

출처: techopedia

ICT(Information and Communication Technology)는 IT에 통신 기능이 포함된 용어로써, IT 개념에 포함되거나 별도로 분리될 수 있다. 전문가에 따라서 ICT는 IT 하부 항목으로 분류하거나 IT와 다른 별도의 기술로 정의하기도 한다.

IT를 활용한 사업은 1990년대부터 가속화되기 시작했으며, 2000년 이전까지는 H/W 기반의 신사업이 많았고 2000년 이후부터는 S/W 기반의 신사업이 많았다.

1990년대 후반부터 최근까지 시대별 전세계 주가총액 상위 기업을 보면, 1990년대 후반에는 미국의 GE(General Electric)와 Coca Cola, 2000년대 후반에는 Exxon(미국 석유회사)과 GE 그리고 2010년대 후반부터는 Apple, Microsoft, Alphabet(Google 모회사) 등이다.

➔ 그림 2-2. 시대별 주가총액 상위 기업(전세계)

좀 더 세부적으로 보면, 1980년대는 Main Frame(대규모 업무처리가 가능한 컴퓨터)의 절대 강자였던 미국의 IBM(International Business Machines) 시대였다. 당시 개인용 컴퓨터(PC: Personal Computer)가 범용화되기 전으로 Main Frame 기술을 가진 IBM이 주가총액 최상위를 차지했다.

또한 이 시기에는 미국의 AT&T(통신회사), Exxon(석유회사), Standard Oil(석유회사) 등이 주가총액 상위를 차지했기 때문에 1980년대의 전세계 주가총액 상위기업에는 미국회사가 많았다.

이후 1990년대는 일본회사의 전성기로써 NTT(Nippon Telegraph and Telephone, 통신회사), Toyota(자동차회사) 그리고 다수의 일본 은행이 전세계 주가총액 상위를 차지했다. 이 시기에는 전세계 상위 100대 기업 중에 일본 기업이 약 40개가 될 정도로 일본 기업의 영향력이 컸다.

1990년대에는 일본의 전자제품 회사인 Sony, Toshiba, Canon 등이 휴대용 음원 재생기(Sony의 Walkman 등), 필름 카메라, 아날로그 휴대폰 등의 분야에서 혁신적인 제품을 많이 출시했다.

@CharlieBilello	Largest Companies in the World by Market Cap (1980 - 2019)				
Rank	1980	1990	2000	2010	2019
1	IBM	Nippon Telegraph & Telephone	Microsoft	PetroChina	Apple
2	AT&T	Bank of Tokyo-Mitsubishi	General Electric	Exxon Mobil	Microsoft
3	Exxon	Industrial Bank of Japan	NTT DoCoMo	Microsoft	Amazon
4	Standard Oil	Sumitomo Mitsui Banking	Cisco	ICBC	Google
5	Schlumberger	Toyota Motors	Walmart	Walmart	Facebook
6	Shell	Fuji Bank	Intel	China Construction Bank	Berkshire Hathaway
7	Mobil	Dai-Ichi Kangyo Bank	Nippon Telegraph & Telephone	BHP Billiton	Alibaba
8	Atlantic Richfield	IBM	Exxon Mobil	HSBC	Tencent
9	General Electric	UFJ Bank	Lucent	Petrobras	VIsa
10	Eastman Kodak	Exxon	Deutsche Telecom	Apple	JPMorgan Chase

➔ 그림 2-3. 1980년에서 2019년까지 전세계 주가총액 상위 기업

출처: CharlieBilello

1990년대 후반기에는 인터넷 접속을 위한 웹 브라우저(Netscape 등), 온라인 쇼핑몰(Amazon 등) 그리고 검색엔진(Google 등) 등과 같은 사업을 하는 회사가 두각을 나타내는 시기였다.

2000년대는 GE, NTT DoCoMo(일본 이동통신회사), Walmart(미국 유통업체) 등이 주가총액 상위를 차지했으며, 또한 이 시기는 닷컴(.com 또는 dot com)시대의 시작으로 Google, Microsoft, Facebook, Cisco 등과 같은 IT 기업이 두각을 나타내기 시작했다.

닷컴은 인터넷을 활용하는 회사나 사업으로써, 당시 이러한 회사가 인터넷 주소 끝에 .com을 사용하면서 닷컴이란 용어가 유래되었다. 예를 들어 Google의 인터넷 도메인이 'www.google.com'이기 때문에 Google은 닷컴 회사이다.

2000년대 초에 닷컴 버블(Bubble)이 발생했다. 닷컴 버블은 1990년대부터 급격히 성장한 닷컴 회사가 고 평가되었다는 거품론이 대두되면서 2001년부터 닷컴 회사의 주가가 하락하고, 덩달아 닷컴 회사에 투자하는 벤쳐캐피탈의 투자금도 크게 줄어 들었다.

그림 2-4. 닷컴 버블(2000년 ~ 2001년)

출처: wikipedia

당시 미국 나스닥(Nasdaq) 주식 시장에 상장한 많은 닷컴회사의 주가가 50% 이상 하락하는 현상이 발생했다. 이때 나스닥 종합지수(Nasdaq Composite)는 5000에서 2000으로 하락했다. 이렇게 주가가 하락한 대표적인 닷컴 회사는 인터넷을 활용한 서비스 회사였다.

당시 대부분의 닷컴회사는 여러가지 IT 기술을 개발하거나 서비스를 제공하는 스타트업으로 볼 수 있는데, 닷컴 버블을 일으킨 대부분의 회사는 기술을 개발하는 회사보다는 인터넷을 활용한 서비스 회사였다.

이 시기(2000년대)에는 이동통신과 인터넷이 범용화되기 시작하여 통신장비 회사인 Ericsson, Nokia, Nortel, Lucent 등이 높은 성장을 했는데, 특히 휴대폰과 통신장비 사업을 하는 핀란드의 Nokia는 전세계 휴대폰 시장을 장악했었다.

2010년대는 모바일 컴퓨팅의 원년으로 Apple, Google, Qualcomm(휴대폰 칩 업체) 등과 같이 휴대폰을 제조하거나 휴대폰과 관련된 기술을 보유한 회사가 성장하는 시기였다. 모바일 컴퓨팅은 휴대용 디바이스(주로 스마트폰)를 사용하여 이동 중에 인터넷 접속이 가능한 환경이다.

Apple은 2007년에 iPhone 처음 출시하면서 iPhone 앱(App: Application)을 관리하는 App Store 사업도 시작했다. 이때 iPhone은 휴대폰 시장을 기존 피쳐폰(Feature Phone)에서 스마트폰(Smartphone)으로 바꾸는 결정적인 역할을 했다.

피쳐폰은 핀란드의 Nokia가 만든 용어로써 작은 화면과 물리적인 키패드가 있는 휴대폰이며, 스마트폰은 터치로 동작되는 넓은 화면으로 다양한 앱을 실행할 수 있는 휴대폰이다. 또한 Google은 2008년에 모바일 OS(Operating System)인 Android를 출시했다.

이 시기(2010년대)는 Google, Facebook 등과 같은 인터넷(또는 S/W) 플랫폼회사의 성장기였으며, Amazon과 같은 온라인 쇼핑몰 업체가 두각을 나타내는 시기이기도 했다. 이때부터 다수의 IT 회사가 주가총액 상위를 차지했고, 이러한 IT 상위 기업을 'Big Tech' 회사라고 한다.

2010년대 후반부터 다수의 Big Tech 기업이 주가총액 상위를 차지했고, 이러한 추세는 2020년대에도 계속되어 Apple, Microsoft, Alphabet(Google 모회사), Meta (Facebook 모회사), Amazon, NVIDIA 등과 같은 Big Tech 기업이 주가총액 상위를 차지했다.

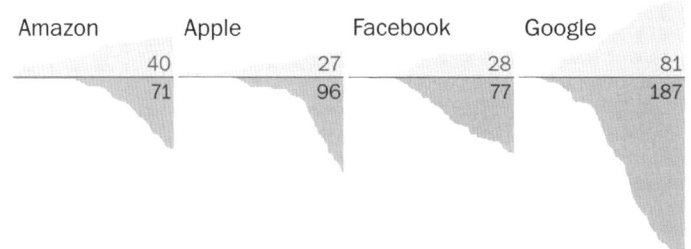

➔ 그림 2-5. 주요 IT 기업의 자체 사업과 인수한 사업

출처: The Washington Post

Big Tech 기업은 기술을 기반으로 사업하는 규모가 큰 회사로써 자체 기술을 개발해서 사업화 한 것도 있지만, 다른 기업을 인수하여 사업을 확대했다. 예를 들면, Google은 회사설립부터 2021년까지 자체적으로 추진한 신사업은 81개, 인수한 회사(또는 사업)는 187개로 많은 외부 기업(특히 스타트업)을 인수하여 사업을 확대했다.

2010년 전까지 주요 IT 기업은 대부분 미국 회사였지만, 2010년 이후부터는 다수의 중국 IT 회사가 두각을 나타내고 있다. 2010년대에는 중국의 Tencent, Alibaba, Huawei, Xiaomi 등과 같은 회사가 확고한 중국 내수시장을 기반으로 글로벌 사업을 시작하는 시기였다.

2020년대 후반에는 AI, Big Data, Cloud, Blockchain 등의 기술이 고도화되고, Web 3.0과 같은 새로운 패러다임이 등장했다. 이렇게 향후에는 신기술과 기존 기술이 융합되면서 새로운 변화가 예상된다.

<u>IT 기업의 역사를 볼 때, 어떤 기업은 변화에 적응하지 못하여 성장이 정체되거나 없어진 회사가 있었는데, 대표적인 사례는 다수의 일본 전자회사와 핀란드의 Nokia였다.</u> 반면 많은 미국회사는 새로운 성장 엔진을 활용으로 수익을 창출하고 있다.

Nokia는 1990년대에서 2010년대까지 휴대폰과 통신장비 시장에서 절대적인 경쟁력을 가지고 있었는데, 당시 매출의 90% 이상을 차지했던 휴대폰 사업을 2010년 이후에 정리했고, 지금은 통신장비 위주로 사업을 하고 있다.

이러한 IT 역사를 기반으로 성공한 회사와 실패한 회사를 체계적으로 분석한다면, 향후 신사업에서 성공 확률을 높일 수 있다. IT 분야는 늘 새로운 기술이 나오고, 이 기술을 사업화 하여 돈을 버는 기업이 있기 때문에 전세계 기술동향 파악이 중요하다.

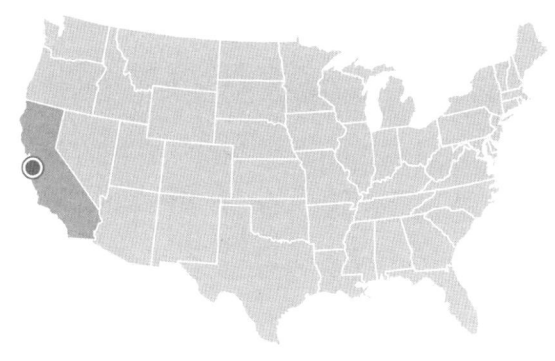

→ 그림 2-6. 미국 실리콘 밸리 위치

출처: thebreuers

많은 IT 신기술이 미국 실리콘 밸리에 있는 회사가 개발했기 때문에 일부 전문가는 전세계 IT 역사를 미국 실리콘 밸리(Silicon Valley 또는 Bay Area)의 역사라고도 한다.

실리콘 밸리는 칩의 원재료인 실리콘(Silicon)과 계곡(Valley)이 합쳐진 용어로써, 초기에 칩을 개발하는 회사가 이 지역(실리콘 밸리)에 많았고, 이곳은 넓은 평야지대 보다는 낮은 계곡이 많아서 Valley라는 용어가 유래되었다.

실리콘 밸리는 미국 샌프란시스코 만(San Francisco Bay)의 남쪽과 서쪽 위주의 지역으로 San Jose, Menlo Park, Palo Alto, Mountain View, Cupertino, Santa Clara, Redwood City, Sunnyvale 등의 도시가 포함된다.

또한 이 지역은 샌프란시스코 만 주변의 지역을 의미하기 때문에 이 지역(즉, 실리콘 밸리)을 'Bay Area'이라고도 한다. Bay(만)는 육지 쪽에 깊숙이 들어온 바다이다.

물론 미국 실리콘 밸리 지역에서 많은 기술이 개발되었지만, Microsoft와 Amazon은 미국 시애틀(Seattle)에서 사업을 시작했기 때문에 실리콘 밸리 이외의 미국의 다른 지역에도 다수의 IT 기업이 있다.

실리콘 밸리는 사업하기 위한 기반 시설(교통, 사무실, 상가 등)과 환경(벤쳐캐피탈, 대학교 등)이 좋아서 지속적으로 스타트업이 생기고 있기 때문에 실리콘 밸리 지역이 주변 도시로 점점 확대되고 있다.

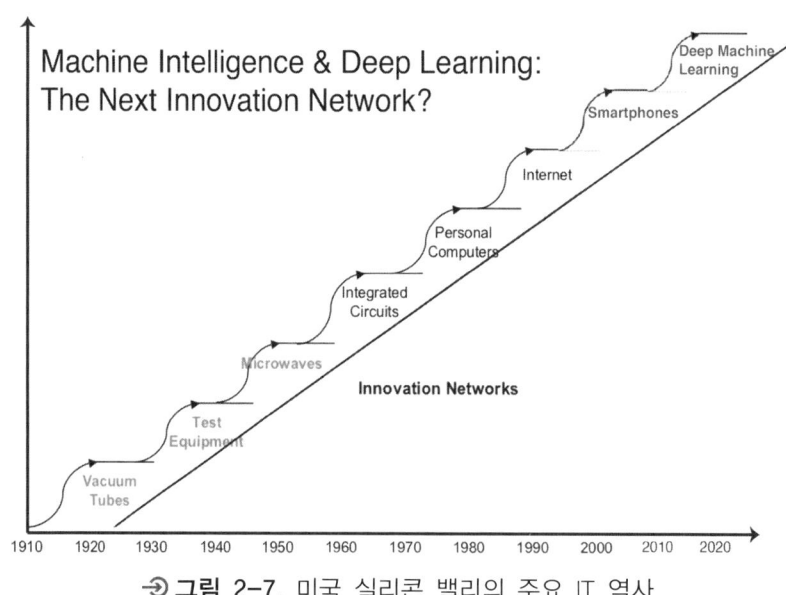

➔ 그림 2-7. 미국 실리콘 밸리의 주요 IT 역사

출처: Steve Blank

미국 실리콘 밸리의 IT 역사를 보면, 1930년대부터 1970년대까지는 미국 국방성 주도로 군사 기술이 많이 개발되었고, 1980년부터는 민간기업이 이익을 추구하기 위하여 신기술을 많이 개발했다.

전체적으로 볼 때, 시대별 미국 실리콘 밸리의 주요기술은 1990년대는 PC, 2000년대는 인터넷, 2010년대는 스마트폰, 2020년대는 AI(인공지능) 기술이다. 이렇게 실리콘 밸리에서 개발된 주요 IT 신기술은 결국 전세계 IT 신기술이다.

PC 시대에는(1990년대) H/W, 인터넷 시대에는(2000년 이후) 인터넷 서비스 사업자(Google 등), 스마트폰 시대에는 앱이 새로운 시장을 형성했다. 이후 AI 시대에는(2020년대) AI 기술이 많은 산업 영역에(금융, 생산 공장, 건설 등) 사용되기 시작했다.

과거부터 인류의 산업 발전에 사용된 주요 원료와 기술은 Material, Energy, Information이다. 이렇게 원료를 활용한 Material과 Energy 그리고 인류의 기술이 집약된 Information 순으로 발전되었는데, 이것은 인류 역사에서 획기적인 전환점(Transforming)이 되었다.

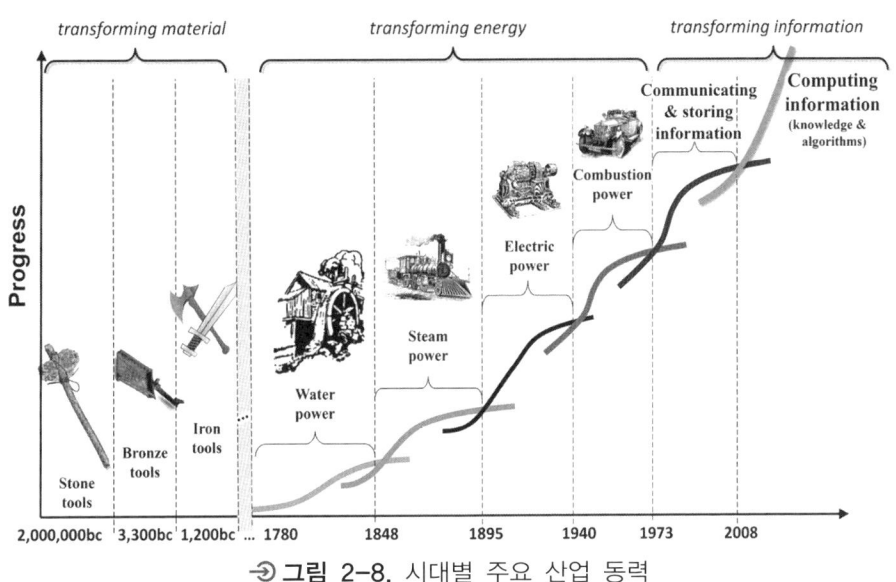

→ 그림 2-8. 시대별 주요 산업 동력

출처: University of California

Material은 석기시대, 철기시대와 같이 인류가 도구를 개발하여 사용하는 것이며, Energy는 수력, 증기, 전기와 같은 에너지를 활용하는 것이다. Information은 컴퓨터, 유무선 통신, 인터넷 등을 활용한 정보 교환, 정보 습득 등을 의미한다. 현재는 Information Age(정보시대)로써 정보기술이 여러 분야에 적용되어 산업 성장을 주도하고 있다.

미국은 다른 나라보다 스타트업이 사업하기 좋은 환경을 제공하는데, 이것은 미국의 기업, 대학교, 벤쳐캐피탈(VC: Venture Capital) 등의 협력 시스템이 좋기 때문이다. 미국 실리콘 밸리에서 사업하는 다수의 회사는 주변 대학교(스탠포드 대학교, 버클리 대학교 등)와 기술협력, 벤쳐캐피탈로부터 자금 조달 등 사업 생태계가 좋다.

예를 들어 미국의 대표적인 벤쳐캐피탈 중에 Andreessen Horowitz(안데르센 호로위츠)가 있다. Andreessen Horowitz(또는 a16z)는 2009년 Marc Andreessen과 Ben Horowitz가 설립한 벤쳐캐피탈이다.

Andreessen Horowitz의 주요 Exit(회사를 매각하거나 상장으로 투자금 회수)는 Facebook, Instagram, Lyft, GitHub 등이다. 이처럼 벤쳐캐피탈은 대규모 자금을 벤쳐에 투자하고, 이후 Exit(기업가치를 현금화)하는 선순환 사이클을 만들고 있다.

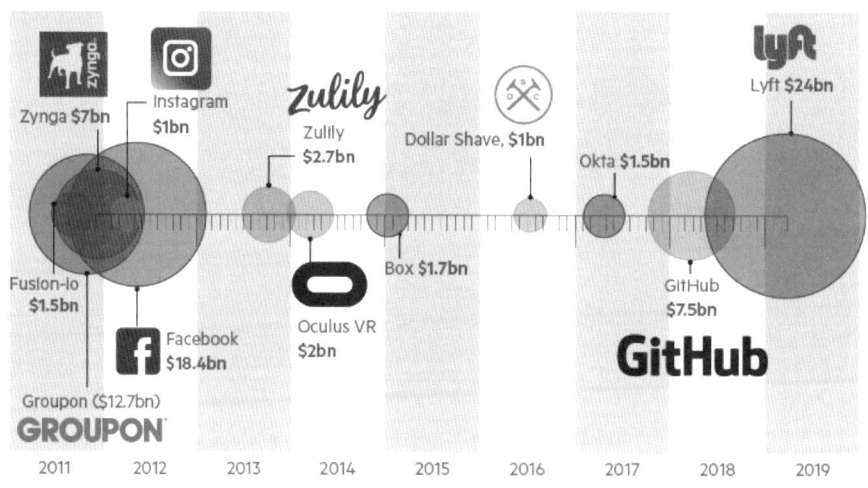

→ 그림 2-9. Andreessen Horowitz의 주요 Exit

출처: Financial Times

Andreessen Horowitz의 창립자인 Marc Andreessen은 1994년에 Netscape Communications사를 설립하여 인터넷 브라우저인 'Netscape'를 개발했으며, 이후 이 회사를 AOL(미국 미디어 회사)에 매각해서 Exit했다. Marc Andreessen과 Ben Horowitz는 이러한 Exit 자본을 기반으로 벤처 캐피탈인 Andreessen Horowitz을 설립했다.

이렇게 미국은 쉽게 스타트업을 할 수 있는 문화, 체계적인 신사업 개발, 많은 투자금, 강한 개발 생태계 등을 기반으로 신기술 개발과 신사업을 위한 좋은 환경을 가지고 있다. 이러한 이유로 미국의 스타트업은 다른 나라 스타트업보다 경쟁력이 강하다.

2) 기술 Hype Cycle

일반적으로 돈을 벌 수 있는 기술 발굴은 쉽지 않다. 어떤 사업가는 사업이 원시시대 사냥과 비슷하다고 이야기하는데, 원시시대 사냥은 동물을 잡기 위하여 어떤 정해진 규칙이 있는 것이 아니라 그날의 운이 좌우하기 때문이다.

하지만 원시시대 사냥에서 어떤 사람이 동물의 이동 패턴을 미리 알고 있고, 더 좋은 사냥 도구와 강한 체력을 보유하고 있다면 사냥에서 성공할 확률이 높다. 이처럼 사업에 성공하기 위해서는 관련 기술을 보유하고 있어야 하고, 과거의 다양한 경험이 필요하다.

국내외 대학교나 리서치 회사가 발간한 돈을 벌 수 있는 방법론에 대한 보고서는 많지만, 이 방법을 적용하여 실제로 돈을 벌기는 쉽지 않다. 사업성이 좋은 신기술을 발굴하는 방법은 다양한데, 이 중에서 참조할 만한 내용은 미국의 리서치 회사인 Gartner(가트너)가 정의한 Hype Cycle이다.

Gartner의 Hype Cycle은 "Hype Cycle is a graphical depiction of a common pattern that arises with each new technology or other innovation"이다. 즉, Hype Cycle은 특정 신기술이 시장에 영향을 주는 변화를 단계별로 나타낸 그래프이다. Hype Cycle에서 X축은 시간이고, Y축은 시장의 기대 값이다.

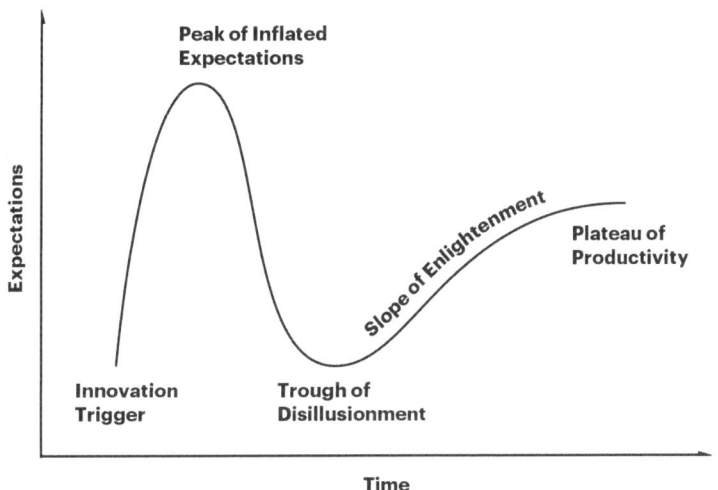

→ 그림 2-10. Gartner의 Hype Cycle

Hype란 "과장되거나 부풀려진 어떤 것"을 의미하기 때문에 Hype Cycle을 과장 그래프라고도 한다. Hype Cycle은 Innovation Trigger, Peak of Inflated Expectations, Trough of Disillusionment, Slope of Enlightenment, Plateau of Productivity와 같이 5단계로 구성된다.

Innovation Trigger(발생기)는 어떤 기술이 관심을 받는 단계, Peak of Inflated Expectations(버블기)는 이 기술이 시장의 기대와 다르게 높은 평가를 받는 단계 그리고 Trough of Disillusionment(환멸기)는 이 기술을 개발하는 다수의 회사가 사업에 실패하는 단계이다.

그리고 Slope of Enlightenment(계몽기)는 일부 기업이 이 기술 사업화에 성공하면서 시장에서 좋은 평가를 받는 단계, Plateau of Productivity(안정기)는 이 기술이 시장에서 많이 사용되고 안정적으로 사업이 진행되는 단계이다.

Hype Cycle을 전체적으로 보면, 새로운 기술이 시장에서 안정적으로 사용되기까지 단계가 'S'자 형태의 커브(S-Curve)이다. 물론 모든 신기술이 이러한 과정을 거쳐서 성공하는(또는 시장에 정착) 것은 아니지만, 다수의 신기술은 이러한 패턴으로 성공한다.

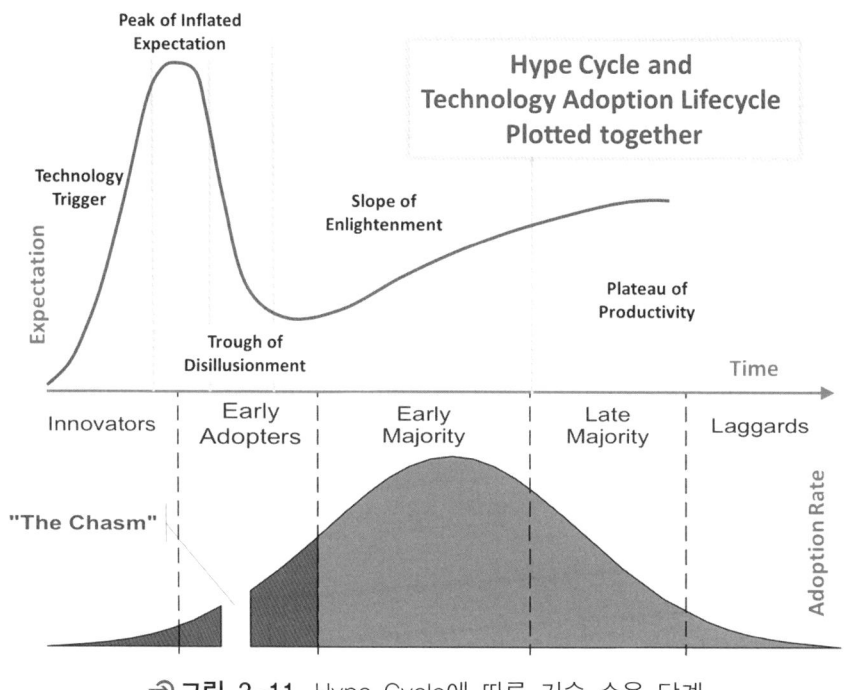

그림 2-11. Hype Cycle에 따른 기술 수용 단계

출처: wordpress

이렇게 신기술이 사업화 되는 과정에서 몇 번의 변곡점이 있을 수 있다. 특히 기술개발 초기에 캐즘(Chasm)이 있을 수 있는데, 캐즘은 어떤 신제품이나 새로운 서비스가 시장에 진입하면서 일시적으로 수요가 정체되거나 단절되는 현상이다. 즉, 캐즘은 해당 제품이나 서비스가 시장에서 많이 사용되기 전에 단절되는 계곡이다.

캐즘은 어느 날 갑자기 새로운 제품이 세상에 나와서 관심을 많이 받았지만, 이후 어느 순간 사라지는 제품이나 서비스가 될 수 있다. 결국 이 상품은 시장의 니즈(Needs, 원하는 것)를 반영하지 못해서 사용자로부터 관심이 멀어진 것이다.

캐즘의 예를 보면, 2008년 전후로 Intel(인텔)의 MID(Mobile Internet Device)가 있었다. MID는 휴대폰보다 큰 화면으로 인터넷 접속이 가능한 단말기로써 현재의 태블릿(Tablet)과 같다. 하지만 이 MID는 2010년에 Apple이 iPad(태블릿)를 출시하면서 시장에서 사라졌다.

이렇게 Intel의 MID가 캐즘을 넘지 못한 이유는 당시 휴대용 인터넷 기기에 대한 니즈는 있었지만, MID는 Intel칩을 사용했고, 운영체계(OS)는 Microsoft Windows 계열을 사용했기 때문에 디바이스 구조상 크기가 크고 배터리 소모량이 많았다. 또한 다양한 Application(또는 App, 응용 기능)이 부족해서 사용의 불편함이 있었다.

'변화의 시작 5AM 클럽(2018년 출간)'을 출간한 캐나다의 리더십 전문가인 로빈 샤르마(Robin Sharma)는 "모든 변화는 처음에 힘들고, 중간에는 혼란스러우며, 마지막은 아름답다."라고 말했다. 이처럼 신사업은 처음부터 여러가지 문제로 어려움이 많을 수 있다.

사업을 추진하는 사람은 이러한 캐즘 때문에 심리적 한계에 도달할 수 있다. 이와 관련된 이야기로 스탁데일 패러독스(Stockdale Paradox)가 있다. 스탁데일 패러독스는 베트남 전쟁 때, 베트남 포로수용소에서 10년 가까이 지내고 살아남은 짐 스탁데일(Jim Stockdale) 장군의 이야기이다.

베트남 포로수용소에 갇힌 미군 중에는 "이번 부활절에 풀려날 거야, 추수감사절에 풀려날 거야, 크리스마스 때는 풀려날 거야."라며 근거 없는 희망만 가졌던 사람은 이러한 상황이 몇 년간 반복되면서 포기했다.

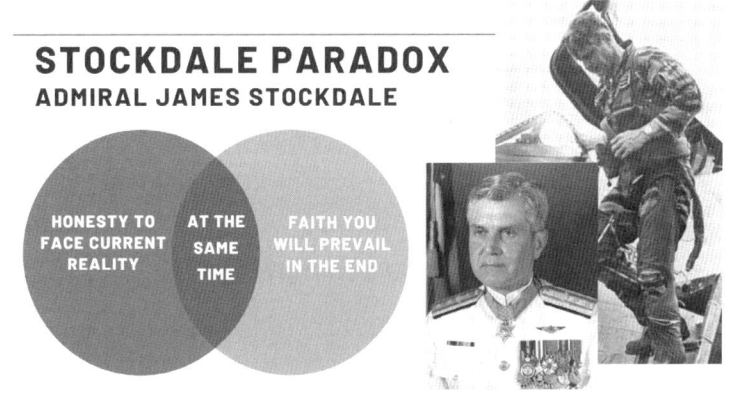

그림 2-12. 스탁데일 패러독스

출처: Red Edge Mentoring

반면 스탁데일은 쉽게 나갈 수 없다는 사실을 직시하고 현실에 대처하면서 반드시 살아서 미국으로 돌아가겠다며 의지를 가진 현실주의자가 포로수용소 생활을 이겨냈다고 말했다. 이와 같이 낙관은 기대만 키우지만, 비관은 최악의 상황에 대비하기 위한 것이다.

이처럼 회사가 위기상황에 처했을 때 현실을 받아들이면서 희망을 버리지 않고 정면 대응하는 회사는 살아남고, 조만간 상황이 풀릴 거라는 기대감 때문에 낙관적으로 대처하는 회사는 무너질 수 있다. 스탁데일 패러독스는 현실을 냉정하게 받아들이면서 다른 한 편으로는 성공에 대한 흔들림 없는 믿음으로 현실을 이겨 나가는 이중성을 의미한다.

2 기존 기술 사용

1) 광범위하게 적용된 기술

IT 산업의 특징은 늘 신기술이 나와서 우리 생활에 변화를 주는데, 대부분 신기술은 기존 기술을 대체하지만, 어떤 기술은 30년 이상 사용되기도 한다. 이렇게 기존 기술이 지속적으로 사용되는 이유는 기존 기술을 신기술로 대체할 때, 비용이 너무 많이 들기 때문이다.

오래된 기술이지만, 지금도 여전히 사용되고 있는 대표적인 기존 기술은 미국과 일본 등에서 사용되는 110V 전원, 인터넷을 위한 주된 기술인 TCP/IP(Transmission Control Protocol/Internet Protocol)이다.

이러한 기술은 30년 이상 오래된 기술로써 지금 상황에서는 효율이나 성능이 좋지 않지만, 오래전부터 광범위한 지역에 관련된 장비가 많이 구축되었다.

<u>기존 기술이 계속 사용되는 이유는 이 기술로 구축된 인프라(또는 장비)가 많아서 새로운 기술이 적용된 인프라를 도입할 때, 너무 많은 비용(구축비, 운용비 등)이 필요하기 때문이다.</u>

110 v   220 v

전력전송에서 220V는 110V보다 전력손실이 적어 에너지 절약 측면에서 유리하다. 물론 220V 이상으로 전압을 높일 수 있지만, 전압을 더 높이면 감전의 위험이 높아지고 비싼 굵은 전력선을 사용해야 한다.

미국은 전기를 발명한 에디슨의 주장으로 1880년대부터 일부 지역에 110V 전력망 구축을 시작했으며, 이후 미국 주요 지역에 110V 전력망을 점진적으로 확대 구축했다.

미국은 전력망을 220V로 구축할 수 있었지만, 이미 구축된 110V를 220V로 높이면 기존에 사용하고 있었던 110V 전구(Light Bulb)의 필라멘트(빛을 내는 소자)가 끊어지게 된다. 이렇게 기존에 설치된 전구 문제로 미국은 전국에 110V 전력망을 구축했다.

이후 미국 전력망은 110V로 구축된 상태에서 110V로 동작되는 전자제품이 급격히 보급되었고, 미국은 이러한 문제로 전국 전력망을 220V로 변경하려면 천문학적인 비용이 필요했다. 따라서 미국은 지금도 110V 전력망을 사용하고 있다.

이러한 이유로 1900년 전후에 110V 전력망을 구축한 나라인 일본, 대만 등은 지금도 110V 전력망을 사용하고 있다. 하지만 1930년 이후 전력망을 구축한 대부분 나라는(우리나라 포함) 220V 전력망을 사용하고 있다.

인터넷의 주요 기술 중에 하나는 TCP/IP이다. 이 기술은 개발된 지 오래되었지만(1970년대), 지금도 이 기술을 사용하고 있다. 물론 TCP/IP보다 더 좋은 기술이 사용될 수 있지만, 이미 기존 기술이 적용된 장비가 전세계적으로 광범위하게 구축되어 있어서 신기술 도입이 쉽지 않다.

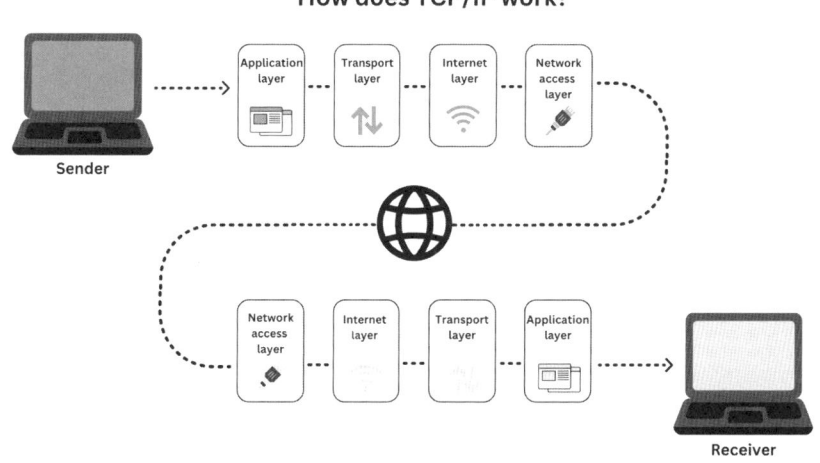

→ 그림 2-13. TCP/IP 동작 절차

출처: ClouDNS

통신에서 대부분 신기술은 이전에 구축된 기존 기술을 수용하기 위하여 Backward Compatibility(신기술이 이전 기술을 수용) 기능이 포함된다. 예를 들어 TCP/IP(통신기술의 한 종류)에 새로운 기술을 추가하려면, 기존의 TCP/IP 모든 기능이 포함되면서 새로운 기술이 추가된다.

이러한 Backward Compatibility의 예는 휴대폰 내부에 포함되어 있는 5G나 6G 이동통신, Wi-Fi, Bluetooth와 같은 통신기술이다. 이 기술은 항상 새로운 버전의 기술이 이전 버전의 기술을 포함한다.

이동통신의 경우, 5G 이동통신 단말기는 기존 4G 이동통신기술을 수용해서 개발된다. 이유는 5G 이동통신망을 처음 구축할 때, 일부 지역만 5G가 가능하고 나머지 지역은 4G로 서비스되기 때문이다.

Wi-Fi도 마찬가지인데, 새로운 Wi-Fi기술이 나오면 휴대폰 내부의 Wi-Fi 칩은 이전 기술이 포함되어 개발된다. Wi-Fi도 이동통신과 마찬가지로 이전 기술이 적용된 인프라(주로 Wi-Fi AP)를 수용해야만 시장성이 있다.

기술 측면에서 표준화 단체는 이러한 Backward Compatibility를 고려하여 표준화 초기 단계부터 과거의 기술을 수용해서 기술을 정의한다. 대부분의 경우, 신기술이 이전 기술보다 복잡하기 때문에 과거 기술을 수용하는 것은 그렇게 어렵지 않다.

기존 기술이 지속적으로 사용되고 있는 또 다른 사례는 금융시스템에 사용되고 있는 메인프레임 컴퓨터(Mainframe Computer)이다. 메인프레임 컴퓨터는 1970년대에 많이 사용되었는데, 지금은 금융기관 외에는 대부분 기업이나 기관이 사용하지 않는다.

이렇게 메인프레임이 여전히 사용되고 있는 이유는 메인프레임이 대용량 데이터 처리가 가능하고, 시스템 안정성이 매우 높기 때문이다. 특히 금융 관련 기관(은행, 보험, 증권 등)은 시스템 안정성이 가장 중요하기 때문에 과거부터 사용되고 있는 메인프레임을 지금도 사용하고 있다.

만약 시스템이 오동작하거나 동작이 정지되면 금융시스템이 붕괴될 수 있기 때문에 금융기관은 매우 안정적인 시스템을 원한다. 하지만 메인프레임이 너무 오래되었기 때문에 많은 금융기관은 서서히 새로운 시스템으로 변경하는 추세이다.

이렇게 오래된 시스템(즉, 메인프레임)을 사용하기 때문에 여기에 사용되는 컴퓨터 언어는 1959년에 개발된 COBOL 언어를 사용하고 있다. COBOL은 현재 금융기관 외에는 다른 분야에는 거의 사용되지 않는다.

이전 기술이 지속적으로 사용되는 기계장치의 예로 자전거가 있다. 자전거는 수백 년 전에 발명되었지만, 현재도 초기에 발명된 골격(또는 구조)을 유지하고 있다. 이것은 과거 수백 년 동안 많은 사람이 새로운 형태의 자전거 개발을 시도했지만, 매번 실패했다는 의미이다.

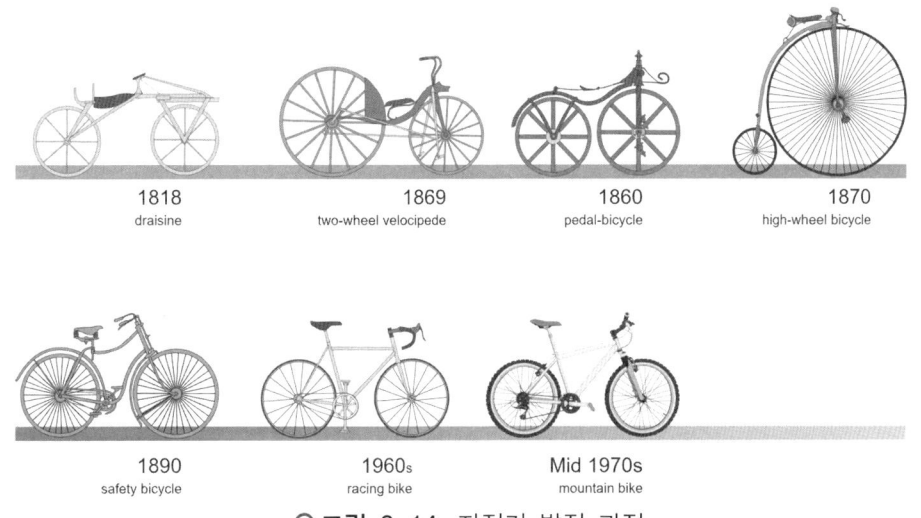

→ 그림 2-14. 자전거 발전 과정

출처: wikimedia

따라서 자전거와 같은 단순한 장치는 새로운 구조(자전거)를 개발한다고 해도 성공확률은 낮다. 자전거와 같은 단순 기계장치는 새로운 기술을 개발하지 않는 것이 좋다. 이유는 전세계 많은 사람들이 4백년 이상 개발을 시도했지만, 혁신적인 제품을 개발하지 못했기 때문이다.

자전거와 비슷한 사례로 간단한 구조인 우산이 있다. 많은 사람이 수백 년간 효과적인 우산 개발을 시도했지만, 대부분 실패했고 결국 오래전에 고안된 형태가 여전히 사용되고 있다. 이처럼 자전거와 우산처럼 단순한 기술이 적용된 장치는 혁신적인 제품을 개발하기 쉽지 않다.

2) 물리법칙이 적용되는 기술

과학이론(주로 물리 법칙)에 따라 구현된 기술은 동작 원리가 정해져 있어서 이 원리를 변경할 수 없다. 물리법칙이 적용되는 통신 분야의 대표적인 기술은 전파와 광통신이다. 전파와 광통신은 물리법칙을 기반으로 구현했기 때문에 획기적인 신기술 개발은 사실상 어렵다.

어떤 전문가는 전파와 광통신 분야를 '신의 영역'이라고 정의했는데, 신의 영역은 사람이 도전할 수 없는 영역으로 해당 기술을 변경하거나 이 분야에서 새로운 기술을 개발하기는 불가능하다는 의미이다.

반면, 인터넷 프로토콜은 정해진 물리 법칙이 아니기 때문에 사용자가 원하는 방향으로 기술을 변경할 수 있다. 예를 들면, 인터넷 프로토콜인 TCP/IP와 HTTP(HyperText Transfer Protocol)는 임의로 변경할 수 있다.

전파(Radio Wave)는 전자기파(Electromagnetic Wave)의 한 종류로써 파동(Wave)의 진동으로 정보가 송수신되고, 광통신(Optical Communication)은 광케이블 내부에서 빛의 반사로 정보가 전달되는 원리이다.

전파는 과거 맥스웰(James Clerk Maxwell)이 전파의 존재를 수식으로 증명했고, 이를 기반으로 헤르츠(Heinrich Rudolf Hertz) 등이 실험을 통해서 전파의 존재를 확인했으며 마르코니(Guglielmo Marconi)는 전파를 활용하여 사업을 했다.

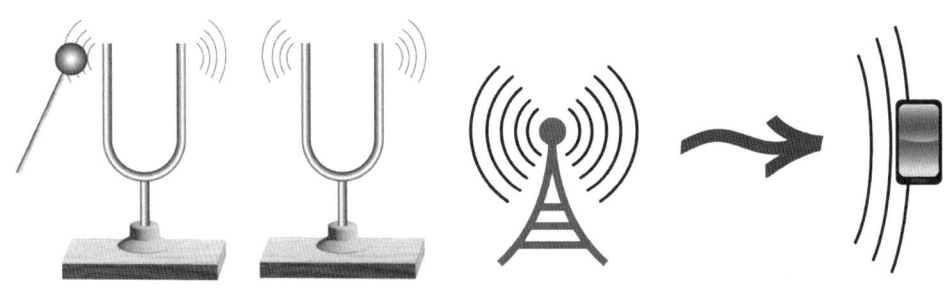

그림 2-15. 전파의 원리

전파는 진동을 기본원리로 파동이 공간에 퍼져 나가는 원리이다. 만약 2개의 소리굽쇠(Tuning Fork)가 나란히 있을 때, 한쪽이 진동하면 옆에 있는 다른 소리굽쇠가 진동하는 원리이다. 이때 2개의 소리굽쇠는 구조가 같아야 되는데, 이것은 서로 같은 주파수를 사용한다는 의미이다.

이러한 전파의 원리는 변경할 수 없기 때문에 전파의 전달 성능을 높이는 방법은 없다. 물론 전파기술에서 고성능 안테나를 사용하거나 송수신 지점간 2개 이상의 주파수를 사용하여 성능을 높이는 방법이 있지만, 근본적으로 전파의 원리를 바꾸는 것은 아니다.

광통신은 광케이블 내에서 빛의 반사 원리(대부분 전반사)를 활용하는 것으로 매우 가는 (사람의 머리카락보다 훨씬 작은 굵기) 광섬유는 기존 전화선 1만 회선 이상의 전송속도를 제공한다. 일반적으로 광섬유의 주된 성분은 유리(또는 석영)이다.

그림 2-16. Willebrord Snell, 초기 광섬유 개발 배경

광통신 원리는 네덜란드 물리학자인 Willebrord Snell(간단히 Snell, 스넬)에 의하여 밝혀졌다(1621년). 이것을 스넬의 법칙(Snell's Law)이라고 하는데, 스넬의 법칙은 빛의 특성에 관한 것으로 빛은 매질이 다른 면에 도달할 때 반사, 전반사, 굴절 등의 현상이 나타난다.

Snell의 법칙을 수식으로 표현하면, $n_1 \sin\theta_1 = n_2 \sin\theta_2$와 같이 된다. 여기에서 n_1은 입사광 계수, n_2는 반사광 계수, θ_1은 입사각, θ_2는 반사각이다. 결국 이 수식을 활용하면, 빛의 입사각을 기준으로 반사각의 예상 경로를 예측할 수 있다.

이후 영국의 물리학자인 존 틴들(John Tyndall)은 물 호스(Water Hose)를 활용하여 빛의 전반사 원리를 실험했다(1854년). 당시 물이 들어있는 양동이에 호스를 달아서 물을 밑으로 흘리면서 태양빛을 관찰했는데, 이때 태양빛이 물줄기 내에서 전반사를 일으키면서 진행되는 것을 알았다.

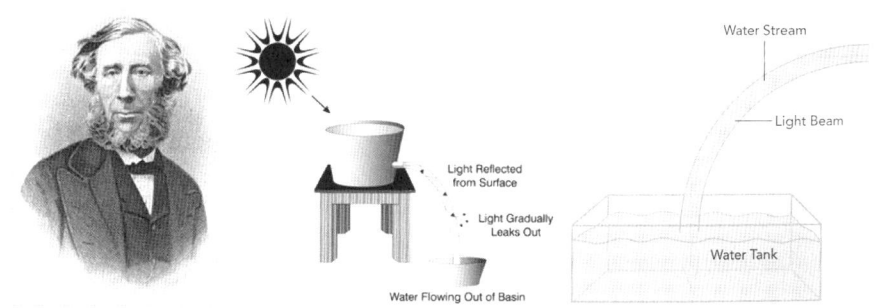

그림 2-17. John Tyndall, 빛의 전반사 실험

Tyndall이 실험한 것은 빛의 굴절과 반사원리를 활용하는 것으로 ①균일한 물질에서는 빛이 반사되고, ②물질의 경계에서 빛이 반사될 때 입사각과 반사각은 동일하다는 것이다. 또한 ③서로 다른 물질의 경계면에 빛을 투과시키면, 경계면에서 빛의 진행 각도가

변경된다는(이것이 굴절) 것을 밝혔다.

결국, 광통신의 주된 원리는 빛의 전반사 특성을 활용하는 것이며, 밀도가 다른 2개 이상의 물질에서 고밀도 물질에 광신호를 보내면 저밀도 물질의 경계면에서 반사가 발생된다.

빛의 반사파가 경계면과 평행하게 진행하는 각도를 임계각(Critical Angle)이라고 하며, 광통신을 위해서는 임계각보다 큰 각도로 빛이 광섬유에 입사되어야 전반사가 발생된다.

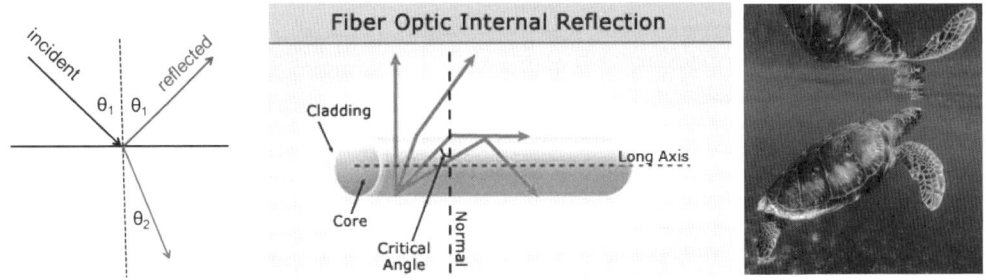

→ 그림 2-18. 빛의 반사특성(다른 매질을 만날 때)

빛이 광섬유로 입사될 때, 입사되는 각도를 입사각(Incidence)이라 하고, 매질이 다른 경계면에서 빛이 반사되는 각도를 반사각(Reflection)이라고 한다. 이때, 특정 각도로 빛을 매질에 입사시키면, 빛이 매질의 경계면(또는 X축 방향)을 따라 진행되는데, 이 각도가 임계각이다.

이러한 광통신의 근본적인 원리는 변경할 수 없지만, 다수의 광신호를 한꺼번에 보낼 수 있는 파장분할 기술이나 광섬유에서 왜곡을 줄일 수 있는 기술 등은 통신망에 사용되고 있다.

물리법칙이 적용되는 전파와 광통신과는 달리, 통신채널 용량과 관련되어 샤논의 채널용량 이론(Shannon's Channel Capacity Theorem)이 있다. 이 법칙은 물리법칙과 유사하게 변경하기 어렵다.

$$C = B \log_2 \left(1 + \frac{S}{N}\right)$$

채널 용량(Channel Capacity)은 송신측에서 수신측으로 정보를 보내기 위해 사용되는 물리적인 채널에서 정보의 오류없이 전송 가능한 최대 속도이다. 샤논의 채널용량은 전송 대역폭과 S/N(Signal to Noise, 신호대 잡음비)와 관계가 있는데, 채널 용량을 증가시키는 방법은 전송 대역폭을 넓게 하거나 S/N을 증가시키는 방법이다.

통신에서 매체(또는 매개체)는 정보가 전달되는 광섬유 또는 정해진 영역에서 특정 주파수 폭을 가진 전파가 될 수 있다. 다른 분야 매체를 보면, 자동차인 경우 매체는 도로가 되고, 상수도의 매체는 수도관이다.

모든 통신채널은 기본적으로 잡음이 존재하기 때문에 S/N를 증가시키는 데는 한계가 있다. 따라서 이미 샤논의 채널용량 한계점(Shannon Limit)에 도달되어 어떠한 신기술을 적용해도 용량 증대는 어렵다. 통신채널 용량을 증가시키는 유일한 방법은 전송 대역폭을 넓게 하는 설정하는 것이다.

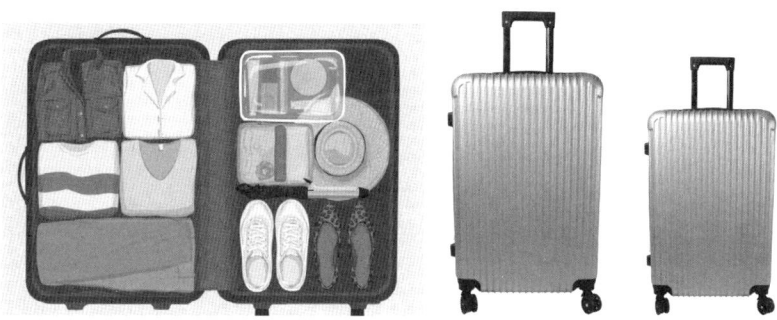

통신에서 채널용량이 한계점에 도달되었다는 것을 여행용 가방에 비유하면, 이미 여행용 가방에 많은 물건(즉, 새로운 기술)이 꽉 차 있는 상태여서 새로운 물건을 넣을 자리가 없다는 의미이다.

따라서 더 많은 물건을 가방에 넣기 위해서는 또 다른 여행용 가방을 구해서 물건을 넣는 방법이다. 이것을 기술적으로 보면, 채널의 용량을 증가시키기 위해서는 더 넓은 주파수 대역폭을 사용해야 한다. 쉽게 보면 휴대폰에서 인터넷 송수신 속도를 빠르게 하기 위해서는 더 넓은 주파수 폭을 사용해야 한다.

이러한 원리로 5G 이동통신은 4G 대비 전송속도를 높이기 위해서는 더 넓은 대역폭(전파가 주파수 영역에서 차지하는 넓이)이 사용된다. 같은 원리로 6G 이동통신이나 Wi-Fi 신기술은 이전 기술보다 더 넓은 대역폭이 사용된다.

3 표준기술과 비표준기술

1) 주요 표준기술

표준기술은 IT 시스템에 적용되는 기술로써 통일된 규범이나 요구사항이다. IT에서 통신 표준기술은 통신망에 연결된 다양한 시스템간 합의된 프로토콜(규약, 약속)이다. 이러한 표준기술은 사용자에게 일관된 서비스를 제공한다.

표준기술은 서로 다른 장치간 호환, 향후 기술발전에 공동 대응, 관련된 업계가 공동으로 생태계를 넓혀서 시장을 확대하는 등의 효과가 있다. 이렇게 기술을 표준화하면, 공급자(서비스, 장비 등)와 사용자 모두가 비용을 절감할 수 있다.

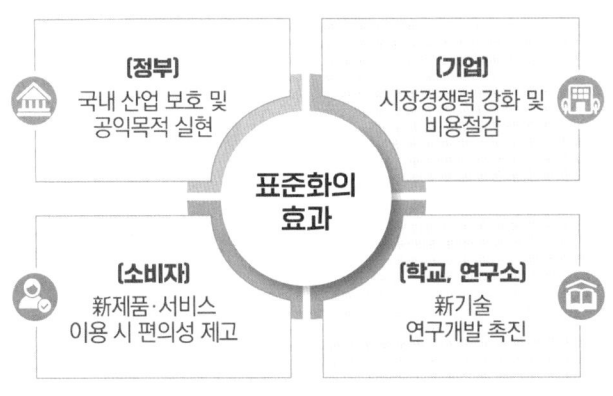

➔ 그림 2-19. 표준화 효과

출처: TTA

따라서 표준화는 정부, 기업, 사용자, 연구기관(학교 포함) 등 관련된 생태계 모두에게 도움이 된다. 만약 어떤 회사가 IT 시스템이나 서비스에 표준기술을 사용하지 않고 별도의 독자기술을 사용한다면, 지속적으로 기술을 발전시키는 것은 쉽지 않다.

IT와 관련된 대표적인 국제 표준기술은 통신기술, 인터넷 기술, 웹 기술이다. 이들 기술에서 각각의 대표적인 기술을 보면, 통신기술은 이동통신과 Wi-Fi, 인터넷 기술은 TCP/IP 그리고 웹 기술은 HTTP, HTML, URI이다.

표준화 단체 중에서 각 국가의 지원을 받는 공식적인 표준화 단체는 ①통신 위주의 단체인 ITU(International Telecommunication Union), ②다수의 정보기술을 정의하는 ISO(International Organization for Standardization) 그리고 전기전자 위주의 관련된 기술을 정의하는 IEC(International Electrotechnical Commission)가 있다.

ITU는 통신기술, ISO는 산업계에서 사용되는 다양한 기술, IEC는 전기전자 위주의 기술을 정의하는 표준화 단체이다. ISO와 IEC는 일부 기술 규격을 공동으로 정의하는데, 이를 위하여 2개 단체는 공동 기술위원회인 ISO/IEC JTC(Joint Technical Committee)를 운영하고 있다.

De Jure　　**De Facto**
"In Law"　　　"In Fact"

표준화 단체는 운영 주체에 따라 크게 'De Jure Standard Body'와 'De Facto Standard Body'로 분류될 수 있다. De Jure Standard Body는 각 국가가 참여하는 단체로써 법적인 영향이 있으며, De Facto Standard Body는 관련된 회사(민간기업)가 모여서 표준을 정의하는 단체이다.

<u>ITU, ISO, IEC는 각 국가에서 인정하는 표준화 단체로써, IT 분야에서는 공식 표준화(De Jure Standard) 단체이다.</u> 이러한 공식 표준화 단체 이외에 관련된 회사가 주도하는 3GPP, IEEE, IETF, W3C 등에서 정의하는 기술표준은 사실상 표준(De Facto Standard)이다.

공식 표준화 단체는 각 국가가 인정하는(또는 지원하는) 단체로서 회의를 주도하는 사람은 각 국가의 정부기관이고, 사실상 표준 단체를 주도하는 사람은 해당 국가의 정부가 아닌 민간 기업이다.

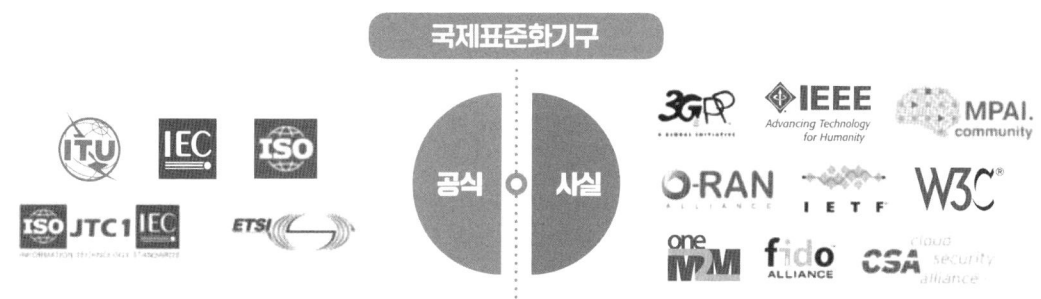

→ 그림 2-20. 공식 표준화 단체와 사실상 표준화 단체

출처: TTA

De Jure Standard를 정의하는 단체인 ITU, ISO, IEC는 어떤 금전적인 이익을 추구하기 보다는 인류의 공동 발전을 위하여 특정 기술표준을 정의한다. 반면 De Facto Standard에 참여하는 회사는 각 회사의 이익을 추구하기 위하여 규격을 정의하기 때문에 산업체 표준(Industrial Standard)라고도 한다.

De Facto Standard에 참여하는 회사는 각 회사가 보유하고 있는 특허기술을 표준에 추가시켜 특허료와 같은 지적 재산권을 행사하거나, 표준으로 정의된 장비나 단말기를 판매하여 수익을 창출한다.

우리가 사용하는 제품이나 서비스에 적용된 기술규격은 대부분 민간 기업이 정의한 De Facto Standard로써, 이 제품이나 서비스가 시장에 출시되기 전에 해당 기술은 표준화 단체에서 정의된다. 대부분 표준기술은 기술을 개발하기 이전에 정의되며, 이후 기술 개발을 통해서 상용화된다.

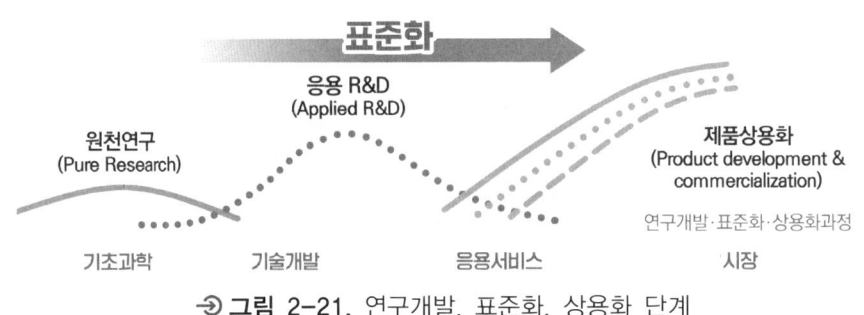

그림 2-21. 연구개발, 표준화, 상용화 단계

출처: TTA

국제 표준을 따르지 않고 특정 국가가 독자적으로 기술을 정의한 예는 일본의 2세대 이동통신이다. 일본의 2 세대 이동통신 기술은 전세계 표준과 다른 주파수 대역을 정의했기 때문에 다수의 일본 휴대폰 업체가 해외 시장에 진출하는데 어려움이 있었다. 이처럼 국제 표준을 준수하는 것이 기업의 경쟁력을 강화하는 방법이다.

2) 많이 사용되는 비표준 기술

시장에서 많이 사용되고 있는 비표준 기술은 다른 회사의 제품이나 서비스와 호환성이 거의 없다. 어떤 회사의 비표준 기술이 시장에서 많이 사용되는 이유는 오랜 기간 고객으로부터 신뢰를 받았기 때문이다.

대표적인 비표준 기술은 Microsoft의 Windows이다. 이것은 다른 OS(Operating

System)와 전혀 호환이 되지 않기 때문에 Microsoft가 독자적으로 시장을 점유하고 있다. PC(Personal Computer)에서 Windows는 40년 이상 절대적인 경쟁력을 가지고 있기 때문에 대체 제품이 거의 없다. 물론 Apple의 Mac PC는 다른 사례이다.

사용자는 이미 Windows에 익숙해져 있고(심지어는 중독되어 있고), 많은 응용 프로그램이 Windows를 기반으로 개발되어 있어서 사용에 편리하다. PC에 사용되는 Microsoft의 Windows와 Apple의 macOS 상위에 동작되는 브라우저 기술은 표준기술이다. 따라서 브라우저는 OS와 상관없이 동작된다.

미디어 스트리밍 프로토콜 관련, Apple이 2009년에 개발한 HLS(HTTP Live Streaming)가 있다. Apple은 HLS를 iOS(iPhone OS)에 적용한 이후, iOS 이외에 Microsoft Windows, Android 등 다른 OS로 적용을 허용했다.

HLS의 주요 특징은 기능적으로 Adaptive Bitrate Streaming(적응형 비트 레이트 스트리밍)이 가능하고, HTTP(HyperText Transfer Protocol) 전송 프로토콜을 사용하는 것이다. Adaptive Bitrate Streaming 기능은 전송속도를 가변할 수 있는 기능이고, HTTP를 사용하는 것은 별도의 스트리밍 서버가 필요 없다는 의미이다.

스트리밍(Streaming)은 미디어가 저장되어 있는 서버에서(또는 Cloud에서) 단말기(또는 Client) 쪽으로 미디어를 연속적으로 전송하는 방법이다. 스트리밍의 상대적인 반대 개념은 다운로드(Download) 방식으로 다운로드 방식은 단말기가 모든 미디어를 서버로부터 다운로드 받은 다음, 단말기에서 플레이(Play)하는 것이다.

Adaptive Bitrate Streaming은 미디어를 스트리밍하면서(서버 → 단말기) 통신 채널에 변화가 있을 때, 전송속도를 조절하는 것이다. 대표적인 예로 이동 중에 휴대폰으로 비디오를 시청할 때, 전파 상황이 나쁘면 비디오 해상도를 낮춰서 보내는 방법이다. 비디오 해상도를 낮추면, 데이터 전송속도가 낮아진다.

HTTP(웹에서 서버와 클라이언트간 데이터 송수신 프로토콜) 방식은 전세계 대부분 서버가 지원하는 방식이다. 따라서 HTTP를 활용하면 미디어(비디오, 오디오, 문자 등)를 클라이언트(휴대폰이나 PC)로 보내기 위하여 별도의 서버나 프로토콜이 필요 없다.

HLS와 같이, OSI(Open Systems Interconnection) 7 Layer에서 IP(Internet

Protocol)를 활용한 미디어 스트리밍 기술은 HLS외에도 MPEG-DASH가 있다. 이러한 기술은 인터넷으로 미디어를 스트리밍하는 방법이다.

MPEG-DASH 기술을 정의하는 표준화 단체는 MPEG(Moving Picture Experts Group)으로 국제 공식 표준화 단체인 ISO(International Organization for Standardization)/IEC(International Electrotechnical Commission)의 산하 조직이다. MPEG 표준화 단체(또는 기구)의 주된 역할은 비디오, 오디오 압축기술을 정의하는 것이다.

DASH(Dynamic Adaptive Streaming over HTTP)는 MPEG에서 정의한 미디어 스트리밍 기술표준이다. 크게 보면, Apple이 정의한 HLS와 MPEG이 정의한 DASH는 같은 기술이다. 이렇게 HLS와 MPEG-DASH는 둘 다 Adaptive Bitrate Streaming을 지원하지만, 시장에서는 Apple의 HLS가 절대적으로 많이 사용된다.

<u>이유는 Apple 기기 전체와 Apple 제품 이외의 웹 브라우저, 모바일 기기, 스마트 TV 등 다양한 디바이스나 장치에 HLS를 쉽게 구현할 수 있기 때문이다.</u> 반면, DASH는 일부 플랫폼(즉, OS)에서는 지원되지 않는 문제가 있다.

또한 개발자가 HLS를 구현하기 위한 개발 환경이 좋고, 대부분 CDN(Content Delivery Network) 장비가 HLS를 지원하기 때문에 장비 구축 측면에서 유리하며, 편리한 재생 목록(Playlist) 형식을 지원하고 있다.

CDN은 대용량 데이터(주로 비디오)를 여러 군데 복사해서 사용자에게 스트리밍하는 기술이다. 예를 들어 Netflix는 CDN을 활용하여 같은 비디오 컨텐츠를 서울, 대구, 부산 등 주요 대도시에 분산시켜 스트리밍한다.

이렇게 대용량 비디오 컨텐츠를 분산시키면 대용량 통신 트래픽을 줄일 수 있고, 사용자와 가까운 위치에 스트리밍 서버가 있어서 사용자에게 빠르게(즉, 실시간) 비디오를 스트리밍할 수 있다.

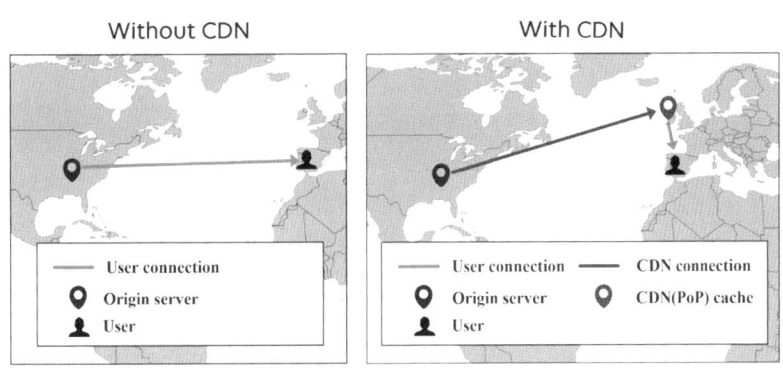

그림 2-22. CDN 활용 여부 구분

출처: StormIT

예를 들어 비디오 스트리밍 서버가 서울에 있고 가입자는 대구에 있다면, 서울에서 대구 가입자에게 직접 스트리밍해야 한다. 하지만 스트리밍 서버가 대구에 있으면, 가입자 가까이 서버가 있어서 가입자에게 빠른 전송이 가능하고, 서울에서 대구까지 대용량 트래픽을 줄일 수 있다.

HLS는 Apple이 정의한 비표준 기술이지만, 여러가지 장점으로 미디어 스트리밍에서 절대적인 시장을 차지하고 있다. <u>HLS는 기술적으로 MPEG-DASH보다 우수한 점도 있지만, 무엇보다도 Apple의 강한 생태계의 영향으로 많이 사용되고 있다.</u>

우리가 소비하는 미디어에서 데이터 크기를 보면 문자, 그림(또는 이미지), 음성, 비디오 순으로 데이터가 크다. 이 중에서 비디오의 데이터 양은 다른 미디어보다 절대적으로 크다. 따라서 통신기술은 비디오를 빨리 전송하는 데 중점을 두고 개발된다.

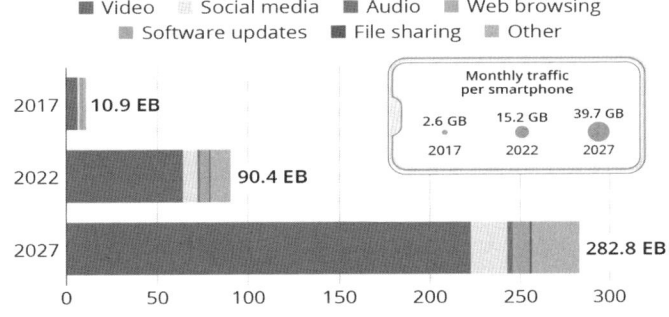

그림 2-23. 이동통신에서 비디오 트래픽이 차지하는 비중

출처: Statista

2020년대 하반기 기준으로 이동통신에서 비디오 트래픽이 차지하는 비중은 약 80%이다. 이것은 미디어에서 비디오의 데이터가 크면서 사용자는 YouTube, Netflix와 같은 비디오 컨텐츠를 많이 소비하기 때문이다.

우리가 휴대폰으로 YouTube, 채팅, Facebook, 인터넷 검색, 통화, SMS(Short Message Service) 등의 기능이나 서비스를 활용하고 있지만, 절대적으로 트래픽이 많은 것은 비디오이다.

따라서 이동통신 기술은 이러한 비디오 데이터 처리를 위하여 집중적으로 기술을 개발하고 있다. 즉 이동통신 기술개발에서 가장 우선 순위가 높은 것은 실시간 대용량 데이터를 송수신하는 기술이다.

하지만, 확고하게 시장을 장악하지 못한 비표준 기술은 시간이 지나면서 경쟁력을 상실하게 된다. 대표적인 비표준 기술 사례는 1990년대에서 2000년대까지 일본에서 많이 사용했던, 이동통신 기술이 있다.

이것은 일본 내에서는 상호간 호환이 되었지만, 그 외 국가에서는 호환성이 없는 기술이었다. 당시 일본은 문화적으로 자체 기술을 선호하는 경향이 있었다. 일본은 1970년대와 1980년대에 자체 기술로 카메라, 캠코더, 비디오 플레이와 같은 혁신적인 제품을 많이 개발했기 때문에 자체 기술에 대한 강한 믿음이 있었다.

배터리 고속 충전기술과 관련되어 미국 Qualcomm(퀄컴)이 개발한 Quick Charge 기술이 있다. Qualcomm은 주로 스마트폰의 핵심칩인 AP(Application Processor) 위주로 사업을 하는 칩 개발회사이다. 이렇게 Qualcomm은 AP 시장 지배력을 활용하여 2015년부터 기존 방식보다 빠른 충전이 가능한 Quick Charge 기술을 자체 AP에 적용했다.

Qualcomm은 AP를 휴대폰 제조사(삼성, 샤오미 등)에 공급하기 때문에 휴대폰 위주로 Quick Charge 시장을 만들었다. 이렇게 Qualcomm의 독자기술이 휴대폰에 사용됨으로써 휴대폰 이외에 충전기와 같은 휴대폰 주변장치로 Quick Charge 기술이 확산되었다.

물론 2020년을 지나면서 대부분 휴대폰 회사는 국제 충전표준인 PD(Power Delivery)를 적용했기 때문에 지금은 Quick Charge 기술이 많이 사용되지 않았다. 하지만 2020

년 이전까지는 Quick Charge가 주된 고속 충전기술이었다.

이러한 Quick Charge 기술은 Qualcomm의 독자기술로써 휴대폰 뿐만 아니라 다양한 제품에도 확산된 사례이다. 물론 이때 Qualcomm은 Quick Charge와 관련된 칩, 모듈, S/W를 판매하여 수익을 창출했다.

또다른 비표준 기술로 시장을 장악하는 회사로 스위스의 로지텍(Logitech)이 있다. 로지텍은 컴퓨터 위주의 주변기기를 개발하는 회사로서 마우스, 키보드와 같은 기기에 경쟁력을 가지고 있다.

로지텍은 다른 경쟁사 제품보다 기기를 인체 공학적으로 설계하고, 사용에 편리한 기능을 많이 개발한다. 로지텍은 무선 마우스나 무선 키보드와 같은 대부분 자사 제품에 자체 USB(Universal Serial Bus) 동글(Dongle)을 사용한다.

이때 사용되는 무선통신 방식은 로지텍 자체 기술로써, 로지텍 USB 동글과 타사의 무선 마우스나 키보드는 호환이 안된다. 물론 요즘은 Bluetooth를 사용하여 컴퓨터와 컴퓨터 주변기기를 무선 연결로 많이 하는데, 이것은 표준기술(즉, Bluetooth)을 사용하기 때문에 다른 제품간 호환된다.

또한 로지텍은 PC와 주변기기간 유선보다는 무선 연결을 강화하면서 저전력으로 동작되는 노르웨이의 Nordic Semiconductor의 칩을 사용하여 편리성을 높였다. Nordic Semiconductor의 칩은 소형, 저전력 측면에서 경쟁력이 있다.

<u>한편 어떤 기술은 표준으로 정해져 있는데, 이 기술을 개발하는 회사간 경쟁이 심하여(즉, 상호 협력이 부족하여) 일종의 비표준 기술이 되는 경우도 있다.</u> 대표적인 예는 이동통신망의 Fronthaul 인터페이스인 eCPRI(evolved Common Public Radio Interface)이다.

이동통신망은 크게 Core Network와 Access Network으로 구성된다. Core Network은 주로 가입자 관리, 외부 통신망(주로 인터넷)과 연동을 담당하고, Access Network은 전파를 통하여 휴대폰과 통신하는 역할을 한다. Access Network을 RAN(Radio Access Network)이라고도 한다.

이러한 RAN(기지국)은 크게 CU(Centralized Unit), DU(Distributed Unit), RU(Radio Unit)로 구성된다. CU는 Core Network와 연동 그리고 DU와 RU를 제어하는 역할을 하며, DU는 주로 무선통신을 위한 디지털 신호처리를 담당하고, RU는 무선으로 휴대폰과 통신하는 역할을 한다.

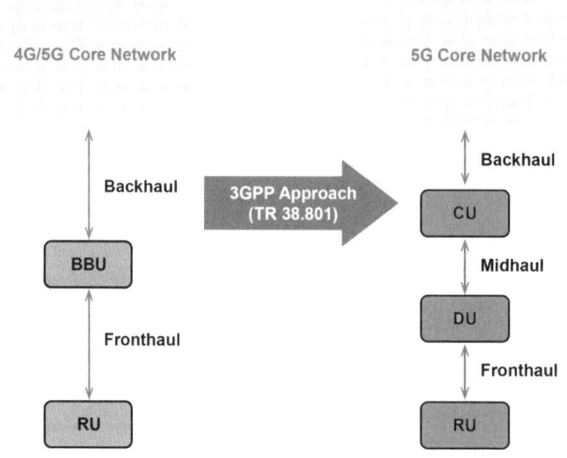

→ 그림 2-24. 4G와 5G의 RAN(또는 기지국) 구조

출처: Power Electric Tips

여기에서 DU와 RU 사이를 Fronthaul(사용자와 통신을 위한 마지막 유선 구간)이라고 하고, Fronthaul에 사용되는 기술 표준이 eCPRI이다. 하지만, 전세계 주요 이동통신 장비회사인 Ericsson, Nokia, 삼성 등이 공급하는 장비는 상호간(타사 장비간) eCPRI 가 호환되지 않는다.

이것은 이동통신 장비회사인 Ericsson, Nokia, 삼성 등이 자체 RU를 많이 판매하기 위한 것이다. 이동통신 장비회사는 이동통신망에서 절대적으로 수량이 많은 RU(기지국의 전파 송출 장치)를 판매하기 위해서 다른 통신장비 제조사간 연동을 하지 않고 있다.

즉, 기존 시장을 장악하고 있는 통신 장비회사는 주요 수익원인 RU를 많이 판매하기 위하여 중소기업을 포함한 다른 회사의 진입을 막을 목적으로 국제 표준은 있지만, 사실상 표준을 지키지 않고 있다.

물론 통신장비를 구매하는 이동통신 사업자는 오래 전부터 이러한 호환문제를 해결하려고 시도는 했다. 하지만 공급업체가 다른 통신장비를 사용할 경우, 통신망에 장애가 발생되면 대응이 쉽지 않은 문제로 도입이 쉽지 않았다.

또한 전세계적으로 이동통신 기지국 기술을 오픈하는(실제로는 공통된 기술 표준을 사용하는) Open RAN(Radio Access Network)이 강하게 대두되고 있어서, 이러한 호환성 문제는 조만간 어느 정도 해결될 것으로 보인다.

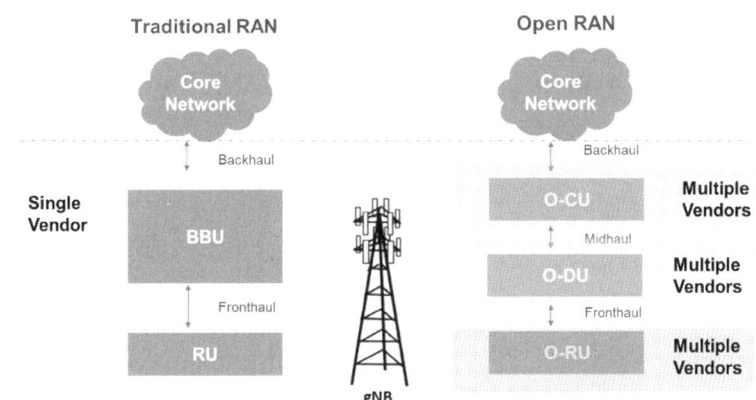

그림 2-25. 기존 RAN과 Open RAN 비교

출처: MathWorks

Open RAN의 주된 특징은 이동통신 기지국의 Fronthaul 인터페이스를 오픈하여 많은 장비가 호환을 갖도록 하는 것과 기지국에 RIC(RAN Intelligent Controller)를 추가하여 지능적으로 기지국을 제어하는 것이다.

이처럼 국제 표준은 있지만, 각 업체간 일종의 이권 문제로 표준을 지키지 않고, 독자적으로 비표준 기술을 사용하는 경우가 있다.

4 혁신 기술, 개방형 혁신

1) 혁신 기술

혁신(Innovation)은 기존의 제품이나 서비스와 완전히 다른 것 또는 기존 제품의 성능이나 가격을 현격하게 개선하는 것이다. 일반적인 의미에서 혁신은 묵은 풍속, 관습, 조직, 방법 등을 바꿔서 완전히 새롭게 하는 것이다.

혁신과 관련되어 국제 공식 표준화 단체인 ISO(International Organization for Standardization)는 혁신 관리시스템(Innovation Management System)을 정의했다. 물론 혁신 관리시스템의 객관적인 정의는 어렵지만, ISO는 어느 정도 개념적인 틀에서 이것을 정의했다.

→ 그림 2-26. 혁신 관리시스템

출처: ISO, Impact Innovation

혁신 관리시스템은 혁신 제품을 개발하기 위하여 경영층(Leadership), 운영조직(Operations), 지원조직(Support)이 유기적으로 협력하는 구조이다. 혁신 관리시스템에서 중요한 것은 혁신을 위해서는 지속적인 실행이다.

Apple 창업자인 스티브 잡스(Steve Jobs)는 혁신을 "Innovation distinguishes between a leader and a follower(혁신은 리더가 경쟁자와 차별화하는 것)"라고 정의했다. 또한 잡스는 혁신(또는 혁신기술)을 "이미 있는 제품이나 서비스의 품질이나 기능을 개선하는 것."라고도 정의했다.

미국의 경영학자인 피터 드러커(Peter Drucker)는 혁신을 "소비자들이 이제껏 느껴온 가치와 만족에 변화를 일으키는 활동"으로 정의했다. 피터 드러커는 혁신을 위해서는 기존에 없던 것이나 좋지 않은 것에서 새로운 가치를 창출하는 활동이 중요하다고 언급했다.

미국 경제학자 조지프 슘페터(Joseph Schumpeter)는 "혁신은 새로운 발명뿐만 아니라 새로운 시장 개척, 저렴한 재료 찾기, 비용이 적게 드는 생산방법을 찾는 것"이라고도 정의했다.

인류는 편리한 생활을 위하여 끊임없이 혁신기술을 개발하고 있다. 인류는 원시시대부터 기본 욕구인 의식주(衣食住)를 해결하기 위한 다양한 도구(일종의 혁신기술)를 만들었고, 의식주가 어느 정도 해결된 이후에는 좀 더 편리한 생활을 위해 혁신기술을 개발하고 있다.

인간은 몇 가지 내재된 욕구 때문에 혁신기술을 개발한다는 의견이 있다. 이러한 인간의 욕구와 관련되어 미국의 심리학자인 아브라함 매슬로우(Abraham Maslow)는 '매슬로우 욕구 단계(Maslow's Hierarchy of Needs)'를 정의했다.

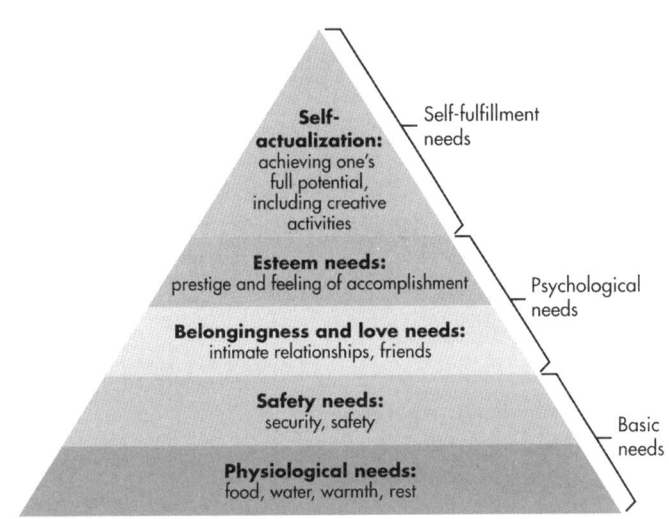

→ 그림 2-27. 매슬로우 욕구 단계

매슬로우 욕구 단계는 세부적으로 5단계인데, 크게 보면 기본적인 욕구인 의식주와 안전(Basic Needs), 그 다음은 심리적인 욕구(Psychological Needs), 마지막으로 자아실현의 욕구(Self-Fulfillment Needs)와 같이 3 단계로 요약될 수 있다.

현재 대부분 사람은 기본적인 욕구(의식주와 안전)가 충족되기 때문에 다른 욕구를 추구하게 된다. 사람은 사회적(모여서 생활) 동물이기 때문에 Belongingness(소속감, 즉 사회적 욕구)와 Esteem(존경받음)과 같은 새로운 욕구를 갈망한다. 이러한 사람의 사회적 욕구와 존경받고 싶은 욕구가 신기술 개발을 촉진시킨다.

예를 들어 내 친구가 새로운 iPhone을 가지고 있다면, 나는 동료로서 소속감과 동질감을 느끼기 위하여 새로운 iPhone을 구매하게 된다. 만약 내가 오래된 iPhone을 가지고 있다면, 주변의 동료로부터 소속감이 떨어지고 존경을 받지 못할 수 있다.

또한 우리 사회 시스템인 자본주의는 모든 절차가 효율적으로 처리되어야 한다. 사람은 덜 움직이기를 원하고, 더 저렴한 가격에 좋은 제품을 구매하려고 한다. 따라서 새로운 사업은 이러한 자본주의 시스템에 맞게 추진되어야 한다.

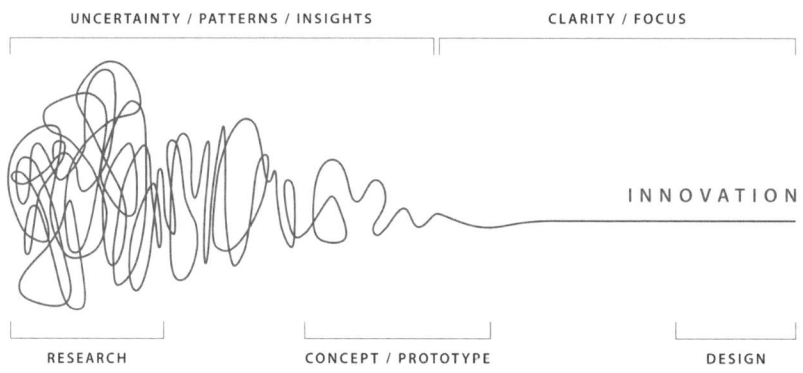

그림 2-28. 혁신적인 기술 개발 절차

혁신기술은 연구단계(Research), 시제품(Prototype), 상용 제품(Production) 등과 같은 순서로 개발되는데, 연구단계에는 미래의 불확실성으로 인하여 시행착오를 많이 겪는다. 과거에 개발된 혁신기술이나 지금의 혁신기술도 대부분 이러한 과정을 거치는데, 혁신기술을 개발하는 것은 쉽게 않다는 의미이다.

대부분 혁신기술은 수학이론을 기반으로 물리적인 실험을 거쳐서 공학으로 제품이 개발된다. 이러한 배경으로 1980년대 이전까지는 물리법칙을 활용한 신기술이 많이 발명되었다. 하지만 현재는 물리법칙을 활용한 신기술 발명이 쉽지 않다.

그림 2-29. 전기를 발명한 에디슨, 무선통신을 사업화 한 마르코니

1980년 이전의 대표적인 발명을 보면, 벨(Alexander Graham Bell)의 전화기 발명(1876년), 에디슨(Thomas Alva Edison)의 전구 발명(1879년), 마르코니(Guglielmo Marconi)의 무선통신 사업화(1895년) 등이 있었다. 벨은 음성을 전기적 신호에 보내는 전화기를 발명했고, 마르코니는 전파를 활용한 무선통신 사업을 했다.

1950년대부터 1990년대까지 혁신기술 개발의 중심은 미국의 벨 연구소(Bell Laboratories, 간단히 Bell Labs)였다. 벨 연구소는 전화기를 발명한 벨이 설립한 미국 통신회사인 AT&T와 Western Electric(전자장비 회사, 주로 AT&T에 통신장비 공급)이 공동으로 설립한 연구소이다(1925년).

Bell Laboratories

→ 그림 2-30. Bell Laboratories 로고(1969년 ~ 1983년)

벨 연구소는 전자소자인 Transistor, Laser, CCD(Charge Coupled Device), 정보이론, 이동통신, 컴퓨터 언어인 C, C++ 등 혁신적인 기술을 많이 개발했다. 따라서 벨 연구소는 2000년 이전까지 세계 최고의 전기, 전자, 컴퓨터 신기술을 개발했었다.

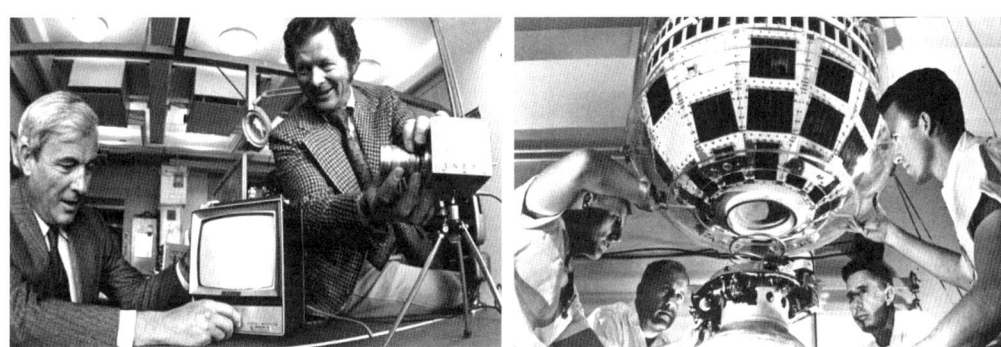

→ 그림 2-31. Bell Labs의 이미지 센서, 위성통신 장치 개발

출처: Bell Labs

하지만 2000년을 지나면서 스타트업(Google, Qualcomm 등) 위주로 신기술이 많이 개발되었고, 이러한 환경변화로 벨 연구소는 2000년대부터 뚜렷한 신기술을 개발하지 못했다. 더구나 벨 연구소를 보유했던 당시 통신장비 회사인 Lucent(이전 AT&T의 통신장비 사업부문)는 경영이 악화되어 벨 연구소를 매각했다.

정리하면 AT&T의 벨 연구소는 Lucent로 소속이 바뀐 이후, Lucent가 프랑스의 Alcatel에 인수되면서 벨 연구소는 Alcatel-Lucent소속으로 변경되었다. 이후 Nokia가 Alcatel-Lucent를 인수하면서 벨 연구소는 Nokia 소속이 되었다.

→ 그림 2-32. 벨 연구소 변천사

1970년대부터는 혁신적인 기술발명보다는 다수의 기술을 조합하는 형태로 기술이 개발되었다. 당시 대표적인 기술은 인터넷의 근간이 되는 기술인 TCP/IP(Transmission Control Protocol)/(Internet Protocol)였다.

TCP/IP는 미국이 1970년대에 소련의 통신망 폭격(미국 본토 등)에 대응하기 위한 군사 목적으로 개발했는데, 이 기술은 지금까지 사용되고 있다. 현재의 TCP/IP는 초기에 정의한 기술에 몇 가지 기능이 추가되었지만, 기본 골격은 처음(1970년대) 정의한 기술이 사용되고 있다.

TCP/IP 기반의 인터넷이 급격히 구축되면서 사용자가 정보를 쉽게 공유할 수 있는 웹(WWW: World Wide Web, 줄여서 Web) 기술이 개발되었다(1990년대). 웹은 인터넷에 연결된 컴퓨터 상호간 정보를 공유하는 기술로써, 영국의 과학자인 Tim Berners-Lee가 제안했다(1989년). 웹의 주요기술은 HTTP, HTML, URI이다.

이러한 웹 기술을 일반 사용자에게 확산시킨 것은 Netscape Communications이 개발한 'Netscape Navigator(간단히 Netscape)' 브라우저였다(1994년 출시). Netscape는 그동안 전문가만 사용했던 인터넷을 일반인이 쉽게 사용할 수 있는 도구였다. Netscape의 영향으로 Microsoft는 Internet Explorer(이후 Edge), Google은 Chrome, Apple은 Safari 브라우저를 개발했다.

<u>따라서 1990년대의 혁신기술은 웹으로 평가될 수 있고, 이후 2000년대 혁신제품은 Apple의 iPhone이었다.</u> 초기 iPhone은 기존 휴대폰과 다른 새로운 모양(Form Factor)과 앱 관리 방법을 제시함으로써 휴대폰 시장에서 큰 변혁을 일으켰다.

실제로 초기 iPhone은 기존과 완전히 다른 형태의 휴대폰은 아니었고, 기존에 있었던 기술이 조합된 것이다. 터치 스크린 휴대폰은 이미 삼성의 BlackJack 등이 있었고, App(Applications) Store와 같은 개념은 당시 Java 언어를 활용한 플랫폼이 있었다.

하지만 Apple은 사용자가 더 편리하게(User Friendly) 기기(휴대폰 등)를 활용할 수 있도록 사용자 인터페이스를 개발했고, App Store와 같은 생태계를 구축함으로써 새로운 시장을 개척했다. 2007년에 처음 출시된 iPhone의 주요 스펙은 2세대(2G) 이동통신, 3.5" 화면, 2MP 카메라 등이다.

➔ 그림 2-33. 최초 iPhone(2007년), Apple App Store 로고 역사

이러한 iPhone의 열풍으로 2000년대 후반부터 휴대폰 모양(Form Factor)에 큰 변화가 있었다. iPhone이 출시된 이후, 대부분 휴대폰은 물리적 키패드가 있는 피쳐폰(Feature Phone)에서 터치로 동작되는 큰 화면의 스마트폰(Smartphone)으로 바뀌었다.

또한 휴대폰의 물리적인 형태 변화 외에 사용자는 App Store를 활용하여 다양한 응용 서비스(즉, 앱)를 사용할 수 있게 되었다. Apple이 App Store를 출시하기 이전에 우리나라는 이와 유사한 개념인 WIPI(Wireless Internet Platform for Interoperability)를 운영했지만(2003년부터), 성공하지 못했다. 이유는 글로벌 위주로 WIPI 생태계를 구축 했어야 했는데, 결국 경쟁력을 갖지 못했다.

<u>2010년대에는 AI(Artificial Intelligence)가 혁신적인 기술로 평가를 받았다.</u> 물론 AI는 오래된 기술이었지만, 2010년대에 개발된 몇 가지 AI 신기술은 기존의 문제점을 해결했고, Big Data 분석기술과 성능이 좋은 칩(특히, GPU) 등으로 AI가 활성화되었다.

이러한 AI 기술의 발전으로 미국의 Open AI가 개발한 챗봇(Chatbot)인 ChatGPT가 2020년대의 혁신적인 기술로 평가를 받았다. ChatGPT는 생성형(Generative) AI 기술로써 챗봇, 이미지 제작, 업무 효율 증대 등에 획기적인 변화를 일으켰다.

ChatGPT는 LLM(Large Language Model)을 사용했으며, 출시 수개월 만에 기존 챗봇 시장에 많은 영향을 미쳤다. ChatGPT 이전의 챗봇은 기술적인 문제로 사용자가 원하는 답변을 정확하게 생성하지 못했었다.

이렇게 시대적인 관점에서 볼 때, 1980년 이후의 혁신 기술은 TCP/IP(1980년대), 웹(1990년대), Apple iPhone(2000년대), AI(2010년대), AI 고도화(2020년대) 등이 될 수 있다. 이러한 추세로 볼 때, 향후 혁신 기술은 더 발전된 AI가 될 수 있다.

미국의 미래학자인 버크민스터 풀러(Buckminster Fuller)는 'Knowledge Doubling Curve(지식 두 배 증가 곡선)'를 발표했다(1982년). 이 곡선을 'Fuller's Knowledge Doubling Curve' 또는 'Bucky's Knowledge Doubling Curve'라고도 한다.

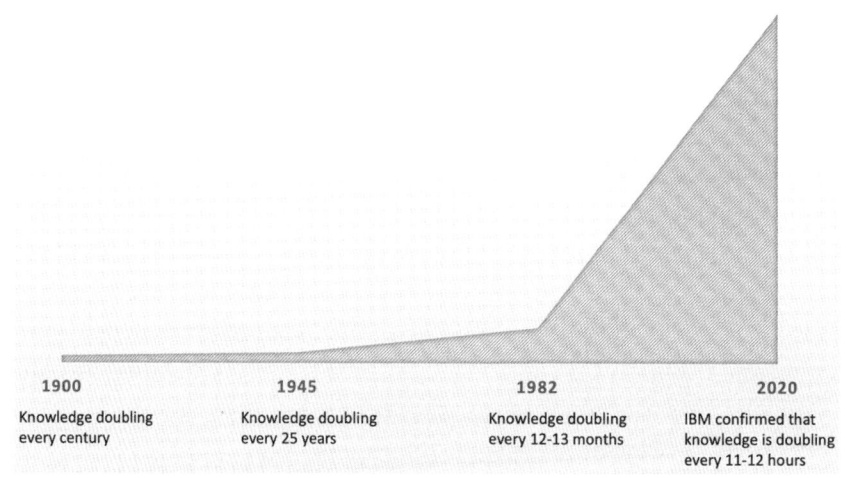

→ 그림 2-34. IBM이 예측한 Knowledge Doubling Curve

출처: IBM

Knowledge Doubling Curve는 인류의 지식이 증가되는 총량을 나타낸 그래프로써, 인류의 지식이 두 배로 증가되는데 걸린 기간이 20세기 이전에는 100년, 제2차 세계대전 전후에는 25년 그리고 현시점에는 13개월로 단축된다는 내용이다.

심지어 미국의 IBM은 2020년부터 인류의 지식 총량이 12시간마다 두 배로 증가된다고 발표하기도 했다. 이것은 IoT(Internet of Things), AI 등이 자발적으로 정보(지식의 원천)를 생산하기 때문이다.

미국의 경영학자인 피터 드러커는 "Knowledge has to be improved, challenged, and increased constantly, or it vanishes."라고 했다. 즉, 인류의 지식은 지속적으로 개선되고, 도전 받고, 증가되어야 한다. 만약 그렇지 않으면 지식은 없어진다는 의미로 사람은 지속적으로 지식을 습득해야 한다.

이러한 Knowledge Doubling Curve와 유사한 것으로 무어의 법칙(Moore's Law)이 있다. 무어의 법칙은 Intel의 창업자 중 하나인 고든 무어(Gordon Moore)가 정의한 것으로 칩의 집적도는 2년마다 2배씩 증가된다는 법칙이다(1965년 발표).

칩의 집적도는 동일한 면적에 구현되는 전자회로 수가 얼마나 많은가를 나타내는 지표인데, 집적도가 높아지면 같은 면적에 더 많은 기능을 추가할 수 있어서 전체적으로 전자제품의 성능이 높아진다.

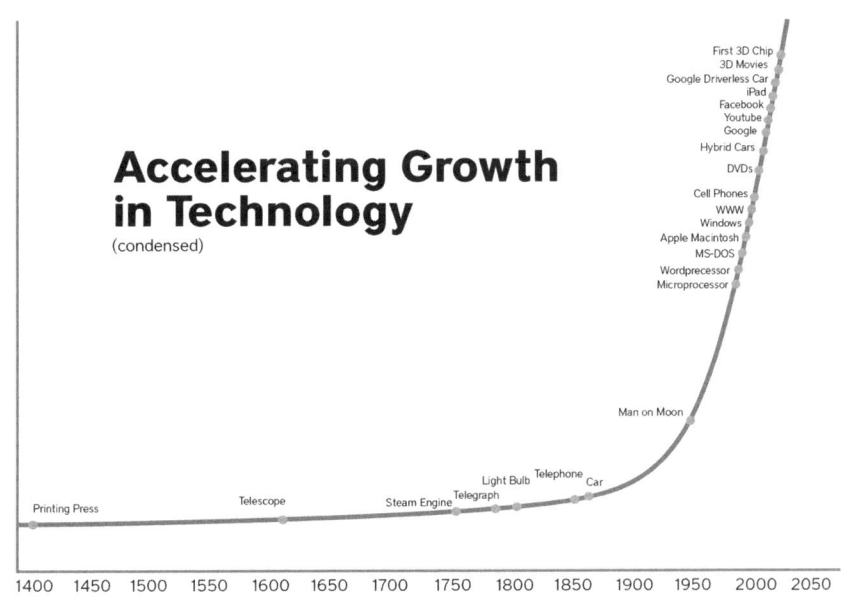

그림 2-35. 기술성장 속도

출처: Wellaholic

인류의 지식이 증가되는 이유는 결국 데이터가 많아 지기 때문이다. 지식의 원천은 데이터로부터 가공되는 정보(Information)인데, IoT와 AI 등이 자동으로 데이터를 생성하고, 사람은 이 데이터를 가공하여 여러가지 목적으로 활용한다.

또한 인류의 지식 급증은 기술의 성장 속도를 빠르게 하는데, 기술 성장 속도는 2000년 이전까지는 느리다가 2000년 이후부터는 급격히 빨라졌다. 2000년 이후의 기술 성장 속도는 과거 대비 거의 지수함수로 빨라지고 있다.

이처럼 신기술 적용 속도는 시간이 지남에 따라 점점 빨라지는 현상이 있다. 미국에서 1000만 명이 어떤 신기술을 사용할 때까지 걸리는 기간을 보면, 과거 유선전화기는 40년이 걸렸지만 인터넷은 5년이 걸렸다. 이처럼 사용자가 신기술을 사용하는 기간은 점점 짧아지고 있다.

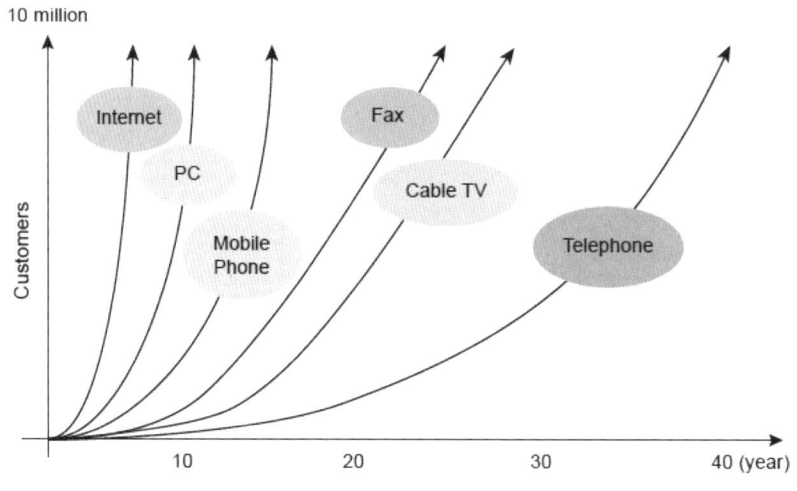

➲ 그림 2-36. Technology Adoption Rates

출처: ResearchGate

Google의 기술 고문이었던 레이 커즈와일(Ray Kurzweil)은 이러한 기술 성장 속도를 분석하여 '수확 가속의 법칙(The Law of Accelerating Returns)'을 정의했다(1999년). 수확 가속의 법칙은 기술이 발전되면서 점점 가속도가 붙어서 결국 기하급수적으로 발전된다는 이론이다.

또한 신기술이 창출하는 경제 규모는 2010년을 넘어서면서 급증하게 된다. 예를 들어 과거 전기발명으로 인한 경제 규모를 100으로 볼 때, 현재의 인공지능이 창출하는 경제 규모는 1000 이상이 될 정도로 최근의 신기술 창출하는 경제 규모는 과거 대비 크다.

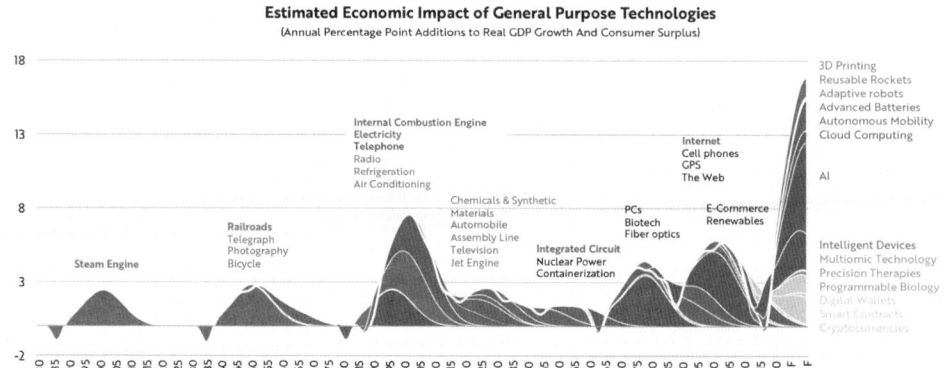

➲ 그림 2-37. 신기술이 창출하는 경제 규모(연도별)

출처: ARK Investment Management

혁신기술은 기존의 기술을 개선하거나 창조적 파괴 등의 방식으로 개발된다. 미국의 경제학자인 조지프 슘페터(Joseph Schumpeter)는 1942년에 발간한 'Capitalism, Socialism and Democracy(자본주의, 사회주의 그리고 민주주의)' 책에서 창조적 파괴(Creative Destruction) 개념을 제시했다.

창조적 파괴는 낡은 것은 파괴하고 새로운 것은 창조하면서 끊임없이 경제구조를 혁신시키는 것이다. 슘페터는 자본주의 역동성을 위하여 창조적 파괴가 중요하고, 혁신의 주체인 기업가는 창조적 파괴를 실천해야 한다고 주장했다.

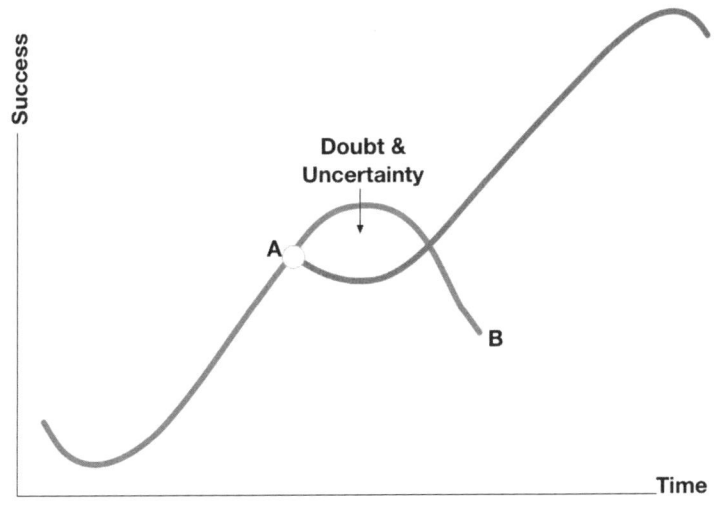

그림 2-38. 혁신적인 기술 등장으로 인한 혼돈

출처: WordPress

창조적 파괴는 과거의 기술이 진화된 것은 아니라, 완전히 새로운 기술이 산업에 적용되는 것이다. 물론 이 과정에서 과거 기술과 신기술이 중첩되면서 어떤 것이 좋은 기술인지 혼돈(Uncertainty)의 시기가 있을 수 있다.

창조적 파괴 예로 휴대폰을 보면, Apple의 iPhone이 등장하면서 전세계 휴대폰은 과거 작은 화면에 물리적인 키패드가 있는 피쳐폰에서 스마트폰으로 급격히 바뀐 사례이다.

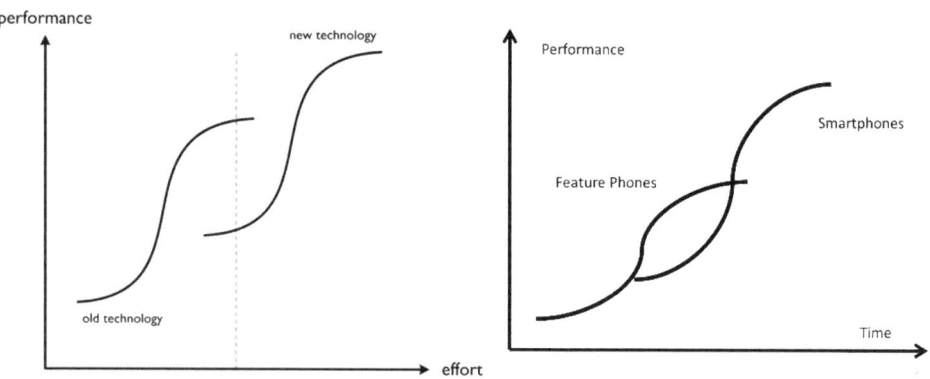

→ 그림 2-39. 창조적 파괴, 스마트폰의 창조적 파괴 예

비슷한 예로 전구는 백열전구(Incandescent), 형광등(CFL: Compact Fluorescent Lamp) 그리고 LED(Light Emitting Diode) 순으로 기술이 발전되었다. 이때 전구 기술을 보면, 백열전구와 형광등은 완전히 다른 기술이며, 같은 원리로 형광등과 LED 전구는 다른 방식의 창조적 파괴였다.

이러한 창조적 파괴와 유사한 용어로 '파괴적 혁신(Disruptive Innovation)'이 있다. 파괴적 혁신은 하버드 대학교 교수였던 클레이튼 크리스텐슨(Clayton Christensen)이 출간한 'The Innovator's Dilemma(혁신가의 딜레마)' 책에 정의되어 있다(1997년).

파괴적 혁신은 기존 시장에 새로운 가치와 기능을 제시함으로써 시장을 파괴하는 아이디어, 장치, 프로세스이다. 창조적 파괴와 파괴적 혁신의 공통점은 기존 기술과 시장을 대체하기 위해 혁신이 필요하다는 점이다.

창조적 파괴는 우월한 기술을 기반으로 새로운 시장이 창출되는 것이고, 파괴적 혁신은 기존 기대와 전혀 다른 기능이나 내용으로 시장에서 우위를 차지하는 것이므로 이 2가지 방식이 추구하는 방법에서 차이가 있다.

크리스텐슨은 파괴적 혁신과 대비되는 개념으로 '존속적 혁신(Sustaining Innovation)'을 언급했다. 존속적 혁신은 기존의 기술이 점진적으로 발전되는 혁신이다. 반면 파괴적 혁신은 기존과 완전히 다른 형태의 혁신이다. 이러한 관점에서 볼 때, 존속적 혁신과 파괴적 혁신의 차이는 나무가 서서히 자라는 것과 곤충의 변태(탈바꿈)에 비유될 수 있다.

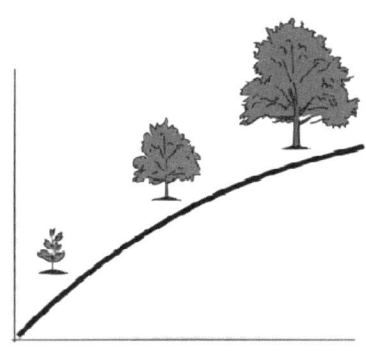
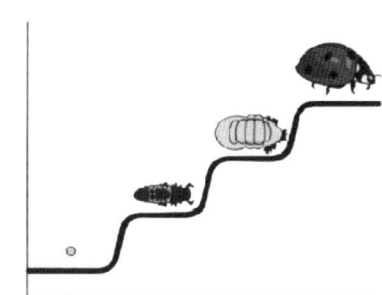

→ 그림 2-40. 존속적 혁신과 파괴적 혁신의 예

경우에 따라 파괴적 혁신은 사용자가 느끼는 편리나 효율이 기존보다 나빠서 실패할 수 있다. 따라서 혁신기술은 사용자가 느끼는 편리성과 가치를 높이는 방향으로 개발되어야 한다. 한편 성공한 혁신적인 제품이나 서비스는 관성으로(성공의 도취) 확보한 시장을 지키는데 집중할 수 있는데, 이런 경우는 오히려 도태될 수 있다.

크리스텐슨은 기존 시장을 장악하고(Incumbent) 있는 기업이 존속적인 혁신을 통하여 최고의 시장을(High end of the market) 개척해야 한다고 했다. 하지만 스타트업과 같이 신규로 사업을 시작하는(Entrant) 회사는 혁신을 통해서 주류를(Mainstream) 형성하는 시장에 진입해야 한다고 주장했다.

즉, 소규모 조직의 회사는 최첨단 기술로 고수익을 창출하기 보다는 중간 정도의 주된 시장을(Mainstream) 타겟으로 혁신적인 기술로 시장에 진입해야 한다는 의미이다. 이것은 Entrant's Disruptive Trajectory와 같이 Entrant(스타트업 또는 소규모 조직)는 High End of The Market을 추구하지 말고, Mainstream 시장을 타겟으로 해야 한다.

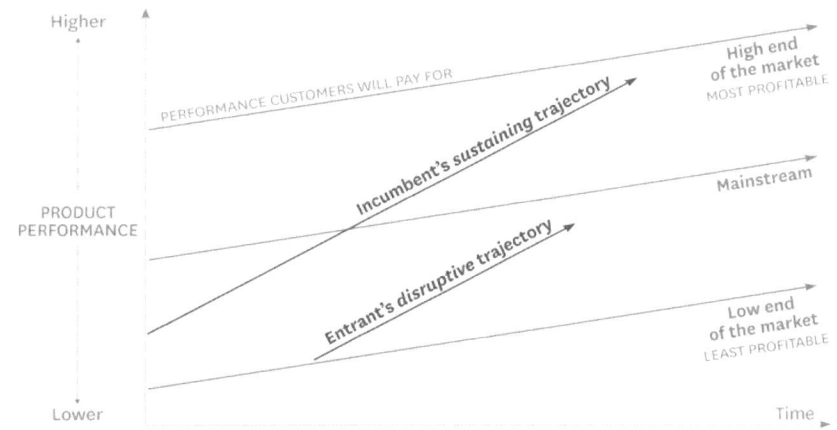

→ 그림 2-41. The Disruptive Innovation Model

출처: Christensen et al., 2015

영국의 경제학자인 존 메이너드 케인스(John Maynard Keynes)는 "변화에서 가장 힘든 것은 새로운 것을 개발이 아니라 과거의 틀에서 벗어나는 것이다."라고 말했다. 또한 "미래를 예측하는 최선의 방법은 미래를 창조하는 것이다."라는 말도 있다. 이처럼 돈을 벌 수 있는 기술개발과 사업은 지속적인 혁신을 통해 기존과 다르게 해야 한다.

'블루오션 전략'의 저자인 프랑스 인시아드 경영대학원의 김위찬 교수와 르네 마보안(Renee Mauborgne) 교수는 '비(非)파괴적 혁신(Non-disruptive Innovation)을 주장했다. 비파괴적 혁신은 기존 시장을 파괴하지 않고, 새로운 시장을 창출하는 것이다.

물론 파괴적 혁신을 통하여 시장을 창출하는 것도 있지만, 이것이 유일한 방법은 아니다는 주장이다. 파괴적 혁신은 기존 산업의 판도를 바꾸기 때문에 실업, 사회적 혼란 등의 문제가 발생될 수 있는데, 이러한 경우 비파괴적 혁신이 대안이 될 수 있다는 이론이다.

→ 그림 2-42. 김치 냉장고와 일반 냉장고

출처: 조선비즈

비파괴적 혁신의 예는 김치 냉장고인데, 이것은 기존의 냉장고를 대체하는 것이 아니라 김치를 위한 특정분야를 새롭게 개척한 것이다. 이처럼 비파괴적 혁신은 기존 시장을 파괴하지 않고, 새로운 시장을 창출할 수 있다.

미국의 경제학자인 탈레스 테이셰이라(Tales Teixeira)는 'Unlocking the Customer Value Chain: How Decoupling Drives Consumer Disruption'라는 책에서 'Decoupling(디커플링)'을 강조했다. 테이셰이라가 정의하는 Decoupling은 새로운 사업을 시작할 때, 고객에게 전달되는 가치 체인에서 고객이 불편해 하는 약한 부분이 신사업이 될 수 있다는 이론이다.

자동차 구매에서 Decoupling의 예는 자동차는 구매하기, 소유하기, 유지하기로 연결되는데, 여기에서 자동차 유지하기 고리를 끊어낸 것이 자동차 구독 서비스이다. 이렇게 고객의 소비활동에 존재하는 연결고리에서 약한 고리를 끊고 들어가 그 지점을 장악하는 것이 Decoupling이다.

또한 테이셰이라는 혁신을 위해 필요한 것은 "기술이 아니라 고객에 대한 심층적 지식"이라고 말했다. 즉, 혁신기술은 고객과 시장에 의해서 결정된다는 의미로 시장을 파괴하는 주체는 고객이다.

저명한 과학 학술지인 Nature 논문지에 시대별 혁신기술 개수에 대한 내용이 게재되었다(2023년). 이 논문은 1950년부터 2010년까지 혁신기술의 수를 분석했는데, 과거에서 현재까지 혁신기술의 수가 점점 줄어든다는 내용이다.

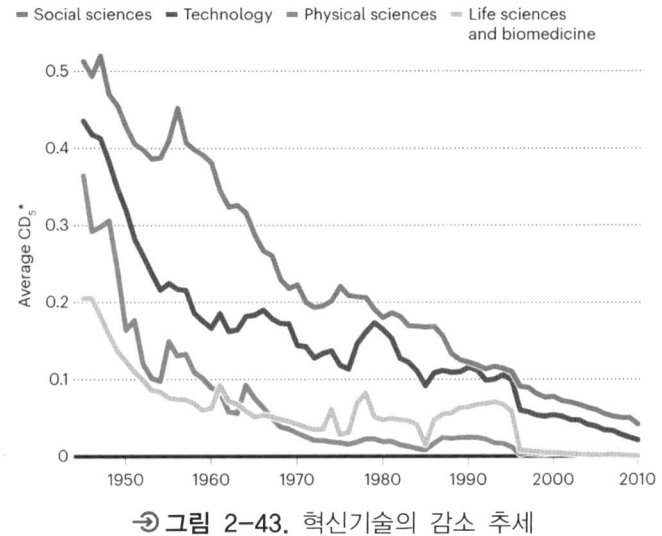

그림 2-43. 혁신기술의 감소 추세

출처: Nature

과거에는 물리법칙을 활용한 혁신기술이 많이 개발되었지만, 지금은 혁신적인 물리법칙을 발굴하기 쉽지 않고, 많은 정보가 이미 인터넷에 공유된 상태이기 때문에 새로운 기술을 개발하기 어렵다.

이처럼 현시점에서 혁신기술 개발이 과거보다 어려운 상황인데, 혁신기술을 발굴하는 방법은 과거와 다른 새로운 발상이 필요하다. 만약 어떤 사람이 과거의 경험과 지식을 가지고 혁신기술을 개발한다면, 마치 자동차의 백미러(Rear View Mirror)를 보면서 운전하는 것과 같을 수 있다.

이런 관점에서 볼 때, 이전 삼성 회장이었던 이건희 회장이 말한 "마누라와 자식만 빼고 다 바꿔라."와 같이 우리의 생각과 행동을 완전히 바꿔야 하는 것이 현실적일 수 있다.

한편 규모가 작은 회사는 너무 먼(시간이 많이 걸리는) 기술을 개발하면 안 된다. IT 산업의 특성상 신기술이 갑자기 나올 수 있고, 업체간 M&A를 통해서 시장환경이 급변할 수 있기 때문이다. 먼 기술에 대한 정의는 쉽지 않지만, 작은 회사를 기준으로 개발이 5년 이상 걸리는 기술이다.

따라서 대부분 기업은 아주 먼 기술을 개발하기 보다는 짧은 기간에 수익 창출이 가능한 기술 개발을 원한다. 물론 규모가 큰 기업은 나중에 독점적인 지위를 유지하기 위하여 10년뒤 사업화를 목표로 기술을 개발하기도 한다.

하지만 대부분 스타트업이나 중소기업은 단기간 경영에 집중해야 한다. 항상 미래 사업은 불투명하기 때문에 장기 경영 위주로 추진하면, 기술개발 과정에서 예측하지 못한 상황이 발생될 수 있다.

이와는 반대로 다수의 독일 회사는 단기경영보다는 장기 경영에 집중하기도 한다. 예를 들면 독일의 보쉬(Bosch)는 10년뒤 사용할 센서를 개발하거나 10년뒤 사용될 자동차 엔진을 개발하기도 한다.

보쉬를 포함한 다수의 독일회사(G&D, R&S 등)는 급격한 성장보다는 장기간에 걸쳐서 서서히 성장하는 모델을 선택하고 있다. 이런 회사들은 많은 수익을 창출했다면, 국가와 사회를 위하여 수익금 일부를 기부하는 문화를 가지고 있다.

저자도 그동안 많은 신기술을 개발했지만 뇌파통신, 사람의 감정 검출 등과 같은 기술은 당장은 돈을 벌 수 없는 기술이다. 따라서 이런 기술은 개발 성공 가능성이 낮기 때문에 사업의 리스크가 높다.

2) 기술 융합, 개방형 혁신

Apple 창업자인 스티브 잡스(Steve Jobs)는 "Creativity is just connecting things"라고 말했다. 즉, 창조(또는 창조적인 제품이나 서비스)는 이것 저것을 연결하는 것이다. 따라서 창조적인(또는 혁신적인) 제품이나 서비스를 개발하기 위해서는 주변에 있는 여러가지 기술을 효과적으로 융합해야 한다.

이렇듯 혁신기술을 개발하기 위해서는 기술 융합과 함께 개방형 혁신(Open Innovation)이 필요하다. 개방형 혁신은 내부의 역량 뿐만 아니라, 외부에서 창출된 혁신을 도입하여 신제품이나 신규 서비스를 개발하는 것이다.

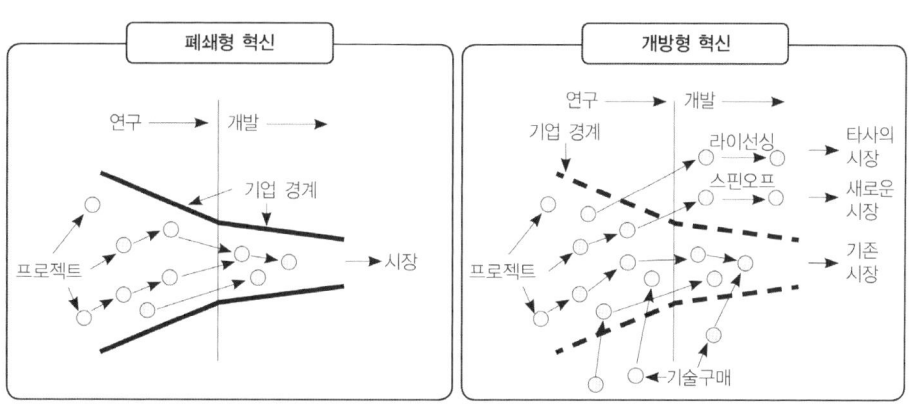

그림 2-44. Chesbrough의 개방형 혁신

출처: 과학기술정책연구원

미국 버클리 대학의 헨리 체스브로(Henry Chesbrough) 교수는 "개방형 혁신이란 기업들이 내부 아이디어뿐만 아니라, 외부의 아이디어를 연구개발(R&D) 자원으로 활용해 기술을 발전시키는 것"이라고 정의했다(2023년).

과거에는 많은 기업이 물리법칙을 활용한 신기술을 사업화해서 성공한 사례가 많았다(1990년 이전). 하지만 지금은 이러한 신기술을 발명하기 쉽지 않고, 인터넷에 많은 정보가 공개되어 있어서 독보적인 기술 개발은 어렵다(2000년 이후). 따라서 현시점에서는 개방형 혁신이 필수사항이다.

영국의 칩 핵심부분(IP)을 개발하는 ARM사는 IoT(Internet of things) 시장이 급격히 확대되는 현상을 캄브리아기 대폭발(Cambrian Explosion)에 비유했다. 캄브리아기 대폭발은 약 5억 4200만 년 전에 발생한 지질학적 사건으로, 이 시기에 다양한 종류의 동물이 갑자기 그리고 많이 출현한 현상이다.

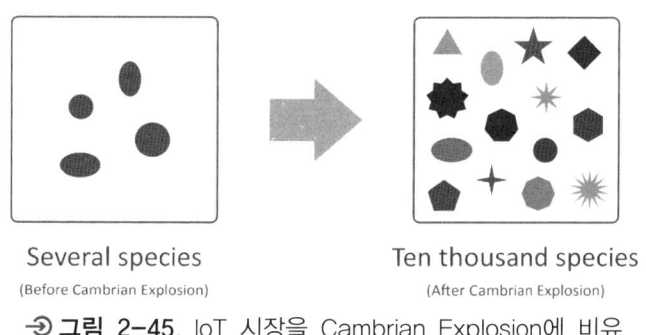

그림 2-45. IoT 시장을 Cambrian Explosion에 비유

출처: ARM

6억년 전까지 지구의 주된 동물은 바다의 삼엽충이었지만, 이후 지질 연대 상 매우 짧은 기간인 수천 만년 기간에 각종 생물이 진화를 일으켜 다세포 생물이 늘어나고, 뼈대와 껍데기를 가진 동물이 처음으로 등장한 현상과 같이 생물의 다양성과 복잡성이 폭발적으로 증가했다.

이와 같이 최근의 기술은 캄브리아기 대폭발과 같이, 많은 기술이 빠르게 개발되는 상황이다. 캄브리아기에 예측하지 못한 다양한 생물이 주변에 나타나듯이, 지금은 우리가 예상하지 못했던 여러가지 신기술이 나올 수 있다.

또한 비트코인(Bitcoin)을 구현한 기술은 새로운 기술이 개발된 것이 아니라 기존에 있었던 여러가지 기술이 조합된 것이다. 비트코인의 핵심기술 중에 하나인 블록체인(혁신기술로 평가받음)도 기존에 있었던 여러가지 기술이 효과적으로 조합된 것이다.

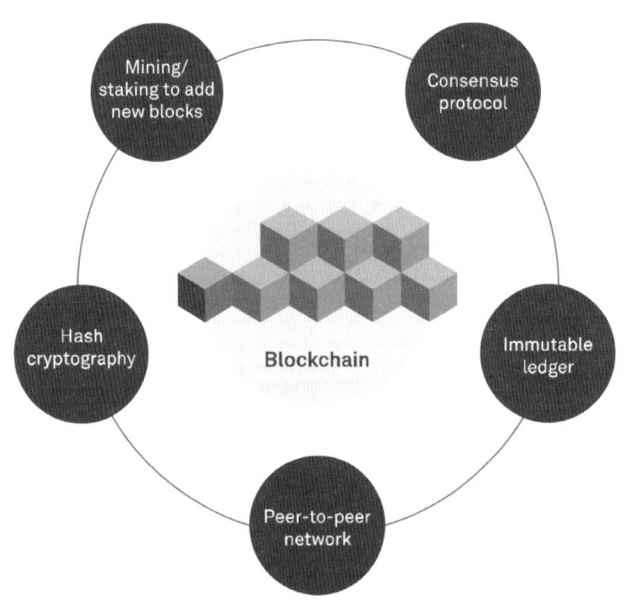

→ 그림 2-46. 비트코인 주요 기술

출처: S&P

따라서 돈을 벌 수 있는 혁신기술은 기존 기술을 조합(또는 융합)하는 것이기 때문에 여러 기술을 어떻게 조합해야 경쟁력이 있는지를 판단하는 것이 중요하다. 이를 위해서는 주변의 많은 회사와 개방형 협력(Open Collaboration)을 해야 한다.

<u>따라서 현 시점에서 혁신적인 기술은 기존에 있는 여러가지 기술을 효과적으로 조합하는 것이다.</u> 예를 들어, Apple의 초기 iPhone나 iTunes는 새로운 기술은 아니었고, 기존의 있었던 여러가지 기술이 효과적으로 조합된 것이다.

스티브 잡스는 스탠퍼드 대학교 졸업식에서 "Connecting the dots"를 강조했다. Connecting the dots는 "점을 연결시킨다."라는 뜻으로 점이 모여 선이 되고, 선이 모여 도형이 되듯이 연결을 통해서 뭔가 이루어진다는 의미이다.

스티브 잡스는 과거에 한 일들이 이어져서 현재를 만들어 가기 때문에 자신의 실수와 잘못된 선택도 어떻게 연결시키는가에 따라 다른 그림이 된다고 말했다. 이 의미를 확대하면, 주변의 다른 사람의 경험, 다른 회사의 기술 등 많은 것을 연결해야 된다는 것이다.

미국 캘리포니아 지역 위주로 Redwood(삼나무)가 있는데, 이 나무는 높이가 약 90m, 둘레가 약 7m이다. 하지만 뿌리 깊이는 약 1.5m 정도로써 나무의 규모(무게로는 약 6,000톤) 대비 매우 얕다.

Redwood는 이러한 뿌리 구조로 지진, 태풍, 산불 등의 자연재해에도 2,000년 이상 견고하게 자란다. 이것은 Redwood의 뿌리가 주변의 다른 Redwood의 뿌리와 단단히 얽혀 있기(Intertwined Roots) 때문이다. 심지어는 서로 다른 Redwood의 뿌리가 서로 맞잡고 있어서 다른 나무 뿌리에 영양분을 공급한다고도 알려져 있다.

그림 2-47. 미국의 Redwood 뿌리 구조

출처: Created Wealth Advisory, Quora

결국 현재의 사업환경은 이러한 Redwood의 뿌리 구조와 유사한 시스템인데, 나의 사업과 관련된 많은 회사와 긴밀하게 연결되어야 서로 생존할 수 있고, 이러한 생존을 기반으로 관련된 회사는 동반 성장할 수 있다.

미국 하버드대의 제임스 무어(James Moore) 교수는 기업이 혼자 진화할 수 없기 때문에 주변의 모든 자원을 끌어 모아야 한다고 주장했다. 이의 실천 방법이 개방형 협력이며, 네트워크를 구축하여 자본, 파트너, 공급자 그리고 고객을 유치해야 한다고 언급했다.

또한 무어 교수는 나의 기업은 해당 산업 분야의 단일 구성원이 아니라 다양한 산업이 연결된 비즈니스 생태계의 일부라고 주장했다. 이처럼 생태계에 있는 기업들은 혁신을 통하여 공동으로 진화해야 한다.

이와 유사하게 미국 작가인 헬렌 켈러(Helen Keller)는 "혼자서 할 수 있는 일은 작습니다. 함께 할 때, 우리는 큰 일을 할 수 있습니다."라고 말했다.

또한 영국의 물리학자인 브라이언 콕스(Brian Cox)는 벌집과 눈(Snow)의 구조를 상세하게 밝혔는데, 이 구조는 주변의 각 구성요소가 잘 융합된 것이다. 이처럼 사업도 주변의 관련된 회사와 짜임새 있고, 강하게 연결되어야(또는 Tightly Coupled) 성공할 수 있다.

<u>따라서 현재의 혁신기술 개발 방법은 기술융합(Technology Convergence), 개방형 혁신(Open Innovation), 개방형 협력(Open Collaboration)으로 요약될 수 있다.</u> 기술융합은 2개 이상의 기술을 결합하여 각각의 기술 대비 시너지를 높이는 방법이다. 경우에 따라 기술융합은 개별 기술의 특성이 상실되고, 새로운 특성의 기술이 개발되기도 한다.

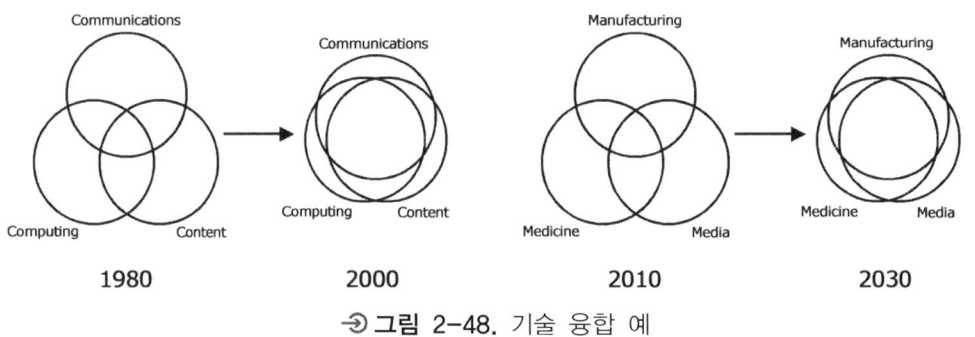

→ 그림 2-48. 기술 융합 예

출처: MIT

기술융합의 예를 보면, 1980년대에 ICT(Information and Communications Technology), 컴퓨팅, 컨텐츠가 독립된 사업으로 각각 진행되었으나, 2000년대부터 많은 부분이 융합되었다. 물론 각 기술의 특성은 다르지만, 융합을 통하여 하나의 기술이 제공하지 못했던 것이 가능해졌다.

이처럼 산업 영역간 연관성이 약해 보였던 서로 다른 기능들이 연결되면서 관련된 모든 회사가 돈을 벌 수 있는 환경이 되었다. 이처럼 현 시점에서 기술융합, 개방형 혁신, 개방형 협력은 사업 추진을 위한 필수사항이다.

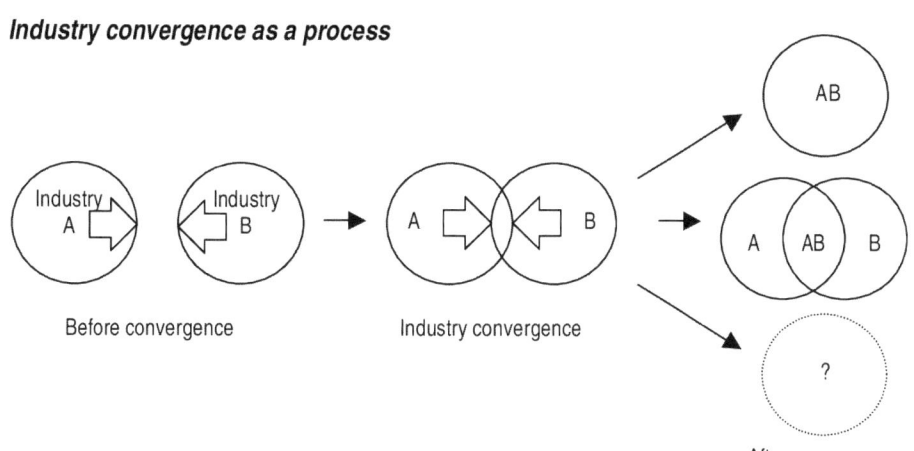

→ 그림 2-49. 서로 다른 분야에서 기술 융합

과거에 기업은 신제품을 개발하기 위하여 내부 직원만 참여하고 이와 관련된 노하우는 비밀로 관리했지만, 지금은 외부 환경이 급격히 변화하고 있고 고객의 요구가 다양해 졌기 때문에 외부의 기술을 융합하는 것이 중요해 졌다.

또한 신사업을 위해서 집단지성(集團知性, Collective Intelligence)이 필요한데, 이것은 다수의 개체(또는 회사)가 서로 협력 혹은 경쟁으로 얻게 되는 결과로써 집단적 능력이다. 소수의 우수한 개체나 전문가의 능력보다 다양성과 독립성을 가진 집단의 통합된 지성이 올바른 결론에 도달할 가능성이 높다.

현재의 Google, 네이버(지식 In 등)와 같은 검색엔진은 집단지성을 이용하는 것이고, Web 3.0이나 클라우드 펀딩(또는 소싱)도 집단지성을 근간으로 동작된다.

동물의 세계도 비슷한데, 개미는 집단의 힘으로 동작되는 시스템인데, 개미의 경우 집단을 통해서 공동체가 유지된다 기업은 살아있는 생명체와 같은데, 변화하는 외부 환경에 적응하지 못하면 도태될 수 있다. 이처럼 집단 지성이 점점 더 중요해지고 있다.

우리 사회는 과거 Agriculture Age와 Industry Age를 거쳐서 현재 Information Age(정보시대)에 있다. 어떤 미래학자는 향후 우리 사회가 Conceptual Age(개념의 시대)로 진행될 것이라는 전망도 하고 있다.

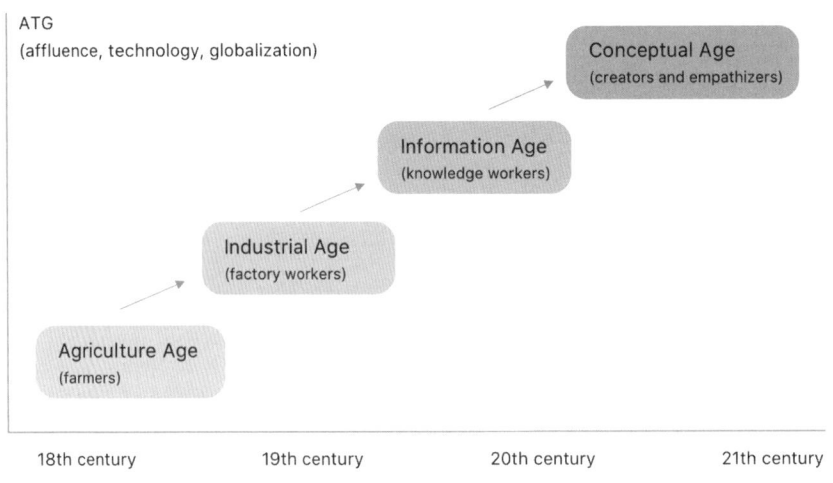

➔ 그림 2-50. 시대별 주요 산업 영역

출처: ResearchGate

Conceptual Age는 이성적인 활동을 했던 시대에서 창의적, 감성적 개념 위주의 시대이다. 이 시대는 사용자의 경험, 디자인, 스타일, 스토리 등 감성적인 무형의 가치가 더 중요시되는 시대이다.

따라서 창조적, 독창적 사고를 통한 새로운 가치를 만들어내는 시대로 발전될 것으로 예상된다. 결국 이러한 Conceptual Age를 대비해서 Open Collaboration이 더욱 중요하다.

이러한 혁신 기술을 개발하면서 특허가 중요한데, 어떤 대기업 회장은 "특허가 없으면 미래가 없다."라고 했다. 사업에 필요한 핵심 특허를 보유해야만, 사업추진이나 경쟁사와 경쟁 등에서 유리해진다.

저자도 많은 특허를 보유하고 있는데, 특히 수십 건의 해외 특허가 있다. 물론 특허는 많은 돈이 들어가기 때문에 개인이 해외에 특허를 출원하고 등록하는 것은 어렵기 때문에 회사의 지원이 필요하다. 또한 특허는 어느 정도 기술력을 보유하고 있다면, 쉽게 등록할 수 있다.

실제로 전문가 입장에서는 특허를 회피하는 것도 쉽다. 예를 들면, 나무 의자 특허가 있는데, 이 나무 의자에 머리 받침대를 추가하면 다른 특허로 등록이 된다. 물론 머리 받침대가 없는 나무 의자 특허는 이 상태로 원천 특허로 인정된다.

비슷한 예로 어떤 사람이 브레이크가 없는 자전거를 발명하여 자전거 특허를 받았다고 한다면, 이 특허에 명시된 자전거에 브레이크를 추가하여 특허를 받을 수 있다. 물론 초기 자전거를 발명한 사람은 원천 특허로 인정을 받는다.

이때 초기 브레이크가 없는 자전거는 사업화 가능성이 없기 때문에 원천 특허인 자전거와 이 자전거에 브레이크를 추가하여 특허를 받은 사람은 서로 특허를 양도하여 둘 다 자전거를 제조할 수 있다.

특허를 전문적으로 사업하는 특허괴물(Patent Troll)이 있는데, 특허괴물은 자사(또는 개인)의 특허를 다른 회사에 판매하여 수익을 창출한다. 일부 대기업은 사업에 필요한 특허를 해결하기 위하여 특허괴물에 큰 금액을 지불하기도 한다.

미래에 전망이 좋은 기술을 발굴하기 위한 방법으로 Futures Cone이 있다. Futures Cone은 미래에 일어날 수 있는 여러가지 시나리오를 예측하는 방법으로 현재에서 미래로 갈수록 발생 가능한 여러가지 상황을 도식화한 원뿔형 도형이다.

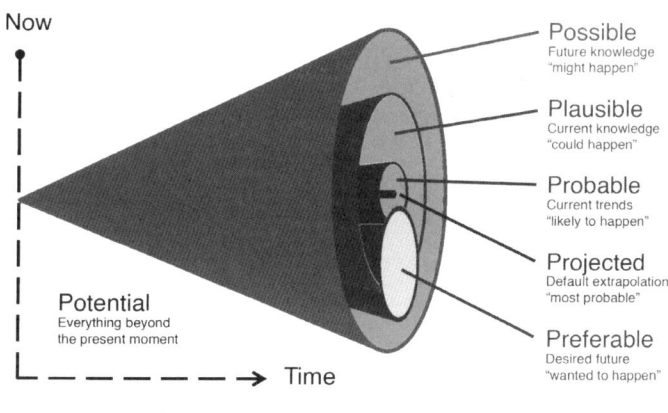

→ 그림 2-51. Future Cone 개념

Futures Cone은 원의 너비가 다른 원뿔이 동일한 중심축을 기준으로 겹쳐져 있는데, 너비가 좁을수록 미래에 일어날 가능성이 높은 것을 의미한다.

Possible(가능성 있는)은 원의 가장 바깥에 있는 영역으로 실제 발생 가능성이 가장 낮은 예측이다. 예를 들면, 예측하지 못한 행성 충돌이나 AI가 급격히 진화하여 로봇과 사람의 전쟁과 같은 상황이다.

Plausible(그럴듯한)은 가능성이 중간 정도의 시나리오이며, Probable(개연성 있는)은 미래에 발생 가능성이 높은 영역으로 기후변화로 온도 상승과 같은 현상이다. Preferable(선호되는)은 우리가 선호하는 미래의 환경이나 모습이다.

이처럼 사업을 추진하면서 불투명한 미래에 대응하는 방안으로 Future Core이 활용될 수 있다.

- MEMO

IT Business and Money

IT 사업에서 성공하는 방법

1. 사업 모델과 방향
2. 기술표준과 규제
3. 신기술 특징
4. 사업의 본질과 방법
5. 고객이 원하는 서비스
6. 사업 생태계

Chapter 3. IT 사업에서 성공하는 방법

1 사업 모델과 방향

1) 사업 모델

사업(事業, Business)은 어떤 일을 추진함에 있어서 정해진 목적과 계획을 가지고 짜임새 있게 지속적으로 경영하는 행위이다. 간단히 보면, 사업은 어떤 조직이나 개인이 수익을 창출하기 위한 활동이다.

기업은 이러한 사업을 위해서 사업 모델(Business Model)을 정의해야 하는데, 사업 모델은 기업은 어떤 사업을 추진하기 위한 것으로써, 주된 내용은 수익을 창출하는 방법이다.

사업과 비슷한 용어로 '장사'가 있는데, 장사는 이익을 남기기 위하여 물건을 사서(Buy) 다시 파는(Sell) 행위이다. 어떤 사업가는 사업에서 신뢰의 중요함을 강조하기 위하여 "장사는 물건을 파는 것이고, 사업은 나(또는 기업) 자신의 신뢰를 파는 것이다."라고 말하기도 한다.

사업을 많이 해 본 사람은 이 세상에서 어려운 것 중에 하나가 남의 주머니에 있는 돈을 정당한 방법으로 나의 주머니에 넣는 것이라고 이야기한다. 이처럼 다른 사람(또는 고객)을 설득하여 기꺼이 돈을 지불하게 하는 것은 쉬운 일이 아니다.

또한 영어에 'Tight Fisted'라는 문구가 있다. Fisted는 "주먹을 쥐다"라는 뜻으로 Tight Fisted는 "주먹을 꽉 쥐다."라는 의미로 손에 돈을 쥐고 놓지 않는다는 의미도 포함되어 있다. 즉, 일반적으로 사람은 남에게 쉽게 돈을 주지 않는다는 뜻이다. Tight Fisted는 쉽게 돈을 내지 않는 유대인의 특징을 의미하기도 한다.

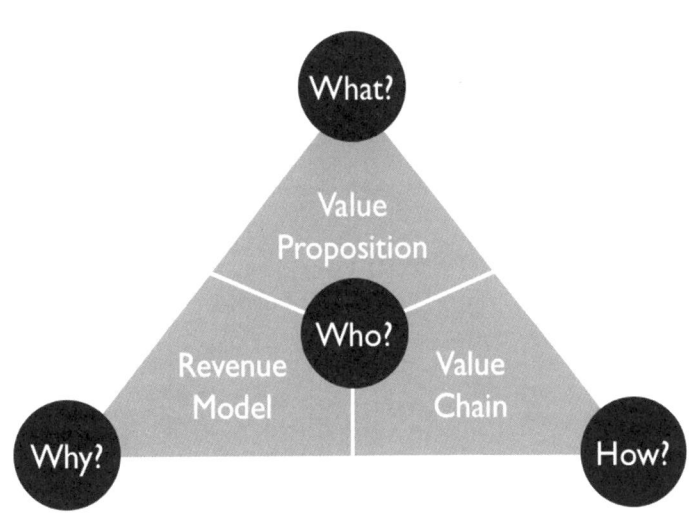

➔ 그림 3-1. 사업 모델의 주요 내용

사업 모델(수익창출 방법)은 기본적으로 What(무슨 사업인지?), Why(왜 이 사업을 하는지?), How(어떻게 돈을 벌 것인지?)가 정의되어야 한다. 물론 이러한 세가지 이외에 다른 항목도 있지만, 사업 모델의 기본은 이 세가지이다.

이러한 사업 모델을 정의하는 방법과 관련되어 미국의(영국 출생) 작가이자 경영 자문가인 사이먼 시넥(Simon Sinek)은 자신이 저술한 "Start With Why" 책에 골든 써클(Golden Circle)을 정의했다(2009년).

골든 써클 이론은 조직이 성공할 수 있는 방법을 제시한 개념으로써, 개인이나 조직이 리더십을 발휘하는 기법과 이를 통하여 사업에 성공하는 방법을 설명하는 모델이다. 이 모델은 Why, How, What과 같이 세 가지 요소로 구성되는데, 사이먼 시넥은 이 세가지 단어를 원으로 구성하여 원의 가장 안쪽을 Why, 그 다음을 How, 바깥쪽을 What으로 정의했다.

사이먼 시넥은 이러한 세가지 단어를 원으로 구성한 다음, 중요도와 처리절차를 정의한 것이 골든 서클이다. 이러한 골든 서클에서 일처리 순서는 원의 중심인 Why에서 시작하여 How, What의 순서로 진행되는 것이다.

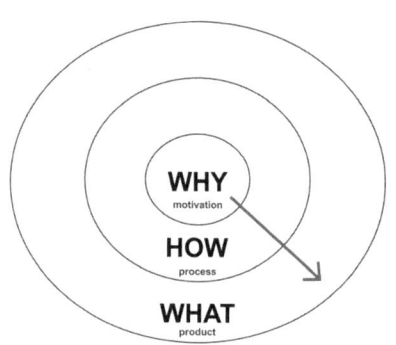

Why(왜)는 조직이나 개인이 존재하는 근본적인 이유와 목적을 설명하는 것으로써, 이를 명확히 할 때 구성원들은 더 깊은 소속감을 느끼고 동기부여를 받는다. How(어떻게)는 조직이나 개인이 Why를 실현하기 위한 방법이나 절차이다. What(무엇)은 실제로 어떤 제품이나 서비스를 개발하거나 사용하는 것이다.

좀 더 세부적으로 보면, Why은 Purpose(이유, 목적)로써 왜 이 일을 하는가를 정의하는 것으로 가치관, 비전, 경영 이념, 신념 등이 될 수 있다. How는 Process(방법, 과정)로써 무엇을 어떻게 해야 할 것인가에 해당되며, 목적을 달성하기 위한 방법 또는 세부적인 사업 모델이다. 그리고 What은 Result(결과)로써 무엇을 하는가? 이며, 사업 추진 결과로 나온 제품이나 서비스이다.

사이먼 시넥은 많은 조직이 What에서 출발하여 How를 거쳐서 Why로 진행되는 경향이 있다고 지적했다. 하지만 진정한 혁신과 리더십은 Why에서 시작하여 How를 거쳐 What으로 이어질 때 가능하다고 주장했다.

사업 모델을 정의할 때는 사이먼 시넥이 언급한 골든 서클 형태로 구성하는 것이 좋다. Why에서 시작하는 것은 사업 모델을 정의하거나 과제 계획서나 투자 유치를 위한 제안서 작성에도 적용된다.

대부분 기업이 추구하는 사업 모델의 목표는 수익창출이지만, 일부 기업이나 단체는 사회공헌, 일류 복지 그리고 단순히 신기술에 관심이 있어서 이 기술을 개발하기도 한다. 기업(企業, Enterprise)은 영리를(돈을 벌기 위한) 목적으로 제품이나 서비스를 생산 및 판매하는 경제주체이다.

미국의 경영학자인 피터 드러커(Peter Drucker)는 사업을 "The purpose of business is to create and keep a customer"라고 정의했다. <u>결국 사업의 목적은 고객을 창출하는 것이고, 이렇게 확보된 고객을 유지하는 것이다.</u>

이처럼 사업은 고객이 원하는 것으로부터 시작되기 때문에 사업 모델에는 고객이 누구인지, 고객이 어떤 것을 구매하고 싶어하는지, 고객이 얻는 가치는 무엇인지 등과 같이 고객 위주의 내용이 있어야 한다.

그림 3-2. 피터 드러커의 사업 정의

출처: Wealthy Travel Agent

또한 Decoupling(디커플링) 책을 발간한 탈레스 테이셰이라(Thales Teixeira)는 "시장 파괴의 주범은 기술이나 기업이 아니라 고객이다."라고 말했다. 이처럼 사업은 고객이 원하는 가치를 제공해야 한다.

Amazon 창업자인 제프 베조스(Jeff Bezos)는 "대부분 회사가 고객이 아닌 경쟁사와 경쟁에 집중하는데(경쟁사를 이기기 위해), 우리는 경쟁사가 아니라 고객에 집중해야 한다."고 말했다. 따라서 사업은 나에게 돈을 지불하는 고객 위주로 추진되어야 한다.

많은 신기술은 고객이 원하는 방향으로 개발되고 있다. 예를 들어 이동통신의 경우, 고객은 이동하면서 고속의 무선 인터넷 접속을 원하기 때문에 5G나 6G 이동통신 기술은 고속 데이터 송수신 위주로 개발되고 있다.

물론 이동통신 기술은 다른 목적으로 개발될 수 있다. 예를 들어 같은 수의 기지국으로 더 넓은 지역에 통신이 가능하게 하려면 고속통신보다는 저속통신으로 해야 한다. 이동통신에서 속도를 낮추면 전파를 멀리 보낼 수 있기 때문에 속도가 낮은 통신은 고속보다 더 넓은 커버리지(전파가 전달되는 영역)가 가능하다.

대부분 회사는 이익을 추구하는 조직이기 때문에 회사는 지속적으로 매출과 이익을 증가시켜야만 성장할 수 있다. 만약 어떤 회사의 매출과 이익이 멈춰 있거나 하락할 때는 그 회사의 장래는 밝지 않다.

국내 SK 그룹은 경영철학인 SKMS(SK Management System)를 기반으로 기업을 경영한다. SKMS의 주된 내용을 보면, 2000년 이전의 SKMS 첫번째 문구는 "회사는 지속적으로 매출과 이익이 증가되어야 한다."였다. 하지만 이후 SKMS 개정판의 첫번째 문구는 "SK 경영의 목적은 구성원 행복이다."라고 다시 정의했다.

결국 회사의 성장을 위해서 중요한 것은 지속적인 매출과 이익의 증가인데, 이를 위해서는 회사는 구성원이 만족할 만한 환경을 제공해야 하고, 그 다음으로 주변의 이해 관계자의 행복을 추구해야 회사가 성장할 수 있다는 의미이다.

일반적으로 규모가 큰 기업은 신사업을 통하여 짧은 기간에 높은 수익을 창출하기 보다는 장기간에 걸쳐 서서히 수익이 창출되는 모델을 원한다. 물론 장기간이란 정의가 애매할 수 있는데, IT 분야에서는 일반적으로 10년 이상이다.

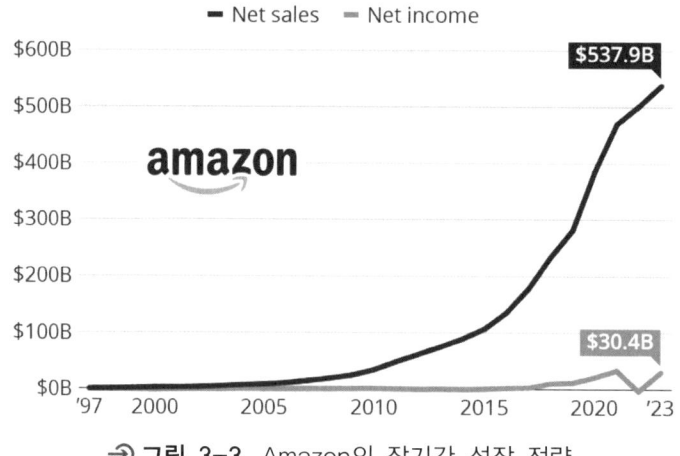

그림 3-3. Amazon의 장기간 성장 전략

출처: Statista

이러한 경영기법을 활용하는 대표적인 회사가 미국의 Amazon이다. Amazon은 자체 경영방식인 'Flywheel' 전략을 기반으로 단기간에 발생된 수익을 재투자하여 신규 사업을 더 확대하고, 이를 통하여 장기간 지속되는 사업을 원한다.

Amazon은 1997년에 사업을 시작한 이후, 약 20년간 이익(Net Income 또는 Profit)을 거의 남기지 않았다. 이때 이익을 남길 수 있었지만, 발생된 이익을 신사업 발굴과 기존 사업 경쟁력 강화를 위해 재 투자했다.

이렇게 장기간에 걸쳐서 서서히 성장하는 사업은 회사 가치를 점진적으로 높일 수 있고, 사업이 안정적이어서 직원의 근무 만족도가 높다. 이러한 관점에서 볼 때, 사업은 수익이 서서히 증가되면서 오랜 기간 지속되는 것이 좋고, 그 다음으로는 당장 높은 수익을 창출하는 사업이 좋다.

독일 회사인 Bosch(자동차 부품 위주), Rohde & Schwarz(측정장비), Giesecke & Devrient(보안기술) 등과 같은 회사는 장기간에 걸쳐서 미래 기술을 개발한다. 이 회사들은 외부의 영향을 받지 않기 위하여 회사를 주식시장에 상장하지 않고 있다.

독일의 Bosch(보쉬)는 10년 뒤에 돈을 벌 수 있는 기술을 개발한다. 예를 들면, Bosch가 개발한 모션센서(주로 휴대폰용)는 2010년대에 경쟁력이 있는데, 이 센서를 사업화하기 위하여 10년 전부터 이 기술을 개발했다.

반면, 다수의 미국회사는 짧은 기간에 대규모 자금과 인력을 투입하여 빠른 성장을 원한다. 이처럼 각 국가마다 기술 개발 방법과 기업을 경영하는 문화는 다르지만, 최종 목표는 수익 창출이다.

일반적으로 스타트업은 단기간에 매출과 이익을 높이는 전략을 선택한다. 스타트업은 이러한 전략으로 자기 기술을 외부에 빨리 알려서 회사를 상장(Public Company)시키거나 다른 회사에 매각하여 Exit(기업 가치를 현금화)한다.

1990년 이전에는 기업이 혁신적인 기술을 개발하여 성공할 확률이 높았지만, 지금은 혁신기술 개발이 어렵고 인터넷에 많은 정보가 공개되어 있어서 경쟁이 치열하기 때문에 혁신기술로 성공하는 것은 과거보다 어렵다.

또한 전세계적으로 기술이 평준화되고 있어서 사업 성공확률을 높이려면, 짧은 기간에 많은 자금과 인력을 투입해야 한다. 이런 측면으로 볼 때, 사업 환경이 좋은 미국의 스타트업 성공 확률이 높다.

평균적으로 기술 난이도가 있는 사업이 성공할 확률이 높은데, 이것은 기술 진입장벽이 높아서 경쟁이 치열하지 않기 때문이다. 반면 기술 진입장벽이 낮은 사업은 짧은 기간에 경쟁이 치열 해져서 시장은 금방 'Red Ocean'이 된다.

Red Ocean은 많은 회사가 같은 시장에 뛰어들어 경쟁이 심한 사업환경이다. 반대로 'Blue Ocean'은 경쟁이 낮은 시장에서 안정적으로 수익이 창출되는 사업환경이다. Blue Ocean은 넓고 광활한 바다에서 경쟁자 없이 평화롭게 지낸다는 의미로 시작되었는데, 이 용어가 사업영역에 사용되면서 경쟁자가 거의 없는 수익성이 좋은 사업환경을 의미한다.

이러한 Red Ocean과 Blue Ocean의 사례는 자연 생태계에도 있는데, 하나의 예로 아프리카의 모리셔스(Mauritius) 섬에 살았던 도도새(Dodo Bird)에 대한 사례이다. 모리셔스 섬은 마다가스카르에서 인도양 쪽으로 떨어져 있는 섬이다.

유럽인이 모리셔스 섬을 발견하기 전까지 이 섬은 무인도였다. 당시 이 섬에 살고 있었던 도도새는 경쟁자나 포식자가 없어서 날개는 퇴화되었고, 먹이가 많아서 몸무게는 20Kg 정도였다. 유럽인이 이 섬에 오기 전까지는 도도새가 Blue Ocean에 살고 있었다.

→ 그림 3-4. 모리셔스 섬의 도도새 멸종

출처: madebyteachers

하지만 유럽인이 이 섬을 발견한(1505년) 이후, 고양이를 비롯해 다수의 도도새 천적을 들여오면서 도도새 측면에서는 이 섬이 금방 Red Ocean이 되었고, 이후 도도새는 멸종했다. 이와 같이 기업이 추진하는 사업도 살아있는 생명체와 같기 때문에 변화하는 외부 환경에 적응하지 못하면 도태될 수 있다.

영국의 역사학자인 아놀드 토인비(Arnold Toynbee)는 문명의 흥망성쇠를 '도전과 응징(Challenge and Response)'으로 표현했다. 이러한 도전과 응징의 예로 중국 문명 발상과 관련된 두개 지역이 있다.

중국의 북쪽에는 황하강(Yellow River 또는 황허강), 남쪽에는 양자강(양쯔강 또는 장강)이 있다. 황하강 주변은 가뭄, 홍수, 해충의 피해가 큰 척박한 지역이며, 양자강 주변은 땅이 비옥하고 기후가 온화한 지역이다. 하지만 문명의 발상은 도전과 응징이기 때문에 척박한 황하강 주변에서 시작되었다.

이처럼 사업은 지속적인 도전과 응징을 통해서 성공하는 시스템이기 때문에 모리셔스 섬의 도도새는 안일한 대처로 멸종했고, 황하강 주변은 척박한 환경이지만 지속적인 도전을 통해서 문명이 발상 되었다.

아놀드 토인비가 언급한 또 다른 이야기를 보면, "인간의 문명은 소수의 엘리트들에 추진하는 도전과 응전에 의해서 발전한다."는 것이다. 이처럼 소수의 뛰어난 사람이 인간의 문명이나 기업을 성장시킨다는 내용이다.

→ 그림 3-5. 스타트업의 90%는 실패

출처: Exploding Topics

스타트업의(또는 신사업의) 성공확률은 평균적으로 10% 이내로 대부분 스타트업은 실패하는 것으로 알려져 있다. 이러한 성공확률은 기업의 Entry Rate(진입률: 설립하는 회사 수)과 Exit Rate(폐업률: 폐업하는 회사 수)를 근간으로 계산된다.

그만큼 IT를 활용한 신사업의 실패 사례가 많다는 의미이다. 따라서 과거 신사업의 성공과 실패 사례를 체계적으로 분석한다면, 향후 신사업 추진에서 성공 확률을 높일 수 있다.

이렇게 스타트업의 성공 확률이 낮기 때문에 성공을 위해서는 사업성이 좋은 아이템을 작은 규모로 시작해야 리스크를 줄일 수 있다.

이와 관련되어, '아이디어 불패의 법칙(원제: The Right It)' 저자인 알베르토 사보이아(Alberto Savoia)는 사업 아이템 선정에서 'The Right It'을 찾아야 하고, 상용 제품이나 서비스를 출시하기 전에 Prototyping이 아닌 Pretyping을 해야 한다고 주장했다.

The Right It은 사업성이 있는 아이템 또는 돈을 벌 수 있는 아이템이란 뜻이다. 알베르토 사보이아는 이러한 아이템을 찾는 방법으로 다른 사람의 의견을 듣지 말고, 시장의 데이터를 근간으로 자기 자신의 가설을 세워서 추진하라고 주장했다.

지금도 많은 회사가 신사업을 추진하고 있지만, 대부분 회사가 추진하는 신사업은 실패한다. 알베르토 사보이아는 이렇게 실패하는 근본적인 이유는 처음부터 돈이 안되는 사업, 즉 The Right It이 아닌 아이템으로 사업을 시작했기 때문이라고 말했다.

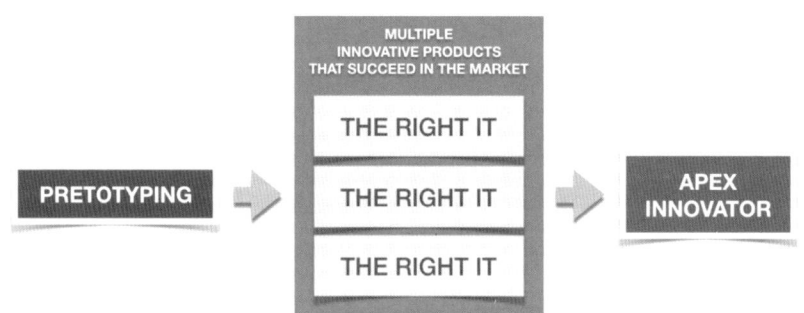

→ 그림 3-6. 성공적인 사업을 위한 아이템 선정

출처: Alberto Savoia

수학에서 어떤 숫자에 '0'을 곱하면 항상 '0'이 된다. 결국 실패할 수밖에 없는 사업을 기획해서 추진한다면, 어떠한 요소가 추가되더라도 실패하게 된다. 따라서 처음부터 사업성이 있는 아이템을 선정해야 한다.

이렇게 The Right It이 정해지면, 제품이나 서비스 개발을 위하여 작은 규모의 인력과 예산으로 Pretyping(Small Start와 유사한 의미)을 해야 한다. 이렇게 Pretyping을 해야 하는 이유는 신사업의 성공 확률이 낮기 때문에 리스크를 줄이기 위한 것이다.

알베르토 사보이아가 정의한 Pretyping은 Prototyping보다 더 작은 규모로써, Amazon의 'Two Pizza Team Rule'과 유사하다. Amazon은 새로운 사업을 시작할 때, 조직의 크기는 Two Pizza Team Rule로 정한다.

Two Pizza Team Rule은 "피자 2판을 먹을 수 있는 인원 수(약 7명)"라는 의미로 작은 조직을 의미한다. 즉, 새로운 프로젝트를 수행하는 사람을 최대 7명으로 제한하는 방식이다. 만약 참여하는 사람이 많아지면, 상호간 소통(Communication)이 더 많아져서 오히려 비효율적이다.

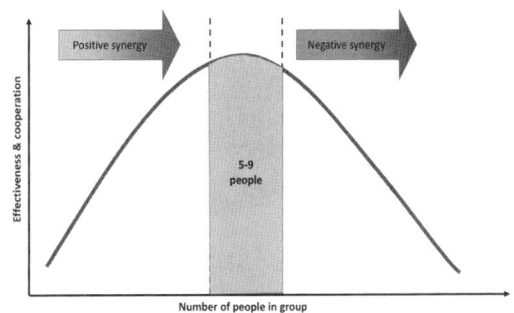

→ 그림 3-7. Amazon Two Pizza Team Rule, 과제 수행을 위한 적절한 구성원 수

미국의 경영학자인 피터 드러커(Peter Drucker)는 경영과 리더쉽을 "Management is doing things right; leadership is doing the right things."라고 정의했다. 즉, 경영은 일을 올바르게 수행하는 것이고, 리더쉽은 옳은 일을 하는 것이다.

미국의 드와이트 아이젠하워(Dwight Eisenhower) 장군은 "Plans are nothing; planning is everything"이라고 말했다. 이것은 "계획이 중요한 것이 아니라 계획을 세우는 것이 가장 중요하다."라는 의미로 계획 자체보다는 체계적이고 세부적인 계획을 세워야 시행착오를 줄일 수 있고, 문제가 발생될 때 효과적인 대응이 가능하다는 뜻이다.

이렇게 사보이아, 드러커, 아이젠하워가 주장하는 것은 결국 돈이 되는 정확한 아이템을 선정해야 하고, 이후 돈을 벌기 위한 정확한 방법(또는 계획 수립)을 설정하는 것이다.

또한 사보이아는 "많은 사업가가 오류와 편향으로 범벅이 된 허구의 환경인 Thoughtland (생각랜드) 갇혀서 힘들게 아이디어를 키워 나갈 때(즉, 사업을 할 때), 실패라는 야수의 먹잇감이 될 수 있다."라고 말했다. 여기에서 Thoughtland는 "Thoughtland is an imaginary place where the idea is hatched"이다.

즉, 사업 초기에는 내가 개발하는 기술이 혁신적이고 돈을 많이 벌 것 같은 아이템으로 시작했지만, 결과가 좋지 않을 수 있다. 이것은 사업초기에 마치 내 자식이 예쁘게 보이는 것처럼 Thoughtland에 갇혀서 다른 것은 보이지 않는 상황이다.

특히 일부 신기술은 사업성이 부족함에도 불구하고 주변 사람이나 언론이 강하게 주장하여 많은 돈을 벌 것 같은 환상을 일으킬 수 있다. 어떤 IT 사업가는 이러한 환상을 받아들여서 이 사업을 강하게 추진하는 경향이 있다.

대표적인 예로 과거 2020년대 초에 흥행했던 Metaverse가 있다. Metaverse는 처음부터 사업성에 의문이 많았지만, 다수의 사업가는 이 환상을 그대로 받아들여서 강하게 사업을 추진한 사례가 있었다.

일반적으로 신기술을 사업화 하기 위해서는 다음과 같은 몇 단계를 거치게 된다. 대표적인 사업 추진단계는 PoC(Proof of Concept), Prototype, MVP(Minimum Viable Product), Production 등의 순이다.

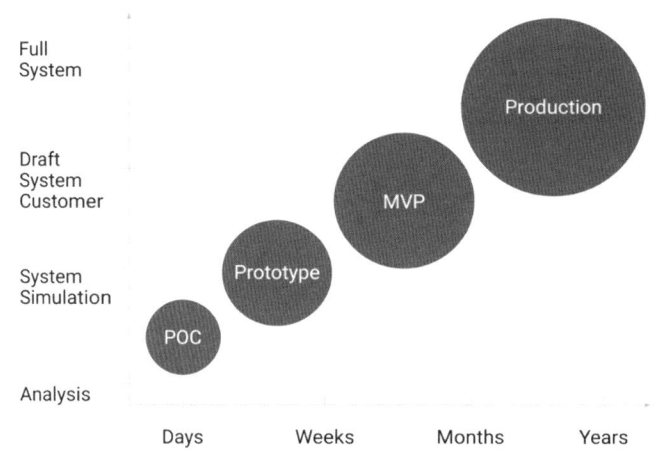

➔ 그림 3-8. PoC, Prototype, MVP, Production 차이

PoC는 개념 검증이라는 뜻으로 어떠한 아이디어가 실제로 실현 가능한지를 검증하는 과정이며, Prototype은 시제품이 나오기 전의 제품으로 주요 기능이 포함된 초기 모델(또는 제품)이다.

MVP(Minimum Viable Product, 최소 기능 제품)는 최소한의 기능을 가진 제품을 빠르게 만들어서 시장 검증과 함께 사용자의 피드백을 받기 위한 제품이나 서비스이다. 즉 MVP는 제품의 초기 버전으로 사용자들에게 최소한의 핵심 기능만 제공하여 제품이나 서비스에 대한 아이디어를 검증하고, 사업성이 있는지 확인하는 일종의 테스트이다.

이러한 MVP는 경영환경이 과거와 다르기 때문에 현재 상황에서는 필요한 것이다. 과거에는 광범위하게 시장조사를 하고, 이후 순차적으로 제품이나 서비스 개발이 이루어지는 일종의 폭포수(Waterfall) 모델을 사용해 왔다.

하지만 지금의 시장은 단순하지 않고(또는 경쟁자 구분이 어렵고), 예측하기 어려울 정도로 변화가 심하기 때문에 간단한 시장조사만 하고, 이후 MVP를 통하여 빠르게 나의 제품이나 서비스를 시장에서 검증하는 것이 현실적이다.

이러한 환경변화로 국내외 다수 회사가 MVP를 적용하여 성공한 사례가 있으며, 많은 사업가들이 MVP가 합리적인 방법으로 인식하고 있기 때문에 이 기법이 확산되고 있다. Production은 대량으로 상용 제품을 판매하거나 상용 서비스를 제공하는 것이다.

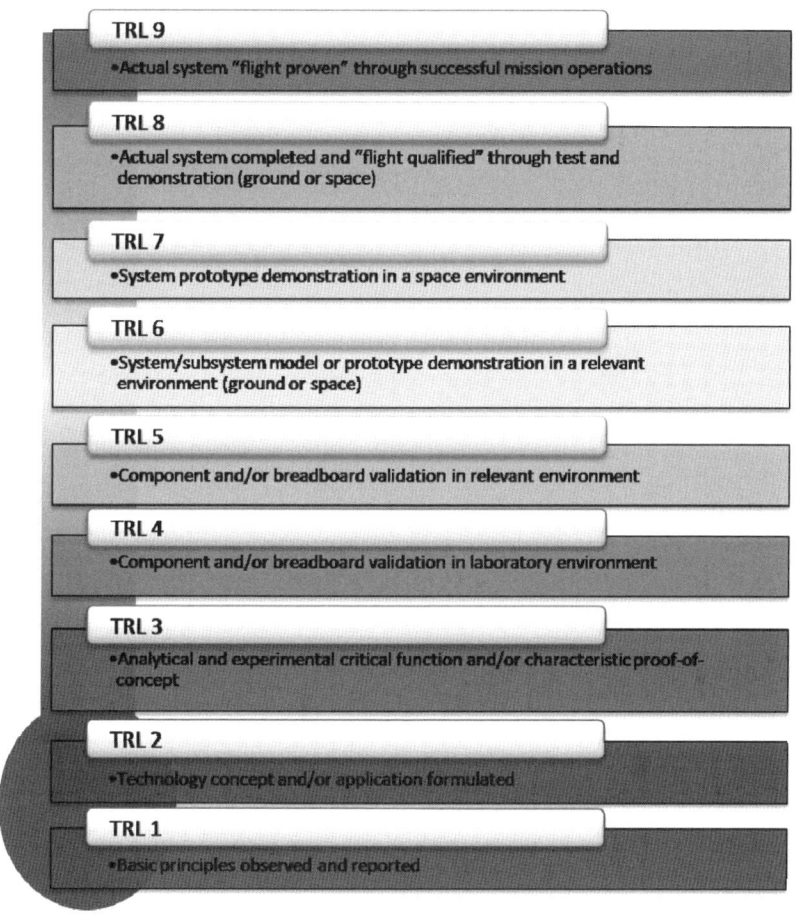

그림 3-9. TRL 단계 정의

출처: 미국 NASA

만약 원천기술을 개발하면서 단기간이 아닌 중장기 계획으로 추진한다면, TRL(Technology Readiness Level, 기술성숙도) 기법을 활용하는 것이 좋다. 원천기술은 현재 없는 기술이나 사용되지 않는 기술이다.

TRL은 어떤 기술이 연구단계인지, 개발단계인지, 상용화 단계인지 등을 판별하는 방법으로, 미국 NASA(National Aeronautics and Space Administration)가 우주산업과 관련된 기술 개발과 투자의 위험도를 관리할 목적으로 도입했다(1989년).

따라서 TRL은 기술 개발에서 기술의 성숙도를 구분하는 객관적인 지표로써 해당 기술

이 실험수준인지, 상용 수준인지 등과 같이 구분한(또는 평가한) 단계별 지표이다.

TRL는 총 9개 단계로 구분되어 있는데, 크게 보면 Research(연구 단계), Develop(개발 단계), Deploy(상용화 단계)이다. 이 부분을 좀 더 세부적으로 보면 기초 연구단계, 실험단계, 시작품 제작단계, 사업화 준비단계, 사업화 단계로 분류될 수 있다.

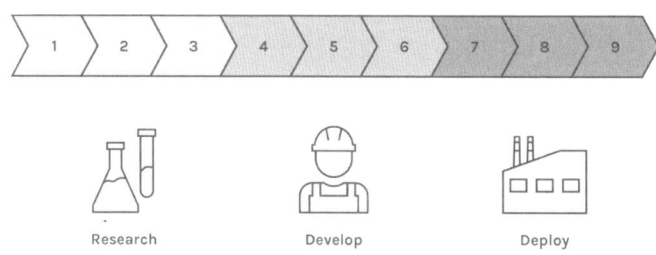

이러한 TRL 방법은 일종의 원천기술을 개발하는 단계이기 때문에 기존에 있는 기술을 융합하거나 서비스 로직으로 동작되는 인터넷 사업에는 적절하지 않을 수 있다.

<u>IT에는 다양한 기술이 있는데 난이도가 높은 기술로 돈을 벌 수 있고, 단순한 기술로 돈을 벌 수도 있다.</u> 일반적으로 기업이 추구하는 방향은 기술의 난이도에 상관없이 수익 창출이 가능한 기술을 원한다.

중국 지도자인 덩샤오핑(鄧小平)은 흑묘백묘(黑猫白猫)론을 주장했는데, 흑묘백묘론은 "검은 고양이든, 흰 고양이든 쥐를 잘 잡으면 된다."는 뜻이다. 이와 비슷하게 IT 사업도 복잡한 기술이나 단순한 기술에 상관없이 수익만 창출하면 된다.

예를 들면, 국내 칩회사인 Telechips사는 사업초기에 Caller ID 칩을 개발했다(2000년 전후). 이 칩은 과거 집 전화기에서 전화를 건 상대방의 전화번호가 표시되는 칩인데, 원리는 간단했다. 당시 Telechips사는 간단한 기술이 적용된 이 칩을 저가에 많이 판매하는 정책으로 성공했다.

과거의 집 전화기는 2개의 주파수를 조합하여 숫자를 표시하는 DTMF(Dual Tone Multiple Frequency) 방식이 사용되었다. Telechips사 칩은 이러한 주파수 성분을 분석해서 숫자로 표시하기 때문에 칩 개발이 간단했다.

어떤 회사는 특정 기술에 너무 관심이 많아서 돈을 벌기 보다는 기술을 깊숙이 파는 경우가 있다. 이런 경우는 덩샤오핑의 흑묘백묘(黑猫白猫)론과 같이 관심있는 기술을 개발하는 것보다 돈을 버는 기술을 개발해야 한다.

대표적인 예로 토마스 앨바 에디슨(Thomas Alva Edison)과 니콜라 테슬라(Nikola

Tesla)가 있다. 에디슨은 사업에 능통해 자신이 개발한 발명품을 돈으로 연결시킨 반면, 테슬라는 돈보다도 순수하게 연구에 매진하는 스타일로 사업적 수완이 부족하여 그가 개발한 많은 발명품을 사업화 하지 못했다.

이때 테슬라는 자신에게 투자했던 웨스팅 하우스사의 파산으로 더 이상 발명을 진행하기 어려웠는데, 테슬라가 대규모로 추진했던 프로젝트가 무선 전력 전송인데, 당시 화재로 연구가 중단되었다. 이처럼 기술자체보다는 돈을 버는 기술(또는 방법)이 우선이다. 기술은 돈을 벌기 위한 도구일 뿐이다.

독일 과학자인 유스투스 리비히(Justus Liebig)는 식물성장과 관련된 '최소량의 법칙(Law of the Minimum)'을 발표했다(1840년). 최소량의 법칙은 식물 영양소 중에서 성장을 좌우하는 것은 넘치는 영양소가 아니라 가장 부족한 영양소라는 이론이다.

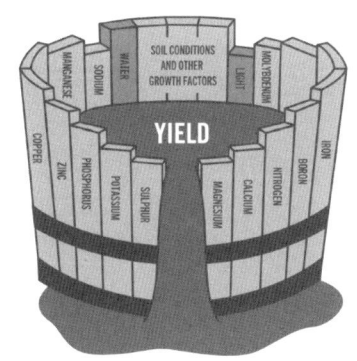

그림 3-10. 리비히의 나무 물통

출처: Koch

즉, 식물 성장에 필요한 영양소는 질소, 인산, 칼슘 등 다수가 있지만, 이러한 영양소 중에 특정 영양소(예: 질소) 하나가 부족하고, 다른 영양소가 풍부하더라도 식물은 제대로 성장할 수 없다.

같은 비유로 '리비히의 나무 물통'이 있는데, 이 물통의 수위는 가장 낮은 부분으로 결정된다. 이러한 리비히의 최소량의 법칙은 기술 개발이나 사업 추진에도 적용된다. 예를 들어 클라우드를 활용하는 어떤 서비스에서 클라우드 기술이 없다면(또는 원리를 모르면), 클라우드 기술이 리비히의 나무 물통에 비유할 때 가장 낮은 수준이다.

어떤 신사업의 개념적인 구조를 이해하기 위해서 DIKW 모델이 사용될 수 있다. DIKW는 Data(데이터), Information(정보), Knowledge(지식), Wisdom(지혜)의 머리글자로 최종 단계인 Wisdom을 도출하기 위한 구조이다.

이 모델은 피라미드 형태로 표현할 수 있어서 DIKW 피라미드 모델이라고도 한다. 하위 단계인 Data에서 최상위 단계인 Wisdom으로 올라갈수록 가치는 높아진다. 즉, 가치가 가장 높은 Wisdom을 알아야 돈을 벌 수 있다.

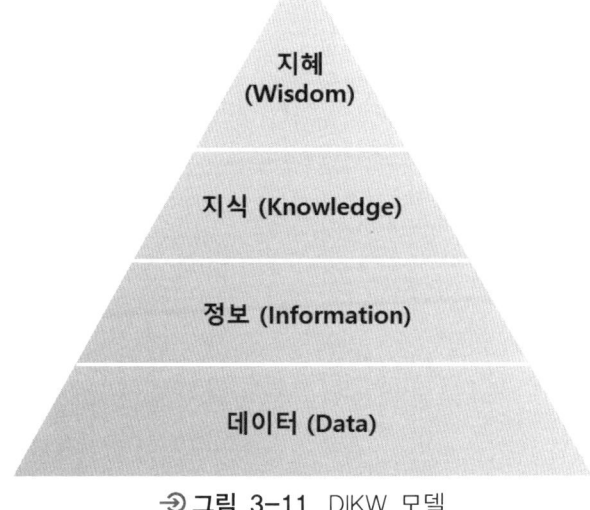

그림 3-11. DIKW 모델

DIKW 모델에서 Data는 사물이나 사건에 대한 묘사로 가공되지 않은 사실이며, 이러한 Data가 특정 목적을 위해 분류나 가공되면 Information이 된다. Information이 체계화되면 Knowledge가 되고, Knowledge가 고도로 추상화되면 Wisdom이 된다.

지식(Knowledge)과 지혜(Wisdom)의 의미는 다른 데, 지식은 어떤 대상을 배우거나 실천해서 알게 된 인식(또는 이해)이고, 지혜는 사물의 이치를 깨닫고 사물을 정확하게 처리할 수 있는 능력이다.

지혜로운 사람은 겸손한 자세로 꾸준히 주변으로부터 많은 것을 배우려고 하고, 지식이 있는 사람은 더 많은 지식을 가진 사람으로부터 배우고자 한다. 이러한 관점에서 볼 때, 돈을 벌 수 있는 사업을 발굴하기 위해서는 많은 사람들로부터 이것 저것 배워야 한다.

유사한 단어로 총명한(지식이 많아서 똑똑한) 사람과 현명한(마음이 너그럽고 슬기로우며 이치에 밝음) 사람이 있다. 또한 소설가 최인호 선생은 총명과 현명의 비슷한 뜻으로 '든 사람'과 '된 사람'으로 표현하기도 했다.

일반적으로 육식동물과 초식동물의 눈 위치와 두 눈이 보는 시야각은 다르다. 육식동물은 사냥을 위해서 두 눈이 앞쪽으로 있고 시야각은 좁은데, 초식동물은 주변을 경계해야 하기 때문에 두 눈이 옆쪽에 있어서 시야각은 넓다.

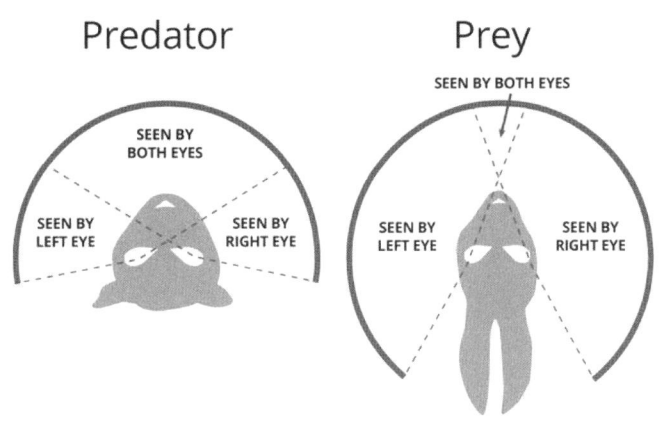

→ 그림 3-12. 육식동물과 초식동물의 눈 위치, 시야 각 비교

출처: Quora

이렇듯, IT 영역에서 사업을 하기 위해서는 초식동물의 눈과 같이 넓은 시야를 가져야만 좋은 사업 아이템을 찾을 수 있고, 장애요인을 쉽게 파악할 수 있다. 너무 좁은 시야각으로 자기 사업에만 몰두하면, 실패할 확률이 높아진다.

이렇게 좋은 시야각으로 주변의 다른 것은 못 보고 나의 사업만 추진하게 된다면, 알베르토 사보이아가 이야기한 Thoughtland에 갇히게 된다.

스타트업과 관련된 용어로 유니콘(Unicorn) 기업이 있다. 유니콘은 기업 가치가 10억 달러 이상의 비상장 스타트업을 의미한다. 원래 유니콘 어원은 Uni(하나의)+Corn(뿔)인데, 뿔이 하나인 말처럼 생긴 전설상의(실제로는 없는) 동물인데, 스타트업의 가치가 너무 높아서 도저히 있을 수 없다는 뜻이다.

유니콘 용어는 미국의 벤처 캐피탈을 운영하는 에일린 리(Aileen Lee)가 2013년에서 IT 언론사에 유니콘이란 용어로 기고를 하면서 사용되기 시작했다.

국내에서는 벤처(또는 벤처기업)와 스타트업을 다음과 같이 구분하고 있다. 벤처는 벤처기업협회로부터 벤처기업으로 인정받은 기업이고, 스타트업은 창업 초기의 기업으로 정의하고 있다.

또한 국내 정부 기관은 벤쳐를 "기존 대기업과는 다른 고도의 전문 능력과 창조적 재능을 살려 새로운 분야에 도전하는 기술기반 신규 기업이다."라고 정의했다.

따라서 국내 정부의 정의에 따르면, 벤쳐는 국내의 관련 법규에 의하여 정해진 조건을 만족하고, 첨단기술을 보유한 기업이다. 반면 스타트업은 국내 법규의 기준을 만족시키지 못하더라도 외부 투자를 받거나 받을 예정인 기업으로 신기술을 기반으로 성장이 기대되는 기업이다.

하지만, 일반적으로 벤쳐와 스타트업은 유사한 의미로 사용된다. 따라서 스타트업(또는 벤쳐)는 창업한지 얼마되지 않았고, 대규모 자금을 투자 받기 전이지만, 신기술을 기반으로 성장이 예상되는 기업이다. 스타트업의 단어적인 뜻은 "시동을 걸다."이다.

미국의 사업가이자 교수인 스티브 블랭크(Steve Blank)는 스타트업을 "A startup is a temporary organization designed to search for a repeatable and scalable business model"라고 정의다. 즉 "스타트업은 반복적이고 확장 가능한 비즈니스 모델을 찾아내기 위해 만들어진 임시 조직이다."라고 했다.

여기에서 주목할만한 단어는 Repeatable과 Scalable인데, Repeatable은 오랜 기간 지속 가능하다는 의미이고, Scalable은 확장(또는 성장) 가능하다는 의미이다.

좀 더 세부적으로 보면, 반복 가능하다는 것은 처음 개척한 고객으로부터 지속적인 매출을 만들어내는 것이고, 확장 가능하다는 것은 고객 한 사람에게 판매하는 상품을 확장하거나 고객군을 더 확보해서 시장 자체를 크게 하는 것이다.

또한 린스타트업 방법론 창시자인 에릭 리스(Eric Ries)는 "스타트업은 매우 불확실한 상황 속에서 고객에게 새로운 제품이나 서비스를 창조하기 위해 디자인된 조직이다."라고 정의했다.

내가 추진하고자 하는 신사업이 돈을 벌 것인가를 검증하기 위해서는 시장 호응 가설(Market Engagement Hypothesis)을 수립하고 진행해야 한다. 시장 호응 가설은 내가 만든 제품이 시장에서 어떻게 받아들이는 지를 가정하는 것인데, 이 가정에 문제가 있는지 검증한 다음 사업을 추진해야 한다.

따라서 나의 제품이나 서비스가 시장에서 어떻게 받아들이는지를 검증해야 하는데, 이를 위한 하나의 방법으로 스티브 블랭크(Steve Blank)가 정의한 Customer Development(고객 개발)가 있다.

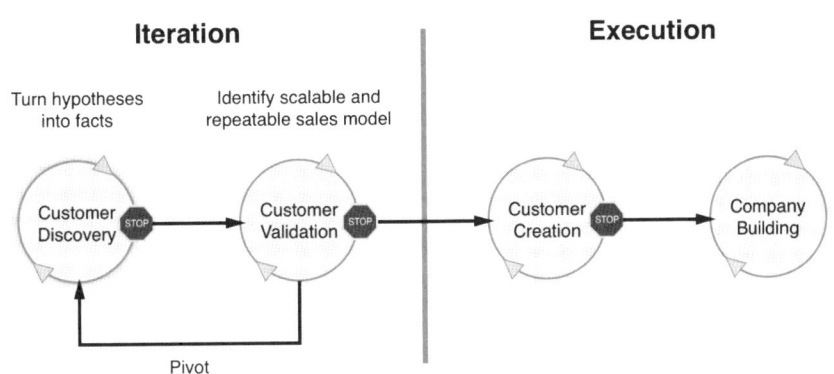

그림 3-13. 스티브 블랭크가 정의한 고객 개발 절차

스티브 블랭크는 스타트업이 성공하기 위해서는 고객개발(Customer Development)이 중요하다고 언급했다. <u>고객개발은 제품이나 서비스 개발처럼 고객을 개발한다는 의미로 결국 나에게 돈 줄 사람을 먼저 찾는 것이다.</u>

이러한 고객 개발의 첫 단계는 고객 발굴이다. 정확하게 나에게 돈을 줄 고객을 조기에 발굴하는 것이 중요하다.

Customer Development는 신제품이나 새로운 서비스를 개발하기 위한 프로세스이다. 이것은 기업(스타트업 포함)이 신제품을 개발할 때 리스크를 줄이기 위한 방법이기도 하다.

Customer Development의 주된 내용은 고객 위주의 제품 개발이다. 신제품을 개발할 때, 잠재 고객과 끊임없는 만나고, 가능한 한 제품을 빨리 출시하여 고객의 피드백을 받는 것이다. 이러한 피드백을 기반으로 제품을 지속적으로 발전시켜야 실패할 가능성이 줄어든다.

Customer Development는 Customer Discovery(고객 탐색), Customer Validation(고객 검증), Customer Creation(고객 창출), Company building(회사 설립)과 같이 4가지 단계로 구성된다.

Customer Discovery는 고객이 현재 가지고 있는(또는 느끼는) 문제점과 필요한 사항을 찾는 것이다. Customer Validation은 반복적으로 고객에게 판매할 수 있는 제품이나 서비스 모델을 개발하는 것이다.

Customer Creation은 나의 제품을 구매할 최종 고객을 만들고, 지속적인 구매가 가능한 환경을 만드는 것이다. 그리고 Company Building은 회사에서 조직을 만들어서 모든 일이 효과적으로 실행될 수 있도록 하는 것이다.

그럼, 어떤 기술이 중요한가? 결국 우리 생활에 필요한 기술, 기존 산업에 적용하여 효율을 증가시키는 기술, 에너지 절약과 같은 전체 인류에 도움이 되는 기술이 이에 해당된다. 어떤 경영학자는 안정적인 신사업은 사람의 기본적인 욕구인 의식주에서 찾아야 한다고 주장하기도 한다.

그림 3-14. 달러 스마일 이론 그래프

출처: 중앙일보

이렇게 인류 역사상 변함이 없는 사업인 의식주와 관련되어 경제 원리인 달러 스마일 이론(Dollar Smile Theory)이 있다. 달러 스마일 이론은 미국의 경제학자인 스티븐 젠(Stephen Jen)이 정의한 것으로 경제 활황기나 침체기에 미국 달러가 강세라는 이론이다.

즉, 경제가 호황이면 당연히 달러가 강세인데, 불황에서도 강세가 된다는 내용인데, 이러한 이유는 불황일 때는 안전한 자산인 달러에 몰리면서 달러가 강세가 된다. 이처럼 달러 스마일 이론과 같이 IT 산업이 불황일 때는 사람의 기본 생활에 필요한 의식주 사업이 돈을 벌 수 있다.

하지만, 실제 사업현실은 이론과 다르기 때문에 사업에서 중요한 순서로 일반적으로 알려진 사업전략, 팀(사람), 자본력, 기술력이지만, 다수의 사람은 사업에서 Timing이 중요한 요소라고 말하기도 한다.

Timing은 쉽게 보면, 운 또는 재수와 같은 뜻으로 사업 환경은 변화가 너무 심하기 때문에 사업에 필요한 요소(사람, 기술, 자본 등)를 가지고 있는 상태에서 적절한 시기에 수익이 창출될 수 있다는 의미이다.

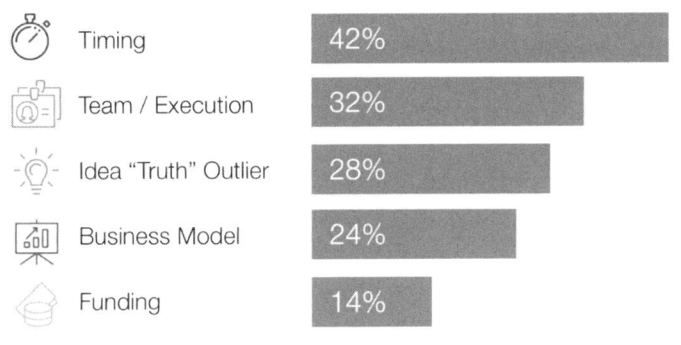

> 그림 3-15. 사업 성공을 위한 요소

출처: Game Changer

스타트업 측면에서 성공을 하기 위한 타이밍이 언제 인가가 중요한데, 내가 해당 기술을 충분히 준비하고 있고, 주변에서 나의 기술이 필요하다는(또는 시장성이 있다는) 요청이 있을 때이다.

물론 예외적으로 내가 해당 기술을 준비하고 있는 상태에서 시장을 장악하고 있는 경쟁사가 사업에 실패한 다음, 내가 이 문제점을 개선해서 성공할 수 있다.

일반적으로 기업이 개발한 신기술이 시장에서 여러 사용자로부터 이해와 가치를 인정받고, 실제 사용하기 까지는 평균적으로 5년이 걸린다고 알려져 있다.

스타트업의 실패요인은 기술력 부족, 자금 부족, 지역조건, 창업시기 등의 문제가 아니라 시장성 없은 아이템, 고객 의견 무시, 잘못된 팀, 잘못된 마케팅, 불필요한 비즈니스 모델 등이다.

알베르토 사보이아는 "대부분의 신제품은(또는 신기술이) 시장에서 실패한다. 유능한 사람이 이 사업을 실행해도 마찬가지다."라고 말했다. 사보이아는 "아이디어 실패는 특정 패턴이 있는데, 내가 만든 신제품(또는 서비스)의 실패 원인은 출시(Launch), 운영(Operation), 전제(Premise)가 될 수 있다고 말했다.

출시 실패는 신제품 마케팅, 판매, 유통을 위해 노력을 했지만, 처음 의도한 대로 시장의 반응이 없는 경우이다. 운영 실패는 신제품 디자인, 기능 등에서 사용자가 느끼는 기대치에 도달하지 못할 때 발생하는 것이다.

전제 실패는 내가 만든 제품에 사용자들이 관심이 없는 경우이다. 이러한 실패 원인 중에서 사보이아는 가장 큰 실패의 원인이 전제 실패라고 했다. 왜냐하면 잘못된 전제로 만들어진 제품은 아무리 출시나 운영이 잘해도 결국 시장에서 실패하게 된다는 것이다.

따라서 전제 실패를 줄이기 위해서는 사업 아이템 선정 초기부터 돈을 벌 수 있는 아이템(즉, The Right It)으로 시작해야 한다는 의미이다.

한편으로는 기업이 늘 성공만 하는 것이 아니라 실패할 확률이 훨씬 높기 때문에 기업은 실패를 극복하는 방법도 터득해야 한다.

경영학자인 스티브 블랭크(Steve Blank)는 많은 스타트업이 실패를 두려워하지만, 사실 스타트업은 실패의 연속이다. 스타트업은 성공 가능성이 있는 비즈니스 모델을 찾을 때까지 계속 실패하는 경험을 해야 한다고 했다.

일부 언론은 "스타트업이 실패하는 것을 빠른 실패(Fail Fast)라고 하면서, 이러한 빠른 실패는 결코 완전한 실패가 아니다."라고 했다. 완전한 실패는 자금이 바닥나고(Burn Out), 팀이 해체되는 것인데, 빠른 실패는 비전을 실행하기 위한 전략 중의 하나이다.

따라서 전략은 수정하면 되는 것이고, 이렇게 수정된 전략으로 아이디어를 실현하면 성공할 가능성이 높아진다.

2) 사업 방향

사업은 수익창출을 위한 활동이므로 구체적인 계획없이 수익창출을 추구하는 것보다는 체계적인 계획을 수립한 후, 사업을 추진해야 한다. 따라서 사업의 주된 방향은 수익 창출이지만, 내부와 외부의 여러가지 환경을 고려해서 체계적으로 추진해야 한다.

사업은 거래를 통해서 이루어지는데, 거래는 공급자와 수요자간 가치를 교환하는 것이다. 공급자는 제품이나 서비스를 수요자에게 제공하고, 수요자는 이의 댓가로 돈을 지불한다. 이 과정에서 공급자(기업 등)가 제공하는 가치와 수요자(고객 등)가 원하는 가치가 맞아야 거래가 이루어진다.

가치는 "사물이나 서비스가 지니고 있는 쓸모"라는 뜻으로 고객은 어떤 것이 중요하고 쓸모 있다고 느낄 때, 그 가치를 인정한다. 따라서 사업 방향은 고객이 나의 제품(또는 서비스)에 충분한 가치를 느낄 수 있도록 추진되어야 한다.

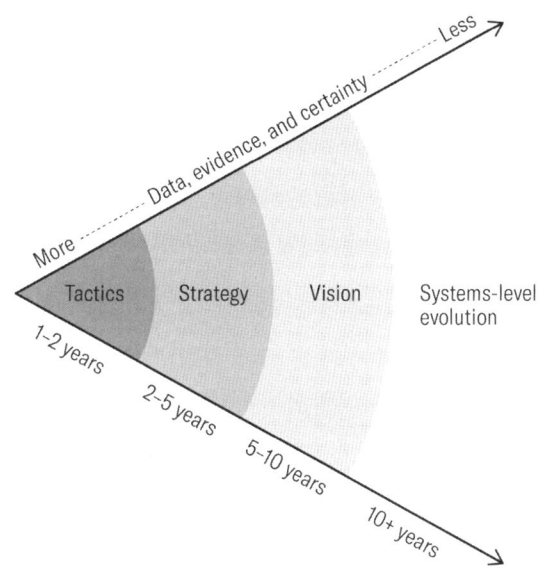

> 그림 3-16. 시기별 사업 방향

출처: Amy Webb

사업 방향은 세부적으로 회사의 비전(Vision), 미션(Mission), 목표, 목표 달성방법 등을 정의하는 것이다. 이 외에도 주어진 인력, 자본과 같은 내부 리소스를 효과적으로 할당하고 경쟁사와 차별화 정책, 이해 관계자와 가치 창출 등이 정의되어야 한다.

또한 사업을 추진하면서 예상되는 시장의 변화 동향, 고객 선호도 변화, 국가의 규제, 사회적인 문제 등도 검토되어야 한다. 이러한 사업 방향은 시기적으로는 단기 사업과 장기 사업으로 구분되어야 한다.

사업 방향을 설정하는 방법 중에 하나로 SK 그룹의 '일처리 5단계'가 있다. 일처리 5단계는 1단계(입체적 Location 파악), 2단계(KFS: Key Factor for Success) 추출, 3단계(목표수준 설정), 4단계(장애요인 도출), 5단계(장애요인 제거방안 수립 및 실행)로 진행되는 절차이다.

> 일을 빈틈없고 야무지게 처리하기 위해 거쳐야 할 다음 **5단계**를 말한다.
> 1. 입체적 **Location** 파악
> 2. **KFS(Key Factor for Success)** 추출
> 3. 목표수준 설정
> 4. 장애요인 도출
> 5. 장애요인 제거방안 수립 및 실행

① 입체적 Location 파악은 모든 일이 입체적으로 구성되어 있다는 관점에서 자신의 현재 위치를 파악하는 것이다. 일을 폭 넓고 깊이 있게 완벽히 파악하려면, 일이 입체적이라는 것을 인식하고 있어야 한다.

일을 추진함에 있어서 보통 평면적인 조직도만 가지고 자신의 일을 파악하는 사례가 많다. 이런 경우, 자신이 어느 조직에 소속되는지를 확인하여 그 조직에서 부여 받은 일을 자신의 일로 생각하기가 쉽다. 이렇게 되면 전체적인 일을 파악하기 힘들다.

② KFS(성공을 위한 핵심 요소) 추출은 Better Company(현재보다 더 발전된 회사) 목표를 달성하기 위해 개인 및 단위조직이 해야 할 가장 핵심이 되는 과제나 일이다. 개인 또는 모든 단위조직의 일은 회사 일의 한 부분이므로 그 일의 성공은 바로 회사 목표 달성과 직결된다.

③ 목표수준 설정은 KFS의 목표 수준을 설정하는 것이다. SK 그룹이 정의한 최고의 목표 수준은 SUPEX(Super Excellent)이다. SK 그룹은 최상의 경영 목표를 SUPEX로 정의하는데, SUPEX는 인간 능력으로 도달할 수 있는 최고 수준을 의미한다.

④ 장애요인 도출은 목표 수준에 도달하는 데 장애가 되는 요인을 모두 파악하는 것이다. 목표 수준이 높을수록 장애요인이 많을 뿐 아니라 해결하기 어려운 것도 많아진다. 그러나 장애요인을 많이 해결하면, 그만큼 성과는 더 커지게 되므로 가능한 모든 장애요인을 찾아야 한다.

⑤ 장애요인 제거방안 수립 및 실행은 경영성과로 직결되는 실천의 단계일 뿐 아니라 두뇌활용이 가장 많이 요구되는 단계이다. SK 그룹이 정의하는 두뇌활용은 창조적인 생각과 실천을 의미한다.

두뇌활용과 관련되어 SK 그룹은 VWBE를 중요시 여기고 있는데, VWBE는 자발적(Voluntarily)이고 의욕적(Willingly)인 두뇌활용(Brain Engagement)을 의미한다. 즉, 누가 일을 시켜서 하는 것보다 자기가 일을 하고 싶은 환경이 될 때, 좋은 성과를 창출한다는 의미이다.

SK 경영 시스템(SKMS: SK Management System)을 보면, SK 경영의 궁극적 목적은 구성원 행복이다. 구성원은 SK 그룹을 구성하는 주체로서 구성원 전체의 행복을 지속적으로 키워 나가면, 각자의 행복이 더 커지고, 이를 통해서 회사는 더 성장할 수 있다는 것이다.

이처럼 SK 경영 시스템에서 회사는 구성원의 지속적인 행복 추구를 위한 환경을 조성해야 회사의 안정과 성장이 가능하다는 이야기이다. 결국 이러한 구성원의 행복을 통하여 회사는 영구히 존속하고 발전하게 된다.

또한 SK그룹은 회사를 둘러싼 이해관계자 행복을 동시에 추구하는데, 이것은 SK와 관련된 이해 관계자의 행복을 추구하는 것은 기업이 사회적 역할의 하나로 정의하고 있다.

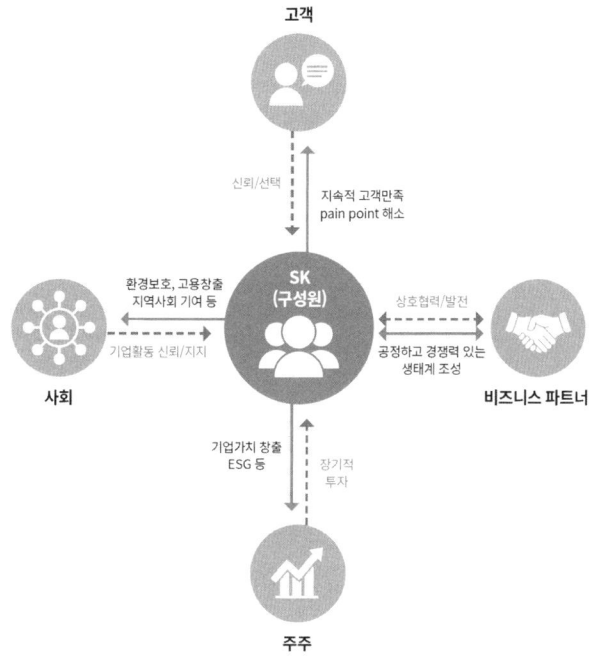

그림 3-17. SK 그룹에서 정의하는 이해 관계자

SK 그룹은 회사를 경영하면서 구성원을 중심으로 이해 관계자인 고객, 비즈니스 파트너, 주주 이외에 사회를 추가하여 사회적 가치를 높이는 방향으로 경영을 한다. 기본적으로 SK 그룹 경영에서 우선순위가 가장 높은 것은 구성원의 행복이다. 구성원이 행복해야 관련된 이해 관계자에게 높은 가치를 제공할 수 있기 때문이다.

이렇게 사업방향(또는 기업경영)에서 가치를 어디에 두는지가 중요한데, 대부분 회사는 가치를 고객, 주주, 구성원에 두고 있다. 하지만 최근에는 ESG(Environmental, Social, Governance)를 포함한 기업의 사회적 역할이 중요해지고 있다.

정리하면, 과거 SK 그룹의 경영철학은 회사의 매출과 이익을 지속적으로 높이는 것이 가장 큰 목적이었다. 하지만, 2010년 이후 SK 그룹은 수익 창출의 주체가 구성원이고, 구성원이 행복해야 수익 창출이 가능하다는 결론에 도달했다. <u>따라서 SK 그룹의 경영 목적은 구성원의 행복이다.</u>

삼성 창업가인 이병철 회장은 "내 일생의 80% 시간은 인재를 모으고 기르는데 세월을 보냈다."라고 말했다. 이를 위하여 이병철 회장은 공개채용, 수준 높은 교육(직원을 대상으로) 등과 같이 철저하게 인재 확보와 교육을 우선적으로 추진했다. 이러한 배경으로 삼성그룹은 강한 조직력을 갖추게 되었고, 결국 경쟁우위를 확보했다.

현대그룹 창업자인 정주영은 "길이 없으면 길을 찾고, 찾아도 없으면 길을 닦아가면서 나가면 된다. 시련은 뛰어 넘으라고 있는 것이지 걸려 넘어지라고 있는 것이 아니다."라고 언급하면서 강한 추진력을 강조했다.

롯데그룹 창업주는 사업현장의 중요성을 강조하기 위하여 "거기 가봤나?"를 자주 언급했다고 한다. 이것은 탁상행정이 아닌 사업현장을 확인하고 판단하라는 뜻과 함께 부지런함의 중요성이 포함되어 있다.

SPC 그룹(제빵회사) 창업자는 "우리회사는 수백만 개의 빵을 만들지만, 고객은 단 한 개의 빵을 사는 것이기 때문에 모든 빵의 품질에 신경 써야 한다."고 말했다. 이처럼 사업 추진에서 세부적인 것까지 신경 써야 성공한다는 의미이다.

이렇게 사업 방향은 수익창출이지만, 사업을 추진하는 기업가(사업으로 이윤을 추구하는 사람)는 사업에 대한 믿음, 사회 기여, 도덕성 등을 갖춰야 성공할 수 있다. 이와 관련된 용어로 'Entrepreneurship(기업가 정신)'이 있다.

Entrepreneurship은 기업가를 의미하는 영어 단어인 'Entrepreneur(엔터프러너)'에 능력 또는 마음가짐의 뜻인 'Ship'의 합성어이다. Entrepreneur는 프랑스어인 'Entreprendre(앙트레프레너)'에서 유래되었는데, Entreprendre는 "새로운 것을 시도하다." 또는 "새로운 모험을 하다."의 뜻이다.

따라서 Entrepreneurship은 기업가 정신보다는 '새로운 사업을 하는 창업자의 행동자세'로도 해석될 수 있다. 기업가는 한 순간의 이익보다는 도덕성을 갖춰야 하고, 사회에 기여해야 한다는 의미이다.

피터 드러커(Peter Drucker)는 Entrepreneurship을 "위험을 무릅쓰고 포착한 기회를 사업화 하려는 모험정신"으로 정의했고, 조지프 슘페터(Joseph Schumpeter)는 Entrepreneurship을 "사업과정에서 발생될 수 있는 위험을 감수하고, 어려운 환경을 헤쳐 나가면서 기업을 키우려는 뚜렷한 의지"라고 정의했다.

동양적 사고방식으로 보면, 손자병법을 쓴 손무(孫武)는 장수를 용장(勇將), 지장(智將) 그리고 덕장(德將)으로 분류했다. 용장은 항상 "나를 따르라!"라는 외침과 함께 군사를 진두 지휘하는 용맹함과 추진력을 갖춘 장수이며, 지장은 뛰어난 지략과 견문을 갖춘 전략가 형의 장수이다.

덕장은 따듯하고 부드러운 이미지를 가진 장수로서, "이것 해라, 저것 해라!"와 같이 일일이 참견하지 않고 솔선수범하여 부하를 움직이는 장수이다. 따라서 덕장은 항상 온화한 웃음으로 부드럽게 부하를 대하고 부하의 가슴을 뭉클하게 만드는 마음이 따듯한 장수이다.

손무는 이렇게 장수를 분류하면서 "용장은 지장을 이기지 못하고, 덕장은 지장보다 한 수 위이며, 덕장은 복장(福將)에게는 어쩔 도리가 없다."라고 말했다. 여기에서 복장은 운이 좋은 장수이다.

결국 복장은 나의 의지와 힘으로 할 수 없기 때문에 동양적인 사고 방식으로는 덕장이 돈을 벌 수 있는 지도자이다. 덕장은 SK 그룹의 경영방식 중에 하나인 VWBE와 같이 구성원이 자발적으로 일을 할 수 있는 분위기를 만들어주는 지도자이다.

일(또는 업무)의 긴급성과 중요도에 따라 우선순위를 분류하고, 일을 처리하는 관리 도구로 아이젠하워(Eisenhower) 매트릭스(Matrix)가 있다. 아이젠하워 매트릭스는 미국의 대통령이자 장군이었던, 드와이트 아이젠하워(Dwight Eisenhower)가 정의한 것이다.

→ 그림 3-18. 아이젠하워 매트릭스

아이젠하워 매트릭스는 일의 중요도와 시급성을 기준으로 Do(지금 해야 할 일), Decide(계획해야 할 일), Delegate(다른 사람에게 위임해야 할 일), Delete(하지 않아도 될 일)로 구분된 것이다.

아이젠하워는 "나에게는 긴급한 일 그리고 중요한 일과 같이 항상 두 가지의 일이 있다."라고 말하면서, "시급한 일은 중요성이 떨어지고, 중요한 일은 시급하지 않다."라고 했다. 따라서 우리는 어떤 일을 시작하면서 정해야 하는 것은 일의 중요성과 시급성을 평가하는 것이다.

신사업 추진과 관련되어 그동안 국내 대기업은 많은 신사업을 추진했지만 대부분 실패했다. 저자가 오랜 기간 근무했던 SKT도 신사업의 90% 이상은 실패했다. 과거 DMB(Digital Multimedia Broadcasting), 메타버스, LoRa, 다수의 인터넷 서비스(싸이월드 등) 등과 같이 성공보다는 실패 사례가 더 많았다.

대기업은 우수한 인재와 실행력이 부족해서 실패하는 것은 아니다. 수익성이 좋은 신사업 아이템을 발굴하고 판단해야 하는데, 대부분 대기업은 사업의 진정성보다는 회사 내부의 부서나 개인의 실적 위주로 신사업이 진행된다.

보통의 경우, 대기업에서 새로운 사업을 기획한 사람은 승진하고, 이후 이 사업을 받아서 추진하는 사람은 사업이 실패하기 때문에 좋지 못한 결과로 끝난다. 이것은 좋은 사례는 아니지만, 신사업 발굴이 절실한 회사는 어쩔 수 없이 이렇게 사업이 추진된다.

실제로 국내 대기업은 용두사미(龍頭蛇尾)와 같은 사업 아이템이 실무자 측면에서는 최고로 평가받고 있다. 용두사미 사업은 사업 추진 초기에는 주변으로부터 많은 관심을 끌고, 이후 사업이 진행되면서 서서히 잊히면서 없어지는 것이다. 초기에 이 사업을 추진한 담당자는 업무를 다른 사람한테 넘기고, 이 업무를 끝 내는 것이 가장 좋은 케이스(Case)이다.

그러면 어떻게 해야 좋은 사업 아이템을 찾을 수 있을까? 이것은 매우 복잡하고 정답이 없는 질문이지만 일부 사업가는 현대 사회가 너무 복잡하여 인사이트를 가진 사람에게 의존해야 한다는 의견도 있다. 예를 들면, Apple의 스티브 잡스와 같이 분석적이지 않고 한사람의 감각(또는 인사이트)으로 추진해야 한다는 견해이다.

하지만 좀 더 객관적인 의견은 과거와 현재의 데이터를 활용하는 것이다. 이 방법 역시 명확하게 정의하기는 어렵지만, 과거 사례와 현재 시장 상황의 데이터를 근간으로 사업 아이템을 선정하는 것이 좋다.

사업 방향 설정에서 자신의 경험이나 추론 등으로 잘못된 판단을 하는 경우가 있는데, 이와 관련된 이론으로 더닝 크루거 효과(Dunning-Kruger Effect)가 있다. 더닝 크루거 효과는 미국 코넬대의 데이비드 더닝(David Dunning)과 저스틴 크루거(Justin Kruger)가 실험한 연구를 기반으로 정의한 이론이다(1999년).

더닝 크루거 효과는 능력이 부족한 사람은 자신의 능력을 과대 평가하고, 능력이 뛰어난 사람은 자신의 능력을 과소 평가하는 현상이다. 즉, 대부분 사람은 자기의 능력이 하위권과 상위권의 중간쯤 된다고 알고 있는 현상이다.

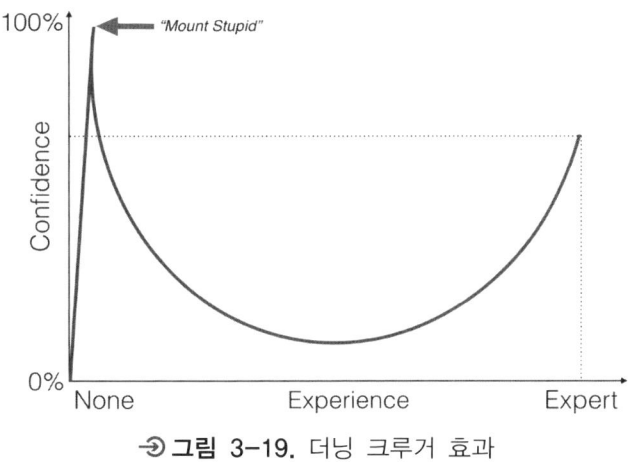

➔ 그림 3-19. 더닝 크루거 효과

출처: Validatum

더닝 크루거 효과는 능력이 없는 사람은 잘못된 판단으로 좋지 않은 결과가 나왔을 때, 자신의 실수(또는 능력)를 알지 못한다. 이렇게 더닝 크루거 효과에 따르면, 자신의 능력을 알지 못하기 때문에 사업을 지속적으로 추진하면 실수가 반복될 수 있다.

간단히 보면, "무식하면 용감하다."라는 말과 어느 정도 의미가 통한다. 예를 들어 "학사는 난 무엇이든 다 안다. 석사는 내가 모르는 것도 많다. 박사는 난 아는 것이 없다."와 유사한 의미이다.

<u>이러한 더닝 크루거 효과에 빠지지 않으려면, 자기가 모르는 신기술을 지속적으로 공부해야 하고, 자신의 지식을 객관적으로 평가받아야 한다.</u> 더닝 크루거 효과를 어느정도 보완하는 방법은 여러가지가 있지만, 하나의 방법으로 유대인의 학습 방법이 있다.

유대인의 학습 방법인 하브루타(Havruta)는 학생들끼리(주로 2명) 짝을 이루어 서로 질문과 답변을 주고받는 전통적인 학습 방법이다. 하브루타는 나이, 직급, 성별 등에 관계없이 2명이 서로 이야기를 주고받으면서 진리를 찾아 나가는 것이 목표이다.

따라서 이 방법은 자기가 학습한 지식을 주변 사람들과 토론을 통하여 더 깊이 습득하는 것이다. 예를 들어, 1시간 동안 어떤 기술을 공부하고, 3시간은 다른 사람과 토론을 통해서 나의 지식을 객관화 시키는 방법이다.

이러한 하브루타 방식은 우리 방식으로 해석하면, 사업가는 시간이 나면 외부 세미나, 컨퍼런스, 전시회 등에 다니고, 다양한 사람을 많이 만나서 의견을 듣는 것이다. 2000

년대 초 까지만 해도 신사업은 인터넷이나 책을 통해서 아이디어를 얻었는데, 지금은 다른 사람과 이야기하는 과정에서 신사업 아이디어가 나온다는 보고서도 있다.

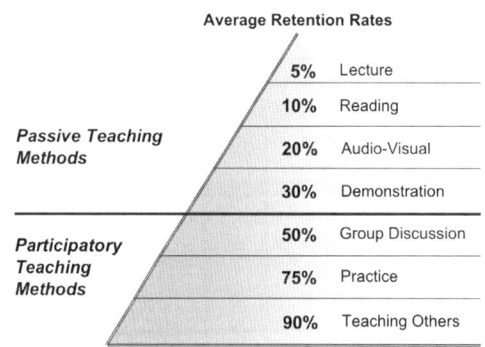

➔ 그림 3-20. 학습 피라이드(Learning Pyramid)

출처: National Training Laboratories

하브루타 학습방법과 관련되어 학습 피라미드((Learning Pyramid) 이론이 있다. 학습 피라미드는 혼자 학습(또는 공부)하는 것보다 다른 사람과 토론, 실습, 강의 등의 방법이 훨씬 더 효과적이라는 의미이다. 따라서 더닝 크루거 효과를 극복하는 방법 중에 하나는 다른 사람과 많이 토론하는 것이다.

학습 피라미드에 따르면, 내가 신기술이나 사업을 공부해서 이해하는 정도를 볼 때, 이해정도가 높아지는 순서는 혼자 공부, 다른 사람과 토론, 실습, 강의이다. 어떤 신기술을 가장 깊게 이해하는 방법은 이 기술을 다른 사람에게 강의(또는 설명)하는 것이다.

2 기술표준과 규제

1) 기술표준과 규범을 지켜야 한다

전세계적으로 사용되는 주요 통신 시스템은 서로 호환(Compatibility)되어야 하기 때문에 관련 시스템은 국제 기술 표준을 준수해야 한다. 국제 표준이 적용하는 대표적인 통신기술은 이동통신, Wi-Fi, 인터넷(TCP/IP 위주)이다.

만약 이러한 통신기술이 적용된 시스템에서 국제 표준을 바꾸면, 당장은 사용에 편리할 수 있지만, 시간이 지나면서 경쟁력을 잃게 된다.

Apple 창업자인 스티브 잡스(Steve Jobs)는 "표준이 아닌 것에 종속되면 그 말로가 어찌 되는지 우리는 잘 알고 있다."고 말했다(2010년). 결국 국제 기술표준을 준수하는 것이 상품 경쟁력을 높이는 방안이다.

저자는 다수의 이동통신 기술을 상용화하면서, 국내외 다수의 회사로부터 이동통신 표준 단체인 3GPP(3rd Generation Partnership Project)가 정의한 기술을 변경하면, 성능을 높이거나 부가 서비스를 쉽게 제공할 수 있다는 제안을 많이 받았다.

이렇게 국제 기술표준에 정의되지 않은 비표준 기술을 통신시스템에 적용하면, 구현까지 시간이 많이 걸리고 다른 통신시스템과 호환에 문제가 발생될 수 있으며, 무엇보다도 향후 기술을 업그레이드할 때, 걸림돌이 되어 확장성에도 문제가 있다.

통신사업자는 서비스 제공에 필요한 장비를 통신장비 업체인 Ericsson, Nokia, 삼성 등으로부터 구매하여 통신망을 구축한다. 이때 통신사업자가 이러한 비표준 기술을 통신장비 업체에 개발을 요구해도 쉽게 구현해 주지 않는다.

만약, 이동통신 사업자가 통신망에 비표준 기술을 적용하면, 로밍(Roaming) 가입자를 수용하지 못할 수 있다.

로밍은 가입자가 가입한(또는 등록한) 통신사업자 이외의 다른 통신사업자의 통신망에서도 연속적으로 서비스를 받는 기능이다. 즉, 로밍은 국내 이동통신 가입자의 휴대폰이 미국에서도 통신이 가능하게 하는 기능으로 이것은 통신사업자간 협약을 통하여 상호 통신망이 연동된다.

이동통신과 관련되어 제안되는 비표준 기술로 실내외 측위(위치 파악) 기술이 있다. 기존 이동통신망에서 별도의 신호처리(예: Sequence, Message)를 추가하거나 기존의 절차를 변경하면, 더 정밀한 측위가 가능하고 효과적으로 부가 서비스를 제공할 수 있다.

하지만 표준에 정의되지 않는 기술을 사용하면, 당장은 효과가 있을 수 있지만, 향후 통신망 업그레이드에서 문제가 발생된다. 이처럼 표준기술이 아닌 것은 통신망에 적용하면 안된다.

또한 표준에 없는 기술을 표준화 단체에 제안하는 것은 시간이 많이 걸리고, 표준으로 채택되는 과정이 복잡하다. 이동통신 기술은 각 국가의 핵심기술이기 때문에 해당 기술을 옹호하는 국가와 회사가 많아야 표준으로 채택된다.

한편 표준화 과정에서 다수의 경쟁기술이 있을 때, 표준화 작업에 참여한 멤버들이 투표로 기술을 선정하는데, 이 과정에서 일부 기술은 특정 국가나 회사가 연합해서 정치적으로 결정될 수 있다. 또한 어떤 회사는 자사의 특허를 표준에 포함시켜 나중에 지적재산권을 행사하거나 방어 수단으로 사용하기도 한다.

이동통신의 경우, 4G(Generation) 이전에는 다수의 기술이 있었지만(몇 개의 4G 기술), 5G 이동통신부터는 전세계적으로 하나의 기술로 통합되었다. 따라서 다수의 국가와 기업은 5G와 6G 이동통신에서 표준 기술 확보를 중요하게 생각하고 있다.

이동통신 비표준과 관련된 대표적인 사례는 과거 일본의 2G, 3G 이동통신 기술이다. 과거 일본은 2G 이동통신에서 국제표준에 정의된 기술과 달리 통신을 위한 송수신 주파수를 반대로 적용했다. 일본은 2G 이동통신과 비슷하게 3G 이동통신에서도 자체 규격을 많이 사용했었다.

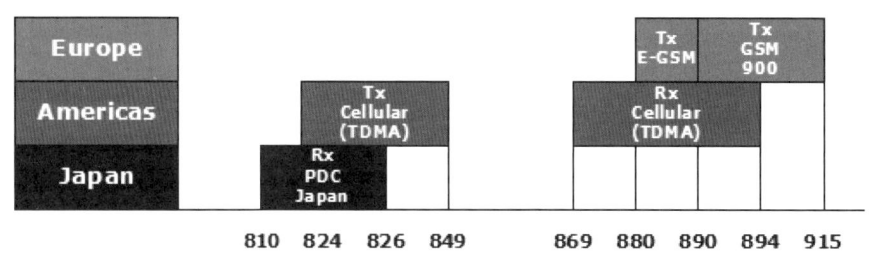

그림 3-21. 일본 이동통신 주파수 대역(2000년대)

이렇게 주파수를 반대로 하면, 해외기업이 일본에 휴대폰을 판매하기 위해서는 휴대폰을 별도로 개발해야 했다. 따라서 해외 기업은 일본시장에 진입하기 어려웠고, 이 기술을 개발한 일본기업에게는 장점이 있었다.

반면 이 기술은 일본에만 사용되기 때문에 일본 기업이 해외로 진출하기는 쉽지 않았다. 일본에만 사용되는 기술이기 때문에 다른 국가에는 사용할 수 없었다.

휴대폰 제조사는 휴대폰을 대량으로 생산해서 별도의 기술적인 변경없이 전세계에 판매하면 부품수급, A/S, S/W Upgrade 등에서 유리하다. 하지만 당시 일본 휴대폰 제조사는 자체 규격을 사용했기 때문에 전세계 시장에서 경쟁력을 잃게 되었다.

중국도 일본과 비슷하게 자체 규격의 4G 이동통신 기술을 사용했다. 물론 중국은 내수 시장이 크기 때문에 통신장비 회사나 휴대폰 회사는 수익창출에 문제가 없을 수 있다. 하지만 중국은 일본과 마찬가지로 해외의 다른 휴대폰을 수입하기 어려웠고, 중국 휴대폰 회사는 해외 판매가 쉽지 않았다.

이러한 IT 기술표준도 있지만, 다른 산업분야에 적용된 다수의 표준은 사회적으로 큰 힘을 발휘한다. 중국의 진시황은 중국을 최초로 통일한 후(기원전 221년), 마차의 바퀴크기, 도량형, 다수의 무기 구조 등을 표준화했다. 이러한 진시황의 표준화 정책은 사회 시스템을 효율적으로 동작 시키고, 적의 침입에 효과적으로 대응하는 요소가 되었다.

비슷한 예로 미국 남북전쟁에서 북군이 사용했던 총은 규격이 통일되어 서로 부품을 바꿔 끼울 수 있었지만, 남군은 표준화되지 않은 전통적인 소총을 사용했기 때문에 부품이 고장 나면 문제가 되었다.

이렇듯 현 시점에서는 통신표준, 인터넷 표준, 웹 표준 등의 국제 표준을 변경해서 사용하면, 결국은 경쟁력을 상실하게 된다.

과거 Microsoft가 IE(Internet Explorer)로 웹 브라우저 시장을 장악했던 시절에 Microsoft는 표준기구인 W3C(World Wide Web Consortium)의 규격을 무시하고, 자체 비표준 기술인 ActiveX와 플러그인 형태의 기술을 확산시켰다.

당시 국내에서는 IE가 웹 브라우저 시장의 장악했기 때문에 IE를 기반으로 웹 시스템을 구축했다. 이때 인터넷 뱅킹에서 보안을 강화하기 위한 기술인 공인인증서, 백신, 방화벽 등이 도입되었다. 대부분 금융기관은 이 기능을 ActiveX로 구현했기 때문에 ActiveX가 범용으로 사용되었다(2003년 전후).

→ 그림 3-22. Microsoft의 Internet Explorer 로고 역사

하지만, 시간이 갈수록 IE의 ActiveX는 보안 취약점, 느린 속도, 버전 간 호환 등의 문제가 있었다. IE를 기반으로 웹을 구축해 온 우리나라는 이러한 이슈로 나중에 ActiveX를 제거했다.

이처럼 IE에서 ActiveX 제거, 새로운 브라우저에 기능 구현 등은 오히려 금전적, 시간적으로 손해를 많이 본 사례가 되었다. 이 과정에서 우리나라는 특정 비표준 기술과 특정 플랫폼에 종속되지 않는 표준기술의 중요성을 깨닫게 되었다.

이러한 통신표준 이외에 신사업을 추진하는 회사는 국제 규범이나 각 국가의 규제를 준수해야 한다. 대표적인 예로 UN(United Nations)이 추진하는 몇 가지 활동이 있다. UN은 국제 협력을 증진하고, 세계평화를 유지하기 위한 목적으로 설립된 국제기구이다.

→ 그림 3-23. UN이 정의한 Sustainable Development Goals

출처: UN

UN은 인류가 직면한 여러가지 문제를 해결하기 위하여 SDGs(Sustainable Development Goals, 지속 가능한 발전 목표)를 설정하여 추진하고 있다. 이 SDGs에 정의된 주요 추진 과제는 사회발전, 경제성장, 환경보존 등의 분야에 17개가 있다.

UN은 이러한 SDGs를 달성하기 위한 핵심 수단(Enabler)으로 ESG(Environmental, Social, Governance)를 정의했다(2004년). ESG는 Environmental(환경), Social(사회), Governance(지배구조)의 첫 글자로써 기업의 친환경 경영, 사회적 책임, 투명

한 지배구조 등을 의미한다.

Environmental은 기업이 사업을 추진하는 과정에서 환경에 미치는 여러가지 영향을 고려해야 한다는 의미인데, 대표적으로 지구 온도 상승의 원인인 탄소 배출량과 폐기물을 줄이는 것이다.

Social은 기업의 사회적 책임으로써 직원의 인권, 다양성 존중, 다른 지역과 관계 등을 의미하며, Governance는 기업이 경영을 하면서 의사결정, 기업현황, 인사 등을 투명하게 처리하는 것이다.

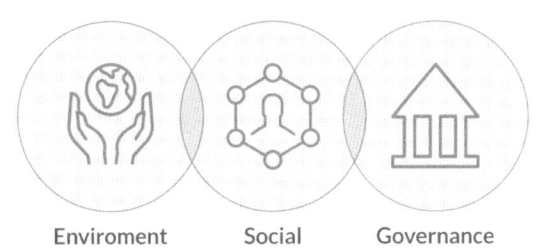

UN의 SDGs는 단어적으로 지속 가능한 발전 목표이지만, 실제로는 우리 후세대가 문제 없이 살 수 있도록 환경을 제공해 주는 것으로 이의 핵심 실천사항 중에 하나가 ESG이다. ESG의 궁극적인 목적은 기후변화, 사회 불평등, 빈곤 등 인류가 직면하고 있는 다양한 문제를 해결하는 것이다.

ESG 중에서 기후변화에 대응하기 위하여 UN은 각 기업이 배출하는 탄소(지구 온도 상승의 주된 요소)를 규제하고 있다. 따라서 기업은 사업을 추진하면서 기업의 이익과 직접적으로 관련이 없는 비재무적 요소인 ESG를 준수해야 한다.

탄소배출량 규제 관련, Net Zero가 있다. Net Zero는 어떤 기업이 배출하는 탄소 배출량과 탄소 수집(또는 포집)량을 같게 하여 총합을(Net) Zero로 만드는 정책이다. 기업은 활동과정에서 어쩔 수 없이 탄소가 배출되는데, 배출되는 양만큼 탄소를 수집해야 한다.

이처럼 기업은 직접적인 수익 창출과 관련이 적은 비 재무적인 사항인 ESG를 준수해야만 성장할 수 있다. UN의 추진 방향을 볼 때, 신재생 에너지, 탄소저감 생산설비, 탄소 포집 장치 등은 유망한 신사업이다.

대부분의 큰 회사는 이러한 ESG와 함께 윤리경영을 실천하고 있다. 윤리경영은 기업마다 정의가 약간씩 다를 수 있지만, 기업의 필수사항이 되었다. 큰 틀에서 보면, 윤리경영은 ESG의 한 축이 될 수 있다.

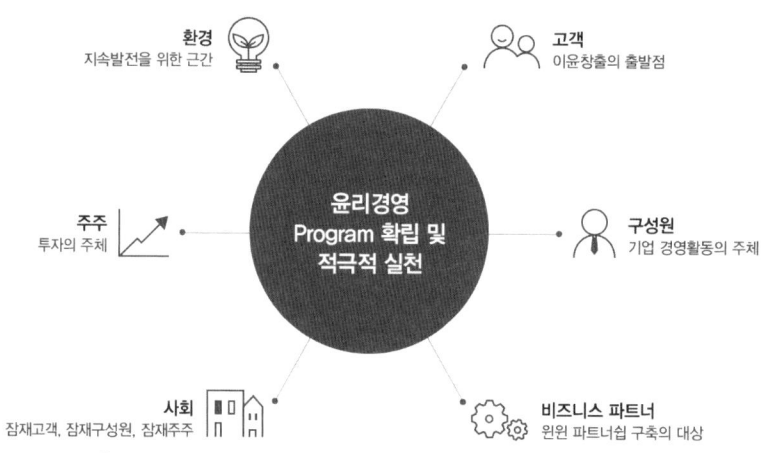

→ 그림 3-24. SK 그룹의 윤리경영 주체와 실천 방법

출처: SK telecom

SK 그룹의 경우 윤리경영을 "사업파트너와의 관계 협력회사와 공동발전을 추구하며, 경쟁회사와 정정당당하게 경쟁한다. 협력회사에 대해 공정한 거래 기회를 부여하고 우월적 지위를 이용한 부당 행위를 하지 않으며, 상호 이익과 공동발전을 추구한다. 경쟁회사와는 상호존중의 정신을 바탕으로 선의의 경쟁을 한다."로 정의했다.

한편 미국의 경제학자인 밀턴 프리드먼(Milton Friedman)은 "기업의 사회적 책임은 이익을 많이 내는 것"이라고 말 했는데(1971년), 이것은 기업의 최종 목표가 이윤 극대화란 의미이다. 하지만 이러한 극단적인 기업목표는 현재 적용하기 어렵기 때문에 윤리경영이 필요하다.

전통적인 방식의 기업 목표는 더 많은 이익을 내기 위하여 혁신을 추구하고, 신기술과 신제품을 출시한다. 이 과정에서 일자리가 더 창출되기 때문에 가계 소득은 증가되고 새로운 소비가 생겨나므로 경제는 성장하게 된다.

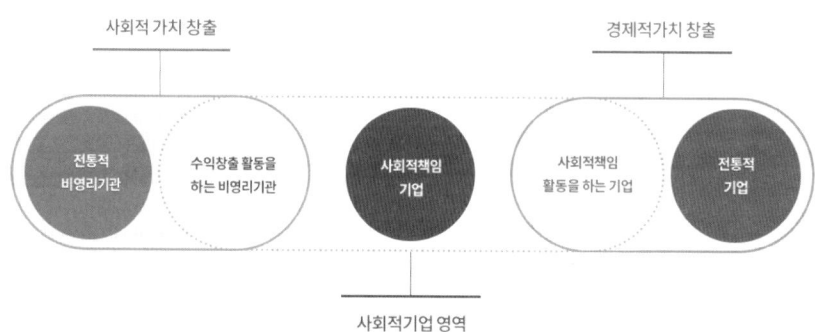

→ 그림 3-25. 기업의 사회적, 경제적 가치창출

출처: 한국 사회적 기업진흥원

하지만 밀턴 프리드먼의 정의를 적용할 때, 기업이 항상 사회에 긍정적인 영향을 주는 것은 아니다. 때로는 무분별한 개발로 환경오염이 발생되기도 하고, 노동 문제와 인권 문제 등 다양한 사회 문제가 발생될 수 있다.

따라서 전세계적으로 기업의 사회적 역할이 강조되고 있는 상황이기 때문에 기업은 지속성장(Sustainability)을 위해서는 ESG, 윤리경영과 같은 사회적 가치 창출을 경영의 한 축으로 추진해야 한다.

2) 규제가 강한 사업은 2등이 좋다

법률이나 규제가 강하거나 관련된 단체가 많아서 이해관계가 복잡한 사업은 시장에 진입하기 쉽지 않다. 이러한 사업은 해결해야 할 사항(법률, 규제, 노사관계 등)이 많고 복잡해서 수익 창출까지 시간이 많이 걸리고, 어떤 사업은 해당 국가의 정치적 영향을 받는다.

이렇게 규제가 강한 사업은 추진과정에서 예상하지 못한 변수가 많이 발생되고, 사회적인 이슈로 확대되면 상황이 급변할 수 있다. 또한 관련된 단체나 회사가 많은 사업도 추진이 쉽지 않은데, 특히 노조의 영향을 많이 받는 사업은 계획대로 진행되지 않을 수 있다.

⊙ 그림 3-26. 규제가 강한 사업을 빙산에 비유

이렇게 규제가 강한 사업은 빙산(Iceberg)에 비유될 수 있다. 우리가 보는 빙산은 10%가 바다 위에 있고, 나머지 90%는 바다에 잠겨 있어서 잠긴 부분을 알 수 없다. 사업 초기에서 빙산의 10%를 전체로 알았는데, 사업을 진행하면서 몰랐던 90% 영역이 발생된다. 이렇게 규제가 강한 사업은 예측하지 못한 사항이 대부분이다.

이런 종류의 사업은 미래 예측이 어렵고, 문제가 발생되었을 때 해결 방법을 모를 수 있다. 물론 어떤 사업가는 1%의 성공 가능성을 보고, 사업을 추진해야 한다고 주장하지만, 빙산과 같은 상황이라면 실패할 확률이 높다.

이렇게 규제나 이해 관계자가 많고 복잡한 사업은 첫번째로 시도하는 것보다 두번째(또는 2등)로 추진하는 것이 좋다. 즉, 이 사업을 처음 시작하는 회사는 예상하지 못한 장애요인을 해결하기 위하여 많은 리소스(사람, 돈, 시간 등)를 투입해야 하는데, 2등은 이러한 장애요인이 해결된 다음, 사업을 추진하기 때문에 리소스 낭비가 상대적으로 적다.

따라서 ① 해당 국가의 규제가 강한 사업, ② 정치적 영향을 많이 받는 사업, ③ 노조나 특정 단체의 영향력이 강한 사업은 장애요인을 사전에 면밀히 검토한 후 시작해야 한다. 일반적으로 규모가 작은 스타트업은 이런 사업을 시작하지 않는 것이 좋다.

규제가 복잡하고 관련된 단체가 많아서 사업에 실패한 사례로 국내의 '타다'가 있다. 타다는 차량호출 서비스로써, 차량 탑승을 원하는 사람은 장소, 시간, 차량 종류 등을 예약한 후, 택시처럼 이동하는 서비스였다.

타다는 주로 11인승 이상 승합차를 사용하는데, 이 승합차는 자동차 렌탈 사업 허가를 받은 업체가 공급하고, 차량호출 서비스는 플랫폼 회사가 제공했다. 따라서 타다는 이용자에게 승합차를 빌려주는 중개역할이 주된 사업이며, 사용자는 택시처럼 운전사가 있는 차량을 이용한다.

타다의 장점은 승차거부가 없고, 쾌적한 내부 환경, 무료 Wi-Fi, 친절한 운전사이며, 단점은 차량 대수가 제한적이어서 대기시간이 길다는 것이다. 이렇게 타다는 장점이 많았기 때문에 당시 선풍적인 인기를 끌었다.

당시 타다 서비스는 법적인 문제는 없었지만, 수많은 택시기사가 반대했다. 이 이슈는 결국 정치화되어서 국회가 별도의 법을 만들어서 타다를 불법으로 정했고, 타다는 사업을 그만 두었다.

이것은 관련된 단체(사람)가 너무 많아서 정치적으로 변질된 사례가 되었다. 실제 사용자 측면에서 본질은 타다와 택시를 구분하는 것이 아니라 남의 차를 빌려 타는 것이다. 따라서 사용자는 타다를 타는 것이나, 택시를 타는 것은 같은 것이다.

미국은 승차 공유 서비스인 Uber, Lyft 등과 같은 새로운 Mobility 사업에 대하여 매우 유연하게 대응했다. 미국은 이러한 서비스가 처음 나왔을 때, 제도권으로 수용하여 합법화했다. 당시 미국 주정부나 중앙정부는 Uber와 Lyft를 택시사업이 아닌 기타 운송분야로 정의하여 제도화했다.

결국, Uber와 Lyft는 합법적인 Mobility 서비스가 되었고, 국내의 타다는 사업 모델이 좋음에도 불구하고 불법으로 정의되어 없어졌다.

→ 그림 3-27. 영국의 붉은 깃발법에 의한 자동차 주행

출처: Engole

이와 유사한 사례로 영국의 붉은 깃발법(Red Flag Act 또는 The Locomotives on Highways Act)이 있었다(1865년). 영국의 붉은 깃발법은 1865년 제정돼 1896년까지 약 30년간 시행된 일종의 도로교통법이다.

붉은 깃발법은 증기 자동차가 등장함에 따라 실직 위기에 처한 마차(馬車)업자를 보호하는 법이다. 이 법에는 증기 자동차가 이동할 때 운전사, 기관원, 기수 등 3명이 있어야 했고, 자동차의 속도를 최고 6.4km/h로 제한했다. 그리고 기수는 낮에는 붉은 깃발, 밤에는 붉은 색의 전등을 들고 자동차보다 55m 앞에서 차를 선도해야 했다.

이러한 붉은 깃발법은 기본적으로 마부(마차를 운전하는 사람)의 일자리를 지켜주는 법으로써 약 30년간 유지되면서 영국인의 자동차 구매 욕구를 감소시켰다. 이러한 배경으로 영국은 자동차 산업의 주도권을 독일, 미국, 프랑스 등에 내주는 결과로 이어졌다.

이러한 규제 영역의 사업은 각 국가별로 문화적 차이가 있는데, 미국과 한국을 비교할 때 미국은 네거티브(Negative) 정책, 한국은 포지티브(Positive) 정책이다. 네거티브 정책은 안되는 것(Negative)만 정의해 놓고, 정의되어 있지 않은 항목은 규제대상이 아닌 시스템이다.

→ 그림 3-28. 미국(왼쪽)과 한국(오른쪽)의 유턴 표지판 차이

예를 들어, 미국의 도로 시스템은 대부분 도로나 교차로에서 유턴(U-Turn)을 할 수 있는데, 유턴을 할 수 없는 곳에만 유턴 금지 표시가 있다. 반면, 우리나라는 유턴 표시가 있는 곳에서만 유턴이 가능한 시스템이다.

이처럼 과거 핀테크 사업에서 미국은 하면 안되는 것만 규제했기 때문에 정의되지 않는 항목은 자유롭게 추진할 수 있었다. 반면 우리나라는 정부에서 정의한 규정대로 사업을 해야 하는 환경이었기 때문에 자유도가 떨어졌다. 이렇게 미국의 네가티브 문화는 새로운 기술 개발에 활력을 준다.

국내에서 2010년대 초에 핀테크(Fintech)와 관련된 사업이 인기를 끌면서 많은 회사가 핀테크 기술개발과 사업을 시작했다. 하지만 당시 금융규제가 너무 많아서 사업을 쉽게 할 수 없는 분위기였다. 이후 다수의 규제가 풀렸지만, 당시 사업을 추진했던 많은 회사는 어려움을 겪었다.

→ 그림 3-29. 국내 정부의 핀테크 육성방안(2021년)

저자는 과거 ITS(Intelligent Transport Systems) 과제를 추진한 경험이 있다. ITS는 지능형 교통 시스템인데, 이 사업과 관련된 회사와 단체는 이동통신 사업자, 자동차 업체, 장비 제조사, 컨텐츠 제공 업체(지도 제공 등), 지자체, 중앙 정부 등 많았다.

이 중에서 차량간 통신은 C-V2X(Cellular-Vehicle to Everything), WAVE(Wireless Access in Vehicular Environments) 등이 있었다. 표준기술을 정하기 위해서 각 진영간 기술 다툼이 많았고 결국 정치적 문제로 변질된 사례가 되었다.

이것은 C-V2X 기술을 보유한 회사는 WAVE 기술이 없고, WAVE 기술을 보유한 회사는 C-V2X 기술이 없었기 때문에 기술 경쟁이 치열한 상황이었다. 최종 기술은 C-V2X였는데, 이처럼 어떤 기술이 정치적으로 변질되면 미래를 예측하기 어렵다.

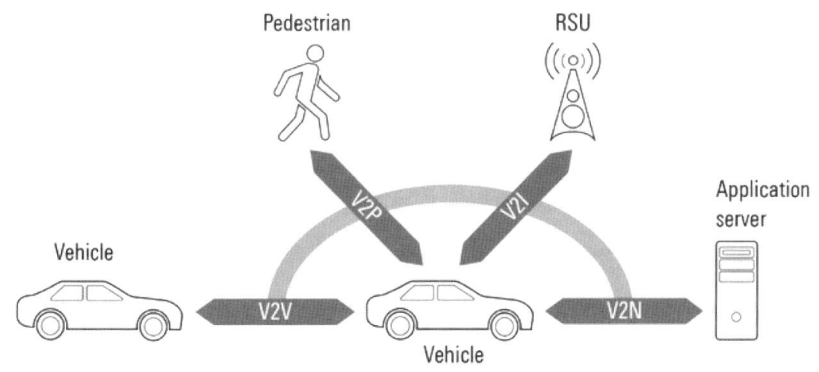

→ 그림 3-30. C-V2X 개념도

출처: microcontrollertips

C-V2X는 이동통신 방식으로 기존의 이동통신 생태계를 구성하는 회사가 사업에 참여할 수 있는 기술이고, WAVE는 일종의 Wi-Fi 기술을 변형한 것이다. 따라서 C-V2X 방식이 이동통신 사업자망과 연동, 전파 도달 거리 등 여러가지 측면에서 유리했다.

유사한 사례로 국내 전력 검침을 위한 통신 방식과 관련된 사업이 있었다. 전력 사용량 검침에서 통신방식은 기존 전력망을 활용하는 PLC(Power Line Communication) 방식과 이동통신 방식이 있다.

사업 초기에 정부와 한국전력은(2010년대) 통신방식으로 PLC를 지정해서 추진했지만, 시간이 지나면서 이동통신 방식이 PLC보다 더 효율적이라는 결론에 도달했다.

PLC 방식은 전력선(또는 전원선)에 전력과 함께 검침용 신호를 함께 보내는 방식으로 전기적인 잡음의 영향을 받을 수 있고, 전봇대와 같은 전력시설에 직접 PLC 장치를 설치해야 하기 때문에 설치시 인건비가 많이 들고, 작업이 위험하다.

하지만, 초기 PLC 기술(칩, 모듈, 단말기 등)을 개발했던 회사는 국가 정책의 잘못으로 회사 경영이 좋지 않았다. 따라서 한국전력은 PLC 기술을 개발한 회사에게 금전적인 지원을 위하여 PLC를 서서히 없애는(Fade Out) 정책을 추진했다.

만약 갑자기 PLC 방식을 없애면, 기존에 PLC를 개발했던 회사는 수익이 악화될 수 있기 때문에 한국전력은 PLC 방식을 서서히 줄이는 정책을 선택했다. 이처럼 어떤 기술은 이해 관계가 복잡하고, 정치적으로 번질 수 있다.

다른 측면에서 볼 때, 규제가 강한 영역에서 이미 진행중인 사업은 안정적이다. 특히 금융, 국방 등과 같은 사업 영역은 여러가지 규제가 많지만, 초기에 시장을 장악하면 장기간에 걸쳐서 안정적인 사업을 할 수 있다.

그림 3-31. 어린이 놀이터에서 Sandbox

출처: Wisconsin State, USA

많은 국가는 이렇게 규제가 강한 영역에 IT 신기술을 적용하기 위하여 어떤 조건하에 규제를 풀어주는 제도인 샌드박스(Sandbox)를 시행하고 있다. 언어적으로 샌드박스는 작은 영역에 모래가 있는 어린이 놀이터인데, 어린이는 이 샌드박스 내에서 다양한 놀이를 할 수 있다. 이 샌드박스에서 어린이를 놀게 함으로써 집안이나 정원을 더럽히는 것을 방지할 수 있다.

이러한 어린이 놀이터인 샌드박스를 사업에 적용하는 것이 '규제 샌드박스'이다. 규제 샌드박스는 사업자가 신기술을 활용한 새로운 제품과 서비스를 일정 조건(기간, 장소, 규모 등)하에서 시장에 출시해 시험하고, 검증하는 것으로써 현행 규제의 전부나 일부를 적용 받지 않는다.

물론 이렇게 규제 샌드박스에서 사업을 검증한 후, 정부는 이 과정에서 수집된 데이터를 토대로 합리적인 방향으로 규제를 개선하거나 새로운 규제를 만들 수 있다.

→ 그림 3-32. 규제 완화로 혁신 추구 로고

출처: 국내 정부

이처럼 해당 국가의 법률이나 규제가 강한 사업은 미래를 예측하기 어려울 정도로 불투명하기 때문에 2등(2nd Place, Fast Follower) 전략이 좋을 수 있다. 불투명한 미래 사업은 많은 개발비가 필요하고, 예측하지 못한 장애요인이 있기 때문이다.

3 신기술 특징

1) 기존 문제를 해결하는 방법이 있다

신기술이 기존 기술과 차별되는 것은 기존 기술 대비 성능이 뛰어나서 경제적 가치를

가지거나 저렴한 비용으로 기존보다 동등 이상의 성능을 달성하는 경우이다. 물론 신기술이 기존 기술보다 성능이 좋고, 비용이 저렴한 경우도 있다.

'Brave New World(멋진 신세계)' 책을 출간한(1932년) 올더스 헉슬리(Aldous Huxley)는 "우리는 항상 도중에 있고, 어떤 세상도 완벽하지 않다."라고 했다. 이처럼 세상은 늘 변하고, 새로운 것이 나온다는 의미이기도 하다.

삼성 창업자인 이병철 회장은 삼성전자 종합기술원을 설립하면서(1986년) "과학기술은 문명의 원천이다. 인류의 진보, 번영의 원동력이며 용기와 희망의 등불이다. 과학기술은 지식과 힘의 결합이며 미지의 경지, 그리고 더 높은 정상으로 인간을 이끌어 주는 무한탐구의 세계이다."라고 말했다.

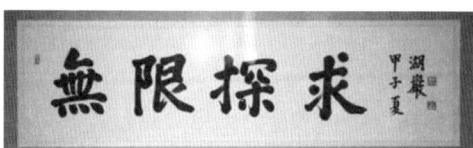

아직도 경기도 용인시 기흥에 있는 삼성전자 종합기술원 건물 1층에는 無限探究(무한탐구) 단어가 있는 오래된 액자가 있다고 한다. 무한탐구는 영원한 기술 혁신과 첨단 기술 개발에 대한 과감한 도전을 의미한다.

미국의 대통령이었던 아브라함 링컨이 강조한 "미래를 예측하는 가장 좋은 방법은 미래를 만드는 것이다."와 같이 미래를 적극적으로 개척하는 사람이 돈을 벌게 된다.

IT 분야의 사업에서 신기술은 중요하고, 이러한 신기술을 개발하기 위해서는 항상 도전을 해야 한다. 삼성의 무한탐구 정신을 통한 과감한 도전으로 신기술을 개발하면, 기존에는 달성하기 어려웠던 경제적 가치를 만들거나 비용 절감이 가능할 수 있다.

반도체 칩(Chip)에서 기존과 차별되는 방법으로 성공한 회사 중에 하나가 영국의 ARM 이다. ARM은 칩에 포함되는 CPU(Central Processing Unit)와 GPU(Graphics Processing Unit) 등과 같은 IP(Intellectual Property)를 개발해서 칩 개발회사(또는 제조사)에 판매한다.

ARM의 주된 제품(즉, IP)은 휴대폰이나 소형 디바이스에 적합한 CPU IP로써, 이 IP는 저전력으로 동작되며, 칩에 적용될 때 크기도 작다. ARM이 사업을 시작하기 이전의 주된 CPU는 PC 급이었는데, ARM은 사업 초기부터 PC보다 작은 디바이스인 휴대폰이나

IoT(Internet of Things) 디바이스에 사용되는 칩 IP를 개발했다.

IP는 칩 내부에 있는 독립된 기능을 하는 블록이다. 칩을 집(House)에 비유하면, IP는 집 내부에 있는 식탁, 의자, 냉장고 등과 같은 각각의 요소이다. 이러한 다수의 IP가 조합되어 하나의 칩이 된다.

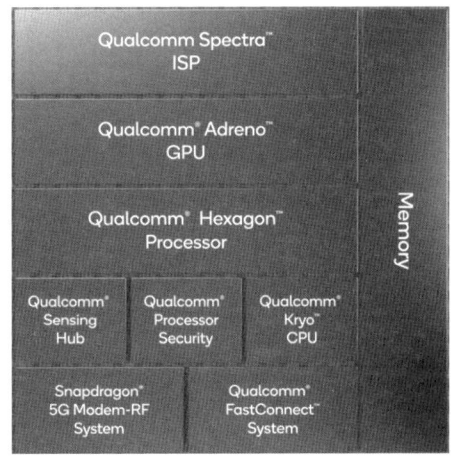

➔ 그림 3-33. Qualcomm 칩에 있는 다수의 IP

출처: Qualcomm

Qualcomm 칩에서 IP를 보면, 외형적으로 하나의 칩이지만, 내부적으로는 CPU, GPU, Modem(통신담당), Security(보안담당) 등과 같은 IP가 있다. 이렇게 하나의 칩은 다수의 IP 집합이다. 물론 각각의 IP는 정해진 인터페이스로 서로 연동된다.

ARM이 사업을 시작할 때, CPU는 RISC(Reduced Instruction Set Computer) 계열이나 Intel의 x86 계열(일종의 CPU 구조) 등이 있었지만, ARM은(물론 ARM CPU도 RISC 계열) 다음의 2가지 정책으로 시장에서 성공했다.

첫번째는 칩 IP를 경쟁사보다 저렴하게 칩 회사에 공급했고, 두번째는 칩 회사가 칩을 쉽게 개발할 수 있도록 관련된 장비나 툴을 동시에 제공했기 때문이다. 물론 기술적인 측면에서도 ARM IP의 성능이 좋았다.

ARM은 이러한 차별화된 기술과 마케팅 정책으로 소형 디바이스(휴대용, IoT 용)에 사용되는 CPU IP를 거의 독점하고 있다. 이렇게 현재 대부분 스마트폰에는 Intel CPU 보다 저전력으로 동작되는 ARM CPU가 대부분 사용된다.

정보시대의 핵심기기인 컴퓨터를 보면, 컴퓨터는 1945년에 미국의 폰 노이만(Von Neumann)이 정의한 구조가 지금도 사용되고 있다. 이것을 '폰 노이만 구조의 컴퓨터'

라고 한다. 폰 노이만이 정의한 컴퓨터의 주요 구성요소는 CPU, CPU와 연동되는 메모리, 외부 인터페이스(Input Device와 Output Device)이다.

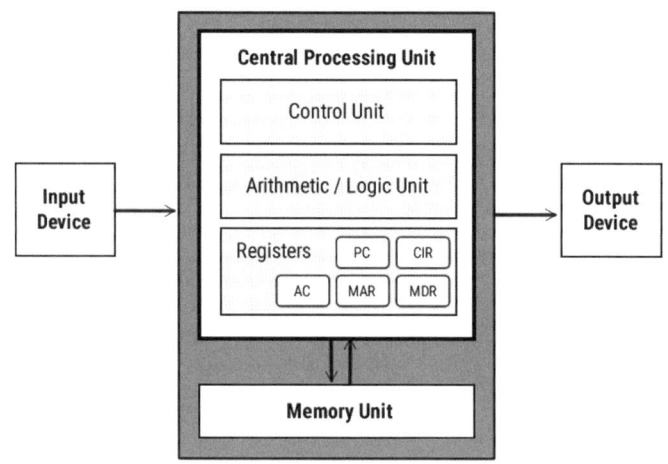

➔ 그림 3-34. 폰 노이만 컴퓨터 구조

출처: Computer Science

여기에서 Input Device는 키보드, 마우스 등과 같은 입력 장치이며, Output Device는 디스플레이, 스피커 등과 같은 출력 장치이다. 이러한 구조의 컴퓨터는 1980년대부터 급격히 확산되기 시작했고, 지금도 이 구조가 사용되고 있다.

이처럼 1980년대부터 PC를 포함한 IT 기기의 발전이 있었는데, 이를 뒷받침하는 법칙으로 무어의 법칙(Moore's Law)이 있다. 무어의 법칙은 칩의 집적도가 2년마다 2배로 높아진다는 법칙인데, 이 법칙을 기반으로 1980년대부터 지금까지 PC, 휴대폰과 같은 전자기기의 발전이 있었다.

물론 지금은 칩의 집적도가 지속적으로 높아질 수 없기 때문에 무어의 법칙은 적용되지 않는다. 비슷한 원리로 일부 컴퓨팅 장치(예: 기계학습을 위한 장치)는 폰 노이만 구조가 적용되지 않는다.

한편 칩의 집적도가 높아지면 칩이 소모하는 전력이 높아지고, 발열 문제가 더 심해진다. 시장은 점점 더 빠른 처리가 가능한 컴퓨터를 필요로 하기 때문에 폰 노이만 컴퓨터 구조가 아닌 다른 구조의 컴퓨터가 필요한 상황이다.

이러한 폰 노이만 구조의 컴퓨터는 일반적으로 하나의 CPU를 사용하는 방식이다. 하지만, AI 기술에서 기계학습(Machine Learning)은 매우 많은 단순한 연산을 빠르게 처리해야 하므로 다수의 코어(일종의 작은 CPU)를 동시에 사용하는 병렬처리를 한다. 이렇게 기계학습을 위하여 주로 GPU나 NPU(Neural Processing Unit)가 사용된다.

이렇게 빠른 계산이 필요한 기계학습을 위해서 GPU와 고속 대용량 메모리인 HBM(High Bandwidth Memory)이 사용된다. 기계학습을 위해서는 다수의 GPU 코어를 활용한 병렬처리와 GPU와 가까운 곳에 HBM을 위치시키는 구조(Architecture)가 사용된다. 크게 보면, 이러한 구조는 폰 노이만 컴퓨터 구조가 아니다.

이처럼 기존의 폰 노이만 구조의 컴퓨터로는 현재의 기계학습에 적합하지 않다. 기계학습을 위해서는 수백개 또는 수천개의 코어를 가진 칩으로 병렬처리를 해야 한다.

AI에서 기계학습을 처리하기 위한 반도체 칩으로 NPU가 있다. NPU는 기존 GPU(Graphics Processing Unit) 칩이 처리하는 몇 가지 문제점을 해결할 수 있다. 물론 GPU로 기계학습을 할 수 있다.

먼저 CPU(Central Processing Unit), GPU, NPU의 차이를 보면, 이 칩은 모두 어떤 수학적인 계산을 처리하기 위해 개발된 칩이지만, 목적에 따라 다르게 사용된다.

CPU는 PC나 휴대폰에서 문서작성, 브라우저 동작과 같은 다양한 기능을 처리할 수 있지만, 기계학습과 같은 대량의 계산을 처리할 때는 성능이 떨어진다.

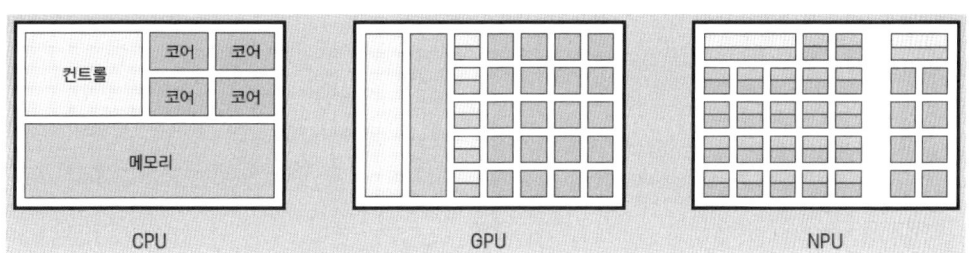

→ 그림 3-35. CPU, GPU, NPU 비교

CPU는 순차적인 연산을 처리하는데 장점이 있으나, 대규모의 복잡한 연산에는 적합하지 않다. 반면 GPU는 수백 개에서 수천 개의 코어(작은 CPU)를 활용하여 단순한 계산을 병렬로 처리하기 때문에 연산 속도가 빠르다.

이러한 원리로 GPU는 그래픽 렌더링, 암호화폐 채굴, 기계학습 등에 사용된다. 하지만 GPU도 한계는 있는데, 병렬로 빠른 처리를 위하여 많은 코어를 활용하기 때문에 칩이 크고, 소모 전력이 높으며, 열이 많이 발생된다.

기계학습을 위하여 이러한 GPU의 한계를 보완할 수 있는 대안으로 NPU가 사용된다. NPU는 GPU가 잘 하는 그래픽 렌더링과 같은 작업에는 효율이 떨어지지만, GPU와 같이 대량의 계산을 병렬로 처리하는 기계학습 전용 칩이다.

CPU, GPU, NPU의 특성 차이를 이해하기 위하여 운동선수에 비유하면, CPU는 운동과 관련된 전 종목을 소화할 수 있고, GPU는 철인 3종(하계 올림픽 기준으로 수영, 사이클, 달리기) 경기 선수이며, NPU는 철인 3종 경기에서 다른 경기는 잘 못하고, 오직 한 종목인 수영만 잘하는 선수이다.

CPU는 모든 경기를 할 수 있지만, 철인 3종 경기에서는 경쟁력이 떨어진다. 예를 들면 1km 수영에서 CPU가 2시간 걸린다면, GPU는 1분에 가능하다. 이 수영 경기 조건에서 NPU는 GPU와 유사한 1분이 소요되지만, GPU 대비 간단한 구조, 저렴한 가격, 저전력 소모, 발열도 적다.

반도체 칩은 집적도가 높아지면 같은 면적에 전자회로 개수가 많아지는데, Trade-off 특성으로 집적도가 높아지면 열이 더 발생된다. Trade-off란 어떤 하나의 특성이 좋아지면, 다른 특성이 나빠지는 현상이다.

이렇게 열이 발생하는 이유는 칩 내부에서 잔류 전자의 역방향 진행과 양자의 터널 현상 등이다. 먼저 칩에서 잔류 전자가 역방향으로 진행하면서 순방향으로 진행하는 전자와 합쳐져서(또는 충돌해서) 열로 변환된다. 특히 고속통신을 하려면, 칩 내부에서 전자의 방향이 매우 빨리 바뀌는 스위칭 현상으로 열이 더 발생된다.

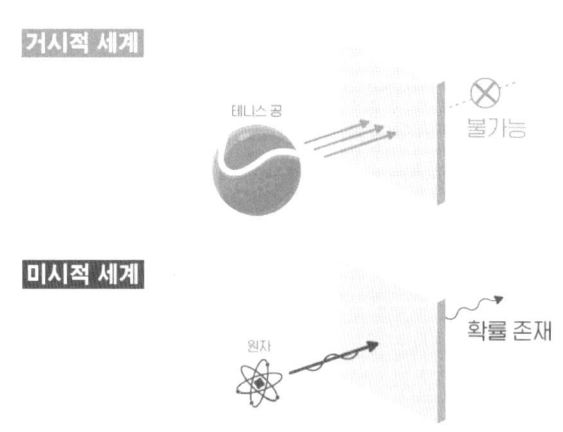

→ 그림 3-36. 양자의 터널링 효과

출처: SK Hynix

칩의 집적도가 높을수록 열이 더 발생되는데, 이의 원인은 여러가지가 있지만, 그 중에 하나로 물리적 현상인 양자 터널링 효과(Tunneling Effect)이다. 양자 터널링 효과는 양자역학에서 입자가 높은 벽을 넘을 수 있는 에너지를 가지고 있지 않아도 벽을 뚫고, 벽 뒤로 갈 수 있는 현상이다.

만약 물리적인 벽이 있다면, 테니스 공이 벽을 뚫고 지나갈 수 없지만, 칩의 집적도가 높아져서 전자회로가 미세화 되면, 벽이 얇아져서 원자가 벽을 뚫고 지나갈 수 있다. 이것은 일종의 누설전류를 발생시키는 원인이며 이로 인하여 열이 발생된다.

좀 더 세부적으로 보면, 원자는 알갱이 성질과 빛의 성질을 동시에 가지고 있는데, 칩의 집적도가 높아져서 벽이 매우 얇아지게 되고, 원자의 빛의 성질로 인하여 벽을 뚫고 지나갈 수 있다.

AI 기술은 2010년 후반부터 급격히 발전되기 시작했고, 많은 산업 분야(제조, 에너지, 금융 등)에 적용되고 있다. 이것은 AI 기술이 기존의 기술보다 성능과 효율이 좋기 때문이다. 결국 AI 기술은 기존에 해결하지 못했던 여러가지 문제를 해결하고 있다.

→ 그림 3-37. 산업 분야별 AI를 적용할 회사 비율

출처: World Economic Forum

따라서 AI 기술은 여러 산업분야에서 적용되어 기존 대비, 효율을 높이고 복잡한 과정을 단순화시켜서 전체적으로 생산성을 높이고 있다.

World Economic Forum(또는 다보스 포럼) 자료에 따르면, AI 기술은 전자 장치(통신 장비, 휴대폰 등), 에너지 관리, 생산 공장에서 공정 관리, 자동차, 헬스케어 등의 분야에 적용되어 기존보다 효율이 높아질 것으로 전망했다.

World Economic Forum은 산업 분야별 AI를 적용하는 회사와 향후 적용 예정인 회사 비율을 발표했는데, 여기에서 전자 장치와 에너지와 관련된 회사는 90% 이상의 회사가 AI를 적용할 것이라고 예상했다.

이처럼 AI는 기존 산업에서 효율(생산성, 품질 관리 등)을 증가시킬 수 있기 때문에 AI가 필수적으로 사용될 것으로 전망된다. 따라서 AI 기술은 기존에 할 수 없었던 기능을 처리함으로써 이제는 사용하지 않으면 안될 정도로 필수 기술이 되었다.

이러한 트렌드에 따라 많은 회사는 AI 기술을 서비스 제공, 생산 공정, 업무 등에 적용하고 있으며, 전세계 주요 IT 회사는 더 개선된 AI 기술을 개발하고 있다. 결국 AI는 기존에 해결하기 어려웠던 문제를 해결하는 기술이 되었다.

블록체인(Blockchain)은 분산 데이터베이스의 한 종류로써, 거래정보가 담긴 장부(Ledger)를 P2P(Peer-to-Peer) 네트워크로 다수의 컴퓨팅 장치(PC, 휴대폰 등)가 저장하고 관리하는 기술이다.

즉, 블록체인은 작은 메모리에 금융거래 내역이 저장되어 있고, 이러한 내역은 어떤 기관에서 관리하는 것이 아니라, 관리 주체가 없는 분산된(즉, 여기 저기에) 다수의 컴퓨팅 장치가 알고리듬에 의하여 자율적으로 동작된다.

→ 그림 3-38. Blockchain 주요 구성 요소

출처: visiott

이러한 블록체인의 주요 특징은 탈중앙화, 투명성, 익명성, 불변성, 가용성 등인데, 탈중앙화는 전체 네트워크를 관리하는 주체가 없는 것을 의미하고, 투명성이란 누구든지 거래 내역을 확인할 수 있는 것이며, 익명성은 거래에 참여한 사람의 신원을 알 수 없는 것이다.

불변성은 저장된 내용을 변경할 수 없는 기능이며, 가용성은 블록체인 정보가 다수의 P2P 노드에 저장되기 때문에 일부 노드에 문제가 생겨도 동작에는 문제가 없는 기능이다.

이러한 블록체인은 비트코인(Bitcoin)에서 본격적으로 사용되었으며(2008년), 블록체인을 활용한 응용분야가 지속적으로 확대되고 있다. 비트코인의 시작은 미국의 리만 브라디스 사태로 인한 금융 리스크에 대응하기 위해 개발되었다.

즉, 비트코인이 만들어진 이유는 기존 금융시스템 붕괴로 일반인이 피해를 입은 사례가 있기 때문에 금융을 관리하는 중앙시스템이 없앤 것이다. 블록체인은 중앙시스템이 없기 때문에 일반인의 피해는 없다.

블록체인은 분산처리, 암호기술 등이 적용되어 보안성이 매우 높고, 실시간으로 투명하게 거래를 처리할 수 있다. 또한 데이터 원본의 무결성을 증명할 수 있기 때문에 개인 신원확인 등 여러가지 목적으로 사용되고 있다.

이처럼 일종의 신기술인 블록체인은 기존에 기술적으로 해결하기 어려웠던 여러가지 문제를 해결할 수 있다.

또한 중앙시스템의 단점인 DDoS(Distributed Denial of Service) 공격에 대한 문제를 해결할 수 있어서 집중분산 보안공격에 대응할 수 있다. DDoS 공격은 다수의 공격용 컴퓨터가 특정 컴퓨터를 집중적으로 공격하여 접속 량을 폭주시켜서 그 컴퓨터(또는 서버)를 마비시키는 것이다.

이러한 블록체인 기술은 비트코인에 사용되면서 보안성 측면에서 인정을 받았다. 비트코인은 금융거래 시스템으로써 현재까지 비트코인이 해킹이 된 사례가 없다. 반면 비트코인을 각 국가의 통화(원화, 달러 등)로 환전해주는 일부 거래소가 해킹된 사례는 있었다.

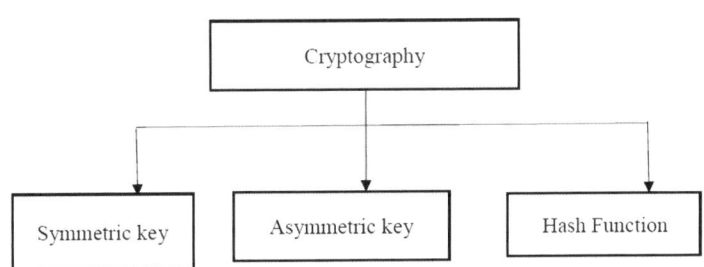

보안기술에서 공개키 방식의 암호기술이 있다. 이 기술은 인터넷 시대가 되면서 다양한 서비스를 제공할 수 있는 기반을 제공하는 혁신적인 방식이다. 이 방식은 기존의 키(Key) 관리에서 어려움이 있었는데 이것을 해결하는 기술이다.

<u>암호학에는 대칭키(Symmetric Key), 비대칭키(Asymmetric Key) 그리고 단방향 함수인 해쉬함수(Hash Function)가 있다.</u> 이러한 암호학 중에서 비대칭키는 여러가지 보안 이슈를 해결하는 기술이다.

암호의 기본 원리는 보내는 사람이 특정 키로 데이터를 암호화(Encryption)하고, 받는 사람은 관련된 키로 복호화(Decryption)하는 것이다.

이때 키(Key)를 관리하는 것이 중요한데, 대칭키는 암호화 키와 복호화 키가 같은 방식으로 온라인을 키를 배포할 때 해킹될 수 있다. 물론 이 키를 배포하는 과정에서 통신 트래픽이 증가되고, 키를 처리하기 위하여 보내는 쪽과 받는 쪽의 컴퓨팅 파워(Computing Power)가 필요하다.

보안기술에서 키를 생성하거나 분배하는 것과 같은 키 관리가 중요한데, 비대칭키 방식이 대칭키 방식보다 키 생성과 분배 방법이 간단하다.

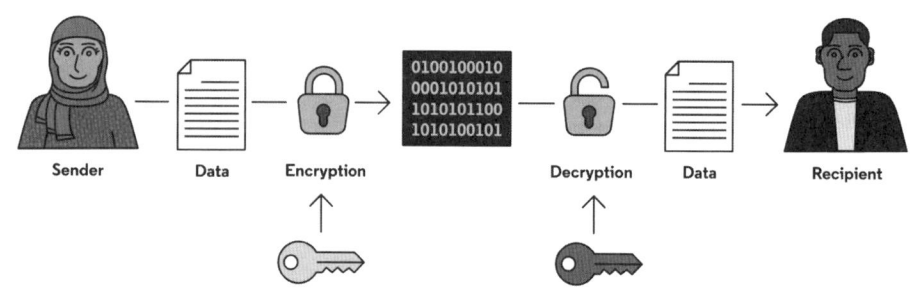

→ 그림 3-39. 비대칭키 기반의 암호화

출처: codeacademy

인터넷 시대가 되면서 여러가지 서비스 제공을 위한 혁신적인 기술 중에 하나가 비대칭키를 활용한 공개키 기반 인프라(PKI: Public Key Infrastructure)이다.

IT 보안의 목적 중에 하나가 부인방지(Non-repudiation)가 있다. 부인방지는 데이터를 받았는데 안 받았다고 할 때, 이것을 증명하는 방법이다. 물론 IT 보안의 목적은 부인방지 이외에 Confidentiality, Integrity, Availability 등이 있다.

부인방지의 예를 들면 택배를 받은 다음, 택배를 못 받았다고 주장하는 사용자를 찾아내는 방법이다. 이러한 부인방지를 구현하는 세부 기술이 디지털 서명(Digital Signature)이다.

<u>이처럼 공개키 기반 인프라(PKI)를 활용한 부인방지 기능은 온라인 쇼핑, 비트코인, 온라인 로그인 등 다양한 기능에 활용되고 있다.</u> 이 기법은 기존의 방법으로는 어려운 것을 해결한 획기적인 기술이다.

참고로 암호학의 해쉬함수(Hash Function)는 단방향 함수로써(입력 à 출력) 어떤 데이터가 일종의 블랙박스를 지나면서 특정한 값이 산출되는 구조이다. 이것은 단방향 함수로써 출력값으로 입력값을 계산할 수 없다.

해쉬함수를 김치찌개에 비유하면, 맛이 좋은 김치찌개를 만들었다면, 이 김치찌개의 원재료 종류와 양(김치, 마늘, 고추가루 등)을 알 수 없는 원리이다. 즉 정해진 재료로(입력값) 김치찌개를 만들면 항상 같은 맛이(출력값) 나지만, 이미 만들어진 김치찌개에서 원 재료는 알 수 없다.

대부분 신기술은 Trade-off(상충관계) 특징이 있다. 신기술은 항상 좋은 측면만 있는 것이 아니라, 좋지 않은 측면이 있을 수 있어서 하나를 얻으면, 다른 하나를 잃을 수 있다.

저자는 다수의 신기술을 개발하여 상용화한 경험이 있다. 이러한 신기술을 활용한 제품이나 서비스는 항상 사고가 발생된다. 이제까지 사고가 없는 경우는 경험하지 못할 정도로 사고는 빈번히 발생된다.

최근에는 대부분 서비스가 앱(App)으로 제공되기 때문에 서비스에 문제가 생기면 앱을 업그레이드하면 된다. 하지만 과거에는(2010년 이전까지) 이러한 앱 위주의 서비스가 아니었기 때문에 사고가 발생되면 큰 문제가 되었다.

IT 제품과 서비스 상용화에서 사고는 제품에 불량이 생길 경우나 서비스가 오동작 하는 경우 등 다양하다. 이동통신망에서 사고는 통신망에 장애가 발생되거나 판매된 휴대폰이 문제가 생겨서 리콜(Recall)하는 경우이다.

IT 서비스 관련 사고는 서비스가 정상적으로 동작되지 않거나 특히 고객의 돈과 관련된 기능에서 문제가 발생하는 사례이다. 예를 들면, 고객은 1,000원을 서비스 사용료로 지불했는데, 실제 청구는 10,000원 청구되는 사례이다.

이러한 기술적 사고를 방지하기 위해 해당 기업은 다양한 방법으로 기술을 검증하지만, 워낙 경우의 수가 많기 때문에 사고가 발생되는데, 이러한 사고는 기업의 유무형 손실로 이어진다.

하지만 이러한 사고를 줄이는 방법은 단순한데, 해당 제품이나 서비스를 시장에 출시하기 전에 최대한 많은 사람이 사용해 보는 것이다. 물론 이것은 기업의 기밀사항이 노출될 수 있고, 검증에 많은 비용과 시간이 필요한 단점이 있다.

신기술이 기존 문제를 해결한 중국의 사례를 보면, 중국 역사에서 후금(나중에 청나라)과 명나라 전쟁이 있었다(1626년). 당시 만주지역을 차지하고 있었던 후금의 왕인 누르하치는 명나라의 중심지인 베이징을 침공하기 위하여 요새인 영원성(현재의 랴오닝 지역)을 먼저 공격했다.

당시 누르하치는 100전 100승의 전투 성과가 있어서, 영원성 함락에 자신이 있었다. 하지만, 영원성을 지키고 있었던 원숭환은 중국에서 처음으로 대포(포르투갈에서 기술 도입)를 사용하여 누르하치를 물리쳤다. 이때 원숭환은 누르하치의 1/10 병력으로 대승을 거두었다.

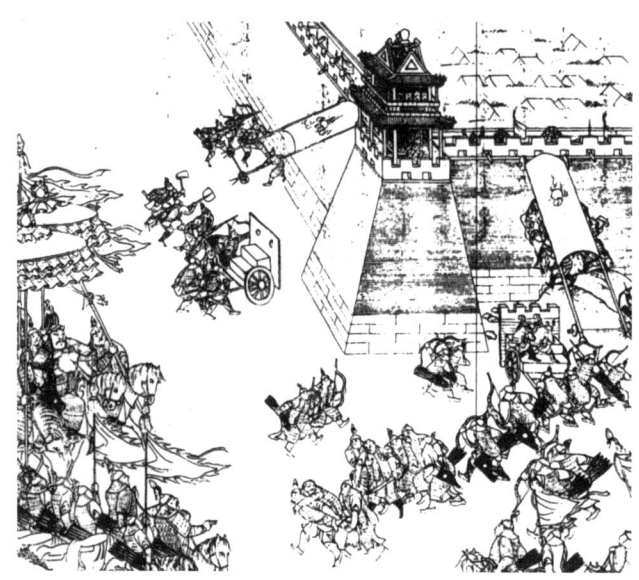

→ 그림 3-40. 영원성 전투(1626년)

출처: 청실록

결국, 영원성 전투에 새로운 기술인 대포가 완전히 패러다임을 바꾸게 되었고, 이후 중국에서 대포가 급속히 확산되는 계기가 되었다. 이처럼 과거 후금시대 대포는 지금의 AI 기술처럼 사회에 미치는 영향력이 컸다.

공자의 논어가 나온 지는 2,500년이 넘었다. 이렇게 긴 시간이 지났지만 논어의 대부분 문구는 지금도 우리에게 많은 가르침을 주고 있다. 논어에서 배우는 전문가가 되는 단순한 방법이 있다.

논어의 표지를 넘기면, 첫번째 나오는 구절이 학이시습지 불역열호(學而時習之 不亦說乎), 두번째는 유붕자원방래 불역낙호(有朋自遠方來 不亦樂乎), 세번째는 인부지이불온 불역군자호(人不知而不慍 不亦君子乎)이다.

이 중에서 첫번째 구절인 學而時習之 不亦說乎는 "배우고 때때로 익히면 이 또한 기쁘지 아니한가?"이다. 이것은 아주 단순한 구절이지만, 우리에게 전문가가 되는 방법을 알려주고 있다.

이 문구에서 중요한 단어는 學(늘 호기심을 가지고, 새로운 것을 배운다), 習(반복 연습을 통해 실천한다), 說(터득해서 기쁘다)이다. <u>따라서 우리가 전문가가 되는 방법은 늘 새로운 것을 배우고 실천하여, 이를 통해서 즐거움을 느끼는 것이다.</u>

중국 춘추전국시대 철학자인 한비자(韓非子)는 엄격한 법치주의를 기반으로 진시황이 춘추전국시대를 통일하는데 사상적 밑거름 역할을 했다. 한비자가 강조한 법치주의는 온정주의를 지양하고 능력주의를 우선시하는 철학이며, 무엇보다도 현실적인 측면을 강조했다.

예를 들면, 한비자는 왕이나 장군한테 다음과 같이 조언했다. "부하가 당신에게 충성하는 것이 아니라, 당신이 주는 이익에 충성하는 것"이라고 말했다. 이처럼 기업 경영자는 구성원에게 금전적인 이익을 제공해야 구성원은 열정적으로 업무를 수행한다.

Apple 창업자인 스티브 잡스(Steve Jobs)는 스탠포드 대학교 졸업식 연설에서 "Stay hungry, stay foolish"라고 말했다. 이것은 항상 만족하지 말고 끊임없이 새로운 것을 배우라는 뜻으로, 의미를 확대하면 스스로 다 알고 있다고 생각하지 말고 무언가 새로운 것을 찾으라는 것이다.

Steve Jobs -his inspiring words "Stay hungry, Stay foolish."

어떤 신기술을 개발하고 있다면, 적절한 시점에 홍보를 해야 한다. 내가 개발한 기술이 내 혼자 좋은 기술로 인정하는 것보다 여기저기 알려서 다양한 사람의 의견을 들어야 한다. 이러한 과정을 통하여 나의 기술을 보완하는 계기가 되고, 나의 기술을 주변 사람이 인정해 줄 수 있다.

1800년대 전류 방식 경쟁에서 전기를 발명한 에디슨이 설립한 GE(General Electric)는 직류(DC) 전기로 사업을 하고 있었고, 반면 니콜라 테슬라(Nikola Tesla)가 소속된 웨스팅하우스(Westinghouse Electric Company)는 교류(AC) 전기가 우수하다고 주장했었다. 하지만, 당시 확고한 전력망 시장을 점유하고 있었던 GE는 지속적으로 직류 전기가 우수하다고 주장했다.

이러한 전류 전기 전쟁은 1839년 웨스팅하우스가 시카고 만국박람회장에서 사용되는 전기사업권을 받음으로써 전세가 역전되었다. 이때 웨스팅하우스가 제안한 것은 만국박람회장에 교류전기를 사용하는 것이었고, 이때 교류전기가 직류전기보다 저렴하다는 것을 증명했다.

이렇게 당시 시장에서 절대적으로 불리했던 웨스팅하우스는 많은 사람에게 알릴 수 있는 만국박람회장에서 기술을 인정받음으로써 전기 시장에 진출하는 계기가 되었다. 이처럼 어떤 신기술이 전시회에서 그 진가를 인정받아 성공한 사례가 많다.

현시점에서 신기술을 홍보하는 자리는 미국에서 열리는 전시회인 CES(Consumer Electronics Show), 유럽에서 개최되는 MWC(Mobile World Congress)와 IFA(Internationale Funkausstellung)가 있다.

이처럼 현재 시점에서 사업에 성공하기 위해서는 나는 더 많은 사람을 만나야 하고, 나를 알아주는 사람과 자주 연락해야 한다. 또한 SNS(Social Network Service)나 전시회 등에 참여하여 내가 누구인지를 지속적으로 알려야 사업에 성공할 확률이 높아진다.

한편 벤처 캐피탈인 Andreessen Horowitz(또는 a16z)의 창립자인 <u>마크 안드레센(Marc Andreessen)은 2011년에 "Software is eating the world"라고 말했다</u>. 즉, 소프트웨어 사업이 주된 IT의 방향이라는 이야기이다. 실제로 2011년대 이후, 많은 소프트웨어 회사가 주가 총액 상위를 차지했다.

THE WALL STREET JOURNAL.

ESSAY
Why Software Is Eating The World

By Marc Andreessen
August 20, 2011

또한 마크 안드레센은 "Software is eating the world, in all sectors. In the future every company will become a software company"라고 했다. 당시 마크 안드레센은 소프트웨어가 여러 분야에 중요해지고 스마트폰, 클라우드 등의 시장이 커지면서 세상이 달라질 것이라고 내용이다.

전세계적으로 볼 때, 2000년 이전에는 H/W를 활용한 신사업이 더 많았고, 2000년 이후부터는 S/W 기반의 신사업이 더 많다. H/W 사업은 개발, 생산, 유통, A/S 등에 물리적인 공간과 유통이 필요하지만, S/W 사업은 훨씬 단순하다.

<u>이후, NVIDIA 창업자인 젠슨 황(Jensen Huang)은 2017년에 "Software is eating the world, but AI is going to eat software"라고 말했다</u>. 이것은 향후 AI 기반 사업이 유망하다는 의미이다.

"Software is eating the world"
Andreessen Horowitz, HP (2011)

"Software is eating the world, but AI is going to eat software"
Jensen Huang, Nvidia CEO (2017)

한편 하드웨어의 경쟁력을 강화하기 위해서는 관련된 개발환경이 편리해야 한다. GPU(Graphics Processing Unit) 칩 업체인 NVIDIA는 칩, 모듈에 자체 S/W Framework인 CUDA(Compute Unified Device Architecture)를 제공하기 때문에 AI에서 경쟁력을 가지고 있다.

이 CDUA는 NVIDIA 칩을 쉽게 활용할 수 있는 환경을 제공해주고, 사용자가 원하는 방향으로 응용 기능이나 서비스 개발이 가능하여 NVIDIA H/W 사업을 강화하는 결정적인 역할을 한다. 향후에는 일부 H/W는 S/W 기반 사업을 위한 툴(Tool)이 될 수 있다.

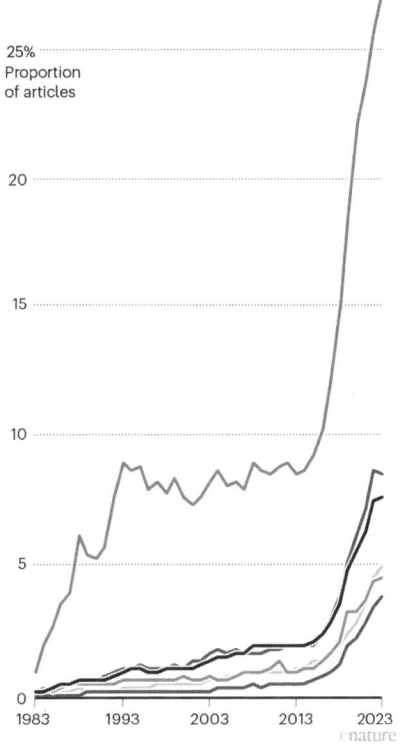

그림 3-41. AI 산업 성장

출처: Nature

AI 기술은 2010년 후반부터 급격히 성장하고 있다. 이의 배경은 DNN(Deep Neural Network), GPU(Graphics Processing Unit), Big Data 분석 등과 같은 AI 활성화를 위한 기반 기술이 발전했기 때문이다.

따라서 AI는 이제 우리가 사용하고 있는 전기처럼 생활에 필요한 필수 요소가 되었다. 전기는 우리가 사용하는 가전제품, 컴퓨터, 가로등, 전기차, 휴대폰(전기가 충전된 배터리 사용) 등 많이 사용되고 있다. 이처럼 AI는 우리가 사용하는 휴대폰, 가전제품 등에 필수적으로 사용되고 있다.

AI는 이미 어떤 분야에서 사람의 능력을 넘어선 단계가 되었다. 이렇게 AI가 사람의 능력을 넘어서는 시점을 Singularity(특이점)이라고 한다. 음성이나 이미지 인식분야는 이미 AI가 사람의 능력을 넘어섰기 때문에 Singularity를 지났다고 볼 수 있다.

Singularity는 공학자인 레이 커즈와일(Ray Kurzweil)의 "특이점이 온다."라는 책에 정의되어 있다. 원래 Singularity의 의미는 천체물리학에서 블랙홀 내 무한대의 밀도와 중력의 한 점을 의미한다.

하지만, 레이 커즈와일은 과학 기술의 발전으로 완전히 새로운 문명이 도래하는 시점으로 재정의 했다. 따라서 Singularity는 보편적인 사람의 삶이 본질적으로 바뀌는 시점을 의미한다.

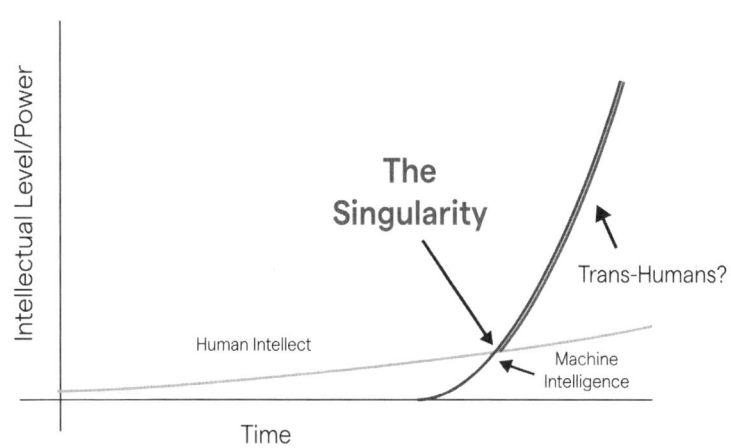

그림 3-42. AI가 사람의 능력을 넘어서는 시점, Singularity

어떤 사람은 미국에서 시작된 AI 기술을 나비효과(Butterfly Effect)에 비유하기도 한다. 나비효과는 브라질의 나비 움직임이 대기의 흐름을 변화시켜서 브라질에서 먼 거리에 있는 미국 텍사스 주에 토네이도를 일으킨다는 자연현상이다.

이처럼 나비효과는 어떤 작은 변화가 주변에 아주 큰 변화를 일으키는 것으로 현재 AI가 여러 산업분야에 영향을 많이 미치기 때문에 AI 기술을 나비효과에 비유되기도 한다.

<u>서울대학교 경영대학 교수는 조직에서 성과를 내는 직원의 원천은 인적자본, 사회적자본, 조직자본이라고 정의했다.</u> 인적자본은 개인의 역량(예: 기술지식), 사회적자본은 특정 개인 주변에 있는 동료, 조직자본은 조직의 시스템(예: 큰 회사)이다.

이 의미는 좋은 성과를 내기 위해서는 개인의 역량뿐만 아니라 주변에서 도와주는 사람, 그리고 일을 효과적으로 처리할 수 있는 기업의 시스템이 필요하다는 이야기이다.

인적자본은 똑똑한 사람이 좋고, 사회적자본은 주변 사람과 잘 어울리는 사람이 좋고, 조직자본은 대규모 조직에서 일하는 사람이 좋다. 일반적으로 대기업에 다니는 사람은 자기 역량이 뛰어난 것도 있지만, 주변에 똑똑한 사람들이 있고 회사 시스템(교육기회 등)이 좋은 환경에 있다.

미국 대학교인 MIT(Massachusetts Institute of Technology)에는 끝없는 복도(Infinite Corridor)가 있다. 이것은 학교 메인 입구에서 다수의 건물에 연결된 복도인데, 이 복도를 걸으면서 다양한 전문분야, 인종, 연구내용 등을 볼 수 있어서 창의력 향상에 도움이 된다고 한다.

이것은 결국 다양한 기술을 보고 듣고 체험해서 융합하는 것이 성공할 수 있는 방법이라는 의미이다. 따라서 기존의 여러가지 문제를 해결할 수 있는 방법은 다양한 정보를 습득해서 활용해야 한다.

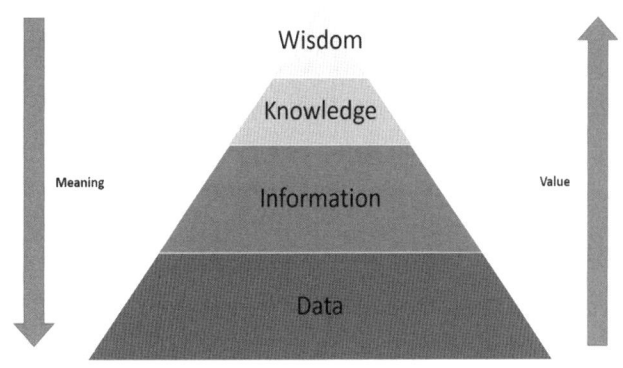

그림 3-43. DIKW 피라미드 모델

사람의 지식 체계와 관련되어 DIKW 모델이 있다. DIKW는 Data(데이터), Information(정보), Knowledge(지식), Wisdom(지혜)의 약어로써 데이터가 모여 정보가 되고, 정보가 내재화되어 지식이 되며, 지식이 재구성되어 지혜가 되는 피라미드 구조이다.

Data는 가공되지 않은 문자나 숫자로써 기온으로 가정하면 15도, 20도 같이 단순히 나열된 것이다. Information은 Data를 가공한 것으로 의미 있는 내용으로 분류한 것이다. 예를 들면, 기온을 기준으로 낮은 온도, 높은 온도로 분류된 것이다.

Knowledge는 이렇게 분류된 온도를 기준으로 계절 구분(또는 아침, 점심, 저녁 구분) 등을 할 수 있는 수준이다. Wisdom은 이렇게 분류된 계절을 기반으로 필요한 것을 도출할 수 있는 능력이다. Wisdom은 온도 데이터를 활용하여 필요한 옷, 모자 등을 판매하는 사업을 할 수 있는 역량이다.

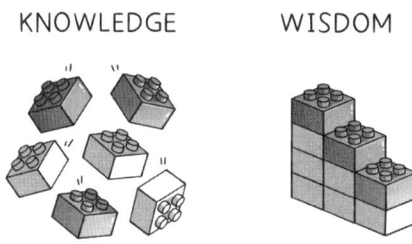

→ 그림 3-44. Knowledge(지식)과 Wisdom(지혜) 비교

결국 우리가 돈이 되는 신기술을 발굴하기 위해서는 Knowledge보다는 Wisdom을 가져야 한다. 이러한 Wisdom 역량을 갖추기 위해서는 Data부터 시작하여 여러가지 기반이 되는 역량이 필요하다.

과거 산업의 고도 성장기에는 생산성 향상에 관련된 기술이 관심을 받았지만, 지금은 사람의 삶 질을 향상시키기 위한 기술 개발의 비중이 높아지고 있다. 따라서 기존의 여러 가지 불합리한 사항을 개선하거나 삶의 질을 높일 수 있는 기술을 개발하는 것이 좋다.

2) 기술 패션과 기술 환생

• 기술 패션을 조심해야 한다

IT 사업가는 늘 새로운 용어를 만들고, 이 용어를 유행시켜서 세상의 이목을 끌고 싶어하는 속성이 있다. 이렇게 사업가가 특정 기술을 일반 대중에게 홍보하여 관심을 끌게 하는 이유는 돈을 벌기 위한 것이다.

<u>즉, IT 사업가는 신기술과 관련된 새로운 용어와 비즈니스 로직을 만들어서 일반인을 대상으로 이 신기술이 대박인지 신기루인지 판단을 어렵게 하여 혼돈의 세상을 만든 다음, 수익을 추구하는 속성이 있다.</u>

어떤 신기술은 이전 기술에서 약간 발전된 것인데, IT 사업가는 새로운 용어를 만들어서 기존과 다른 사업 모델을 제시하여 마치 세상을 뒤집을 정도로 이 신기술의 영향력이 크

다고 과장하기도 한다.

예를 들면, IoT(Internet of Things)는 사실상 이전에 있었던 기술인 M2M(Machine to Machine)과 큰 차이는 없다. 하지만 IT 사업가는 IoT라는 새로운 용어를 홍보하여 시장을 창출하고, 이 과정에서 수익을 창출하려고 한다.

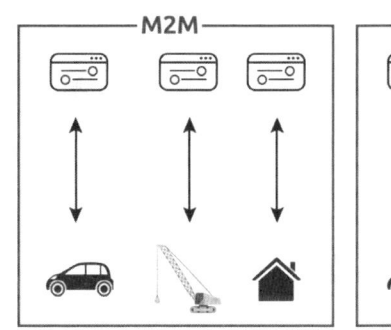
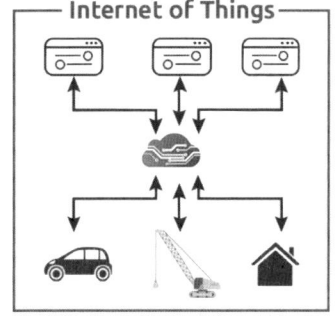

→ 그림 3-45. M2M과 IoT 차이

출처: Tech Vidavan

실제로 M2M과 IoT의 차이점은 "정보 전송이 Silo(전용 단말기와 전용 서버 연결) 방식이냐? Cloud 방식이냐?"이다. 이전에 많은 M2M 서비스가 이미 Cloud 방식으로 상용화되었지만, IT 사업가는 굳이 IoT라는 용어를 홍보하여 새로운 기술 패션(또는 유행, 환상)을 만든다.

만약 기업이 이러한 기술 패션에 너무 민감하게 반응하면, 돈을 벌기 쉽지 않다. 대부분 기술 패션은 이전 패션에서 약간 보완된 것으로 획기적인 것은 아니다. 따라서 이러한 기술 패션에 쉽게 빠지면 안 된다.

갑자기 유행하는 기술을 개발해서 사업화 한 회사를 보면, 성공한 회사보다는 실패한 회사가 더 많다. 물론 이런 기술 패션에서 예외는 있는데, 대표적인 예는 생성형(Generative) AI와 같이 사업성이 좋은 기술이 갑자기 패션이 될 수 있다.

과거 유행했던 기술로 O2O(Online to Offline), 핀테크, 메타버스 등을 보면, 순간적으로 이 기술들이 대 유행을 하면서 많은 회사가 이와 관련된 기술을 개발했다. 하지만 당시 이 기술개발에 참여한 모든 회사가 돈을 번 것은 아니고, 일부 회사만 돈을 벌었다.

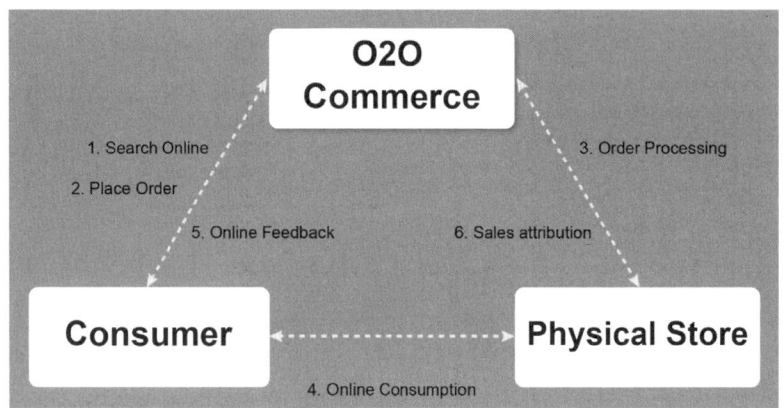

→ 그림 3-46. O2O Commerce 개념도

출처: beehexa

예를 들어 O2O 사업은 고객이 온라인으로 상품이나 서비스를 주문하고, 오프라인으로 제공받는 서비스이다. 당연히 이 사업은 전망이 좋았지만, 너무 많은 회사가 사업에 참여했고, 대부분 회사는 돈을 벌지 못했다. 이처럼 한 순간에 유행하는 기술이나 사업은 실행하기 전에 면밀히 검토해야 한다.

2020년대 초에 갑자기 유행했던 메타버스(Metaverse) 사업은 큰 회사만 돈을 버는 구조였다. Microsoft, Unity, Roblox, NVIDIA, Facebook, 네이버 등 과거부터 메타버스 생태계(Ecosystem)를 가지고 있거나, 이미 이 분야에 경쟁력 있는 기술이나 서비스를 보유한 회사만 돈을 벌 수 있는 환경이었다.

하지만 당시 많은 회사가 메타버스에 발만 담그면 돈을 벌 수 있는 것처럼 유행했는데, 이때 메타버스에 참여한 다수의 회사는 실패했다. 이처럼 일시적인 기술 유행에 휩쓸리지 말고, 유행하는 기술의 본질을 알아야 한다.

많은 패션 기술은 용두사미(龍頭蛇尾, 머리는 용이고 꼬리는 뱀)와 같다. 이러한 기술은 처음에 화려하게 데뷔했다가 어느 순간 사라지는 기술로써 초기에는 대박으로 돈을 벌 것 같았지만, 마지막에는 실패하는 기술이다.

→ 그림 3-47. Apple의 iBeacon

Apple의 iBeacon이 2010년대 초에 등장하여 당시 세상을 바꿀 것처럼 유행했었다. iBeacon은 대표적인 O2O 서비스로써 iBeacon을 포함한 다수의 Proximity(근접한 사용자 대상) 기반의 O2O 사업은 용두사미로 끝났다.

iBeacon은 주로 근거리 무선통신인 BLE(Bluetooth Low Energy)를 활용하는 것으로써, 오프라인 매장의 다양한 프로모션 정보(예: 상품 할인정보)를 주변 사용자 단말기에 전송하는 서비스이다. Beacon이란 바다의 등대처럼 등대가 바다 쪽으로 한쪽 방향으로만 정보(등대는 불빛)를 보내는 방법이다.

BLE는 단방향 통신인 방송 채널과 양방향 통신인 데이터 채널이 있는데, BLE Beacon은 방송채널만 사용한다. 따라서 BLE Beacon은 방송채널로 주변 BLE 수신기(즉, 휴대폰)에게 지속적 또는 주기적으로 정보는 보낸다.

BLE Beacon은BLE의 방송 채널에 여러가지 정보를 보내고, 이 정보를 받은 휴대폰은 정해진 서버에서 정보를 받아오는 방식이다. 물론 이 방식은 획기적이었지만, 휴대폰 배터리 소모가 심하고, 주변 사람들은 원하지 않은 정보를 받아야 하는 불편함이 있었다.

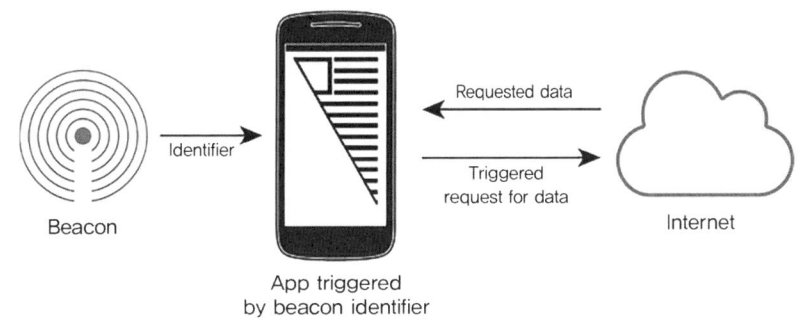

◈ 그림 3-48. BLE Beacon 동작 절차

출처: Sheffield Hallam University

BLE는 Bluetooth에 포함된 기능으로써, BLE는 저속의 데이터를 송수신하기 때문에 배터리 소모량이 다른 무선통신(예: Wi-Fi)보다 작다. 따라서 BLE는 주로 휴대폰에 근접한 위치에 있는 장치를 제어(예: 전원 ON/OFF)하는데 사용된다.

이처럼 무선통신은 초기에 기술이 개발될 때 사용목적이 정해지는데 이러한 일종의 철학을 지키는 것이 좋다. 예를 들어 Wi-Fi는 무선 인터넷 접속이 기본 철학이고, Bluetooth는 근접한 디바이스간 간단한 데이터 송수신이 기본 철학이다.

이러한 무선통신의 기본 철학을 무시하고, 주된 사용처를 다른 목적으로 할 때는(예: BLE를 활용한 Beacon으로 사용) 여러가지 부작용이 있을 수 있다.

Blockchain 응용 중에 NFT(Non-fungible Token)가 있다. NFT(대체 불가능 토큰)는 암호화폐마다 고유 번호가 매겨져 있어서 다른 암호화폐로 대체할 수 없는 기능이다. 여기에서 토큰이란 특정 목적에 사용되는 일종의 암호화폐이다.

비트코인의 경우, 내가 가진 1 비트코인과 철수가 가진 1 비트코인은 같은 가치를 지니기 때문에 서로 교환할 수 있다(이것이 대체 가능한 토큰). 반면, NFT는 각각의 고유한 속성을 지니고 있기 때문에 1:1 교환이 불가능하다.

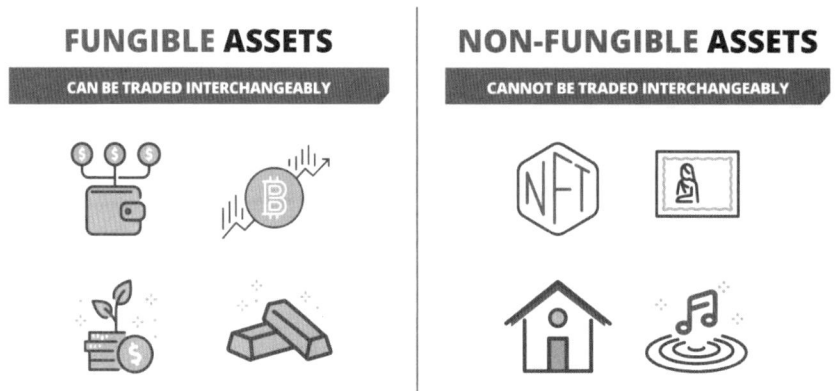

그림 3-49. Fungible 자산과 Non-Fungible 자산 비교

출처: DBS

이러한 NFT는 2020년을 넘어서면서 전세계적으로 갑자기 많은 관심을 받았다. 특히 Blockchain을 활용한 신사업이 부족한 상황에서 많은 회사가 이 기술을 개발했었다. 하지만, 근본적으로 시장에서 니즈가 별로 없었기 때문에 사업적인 매력이 점점 떨어져 가고 있다.

이유는 거래와 관련된 것인데, 거래(즉, 돈이 왔다 갔다 하는 것)가 활발해야 시장이 커지고, 이 시장에 관련된 회사가 돈을 벌게 된다. 하지만 NFT는 사업초기부터 거래가 활발하지 않았기 때문에 성장의 한계가 있었다.

<u>비슷한 예로 상가의 경우, 상가가 역세권에 있어야 사람이 많이 오고, 사람이 많기 때문에 어떤 식으로 든 거래가 활발히 이루어진다.</u> 이렇듯 온라인이든 오프라인이든(예: 상가의 매장) 거래가 많아야 뭔가 이루어지고 여기에서 돈을 벌 수 있다.

어떤 신기술은 유행이 1년도 못 가고, 어떤 신기술은 10년 이상 유행이 지속되기도 한다. 10년 이상 유행이 지속되는 기술은 시장에서 필요성은 느끼지만, 각 국가의 규제가 강하거나 인프라와 사용자 단말기의 가격이 비싼 경우가 많이 있다.

어떤 신기술이 유행함에 따라 관련된 다른 기술이 같이 유행하는 경향도 있는데, 예를 들면 줄무늬 셔츠가 유행했는데, 동시에 줄무늬 바지와 신발까지 유행하는 것이다. 이렇게 광범위하게 갑자기 유행할 때는 면밀한 검토가 필요하다.

현재 대부분 신기술은 인터넷에 공개(Open)되어 있어서 누구든지 유행하는 기술을 찾을 수 있다. 이러한 신기술은 전세계 많은 사람이 오랜 기간 연구하고 검토한 것이기 때문에 한순간에 황금알을 낳는 거위처럼 돈(황금알)을 만드는 기술(거위)은 없다.

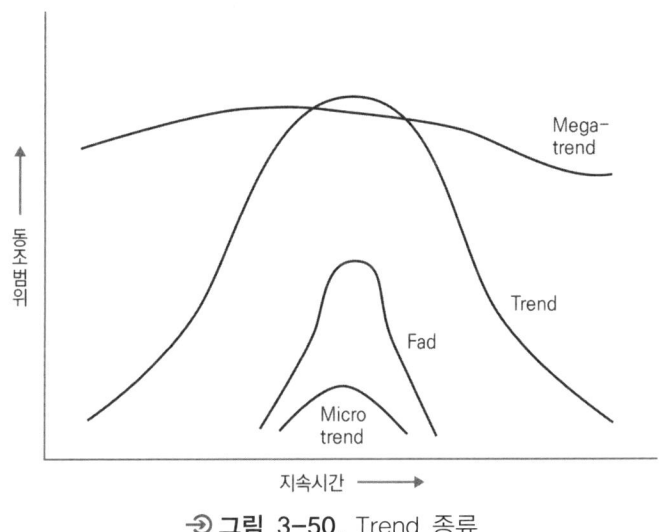

그림 3-50. Trend 종류

출처: STEPI

이러한 기술 패션을 쫓아가는 것은 시간 낭비인데, 과거 전화기를 발명한 벨(Bell)이나 전파를 상용화한 마르코니(Marconi)와 같이 새로운 기술을 발명하는 시기는 지났다. 물론 지금도 새로운 기술과 이론이 나올 수 있지만, 과거보다 성공할 확률은 낮다.

경우에 따라 어떤 기술에 변화가 생기면, 그 기술 개발이 가속화되는 특성이 있다. 예를 들여, iPhone에서 시작된 정전기 방식의 터치폰은 짧은 시간에 다른 휴대폰 제조사도 빠르게 적용한 사례가 있었다.

비슷한 사례로 생성형 AI 기술을 활용한 ChatGPT(OpenAI사가 개발)와 같은 기술이 초기에는 챗봇 위주에서 이미지 생성, AI 검색과 같은 영역으로 확대 적용되고 있다(즉, 가속화 특성). 따라서 AI 기술은 생산공장, 통신망, 스마트 시티, 금융, 법률 등 많은 산업영역으로 급속히 확대되고 있다.

비트코인에 적용된 Blockchain 기술도 비슷한데, Blockchain 이 돈을 벌 수 있는 기술로 부상하면서 이 기술은 비트코인뿐만 아니라 다양한 영역에 적용되어 기술 개발이 가속화되고 있다.

미국의 통계학자이자 위기분석 전문가인 나심 니콜라스 탈레브(Nassim Nicholas Taleb)는 'The Black Swan(검은 백조)' 책을 발간했다(2007년). 이 책의 주요 내용은 어떤 현상(주로 경제)이 발생할 가능성은 매우 낮아서 예측이 어렵지만, 일단 이 현상이 발생되면 사회에 많은 영향을 준다는 것이다. 대표적인 예는 2001년 9월 11일에 미국에서 발생한 911 테러사건이다.

검은 백조의 유래를 보면, 백조는 원래 흰색의 새인데, 검은색 백조가 있을 가능성은 거의 없다. 하지만 네덜란드인이 호주에서 검은 백조(Black Swan)를 발견했다(1697년). 이 발견은 기존의 선입관을 무너뜨리면서 많은 사람들에게 충격을 줬다.

따라서 검은 백조가 의미하는 것은 전혀 예상할 수 없었던 일들이 실제로 발생하는 경우이다. 이 현상이(예: 미국 911 테러사건) 발생할 가능성은 없어 보이지만, 일단 발생하면 사회에 충격을 주고 파급효과도 크다. 하지만 이 현상이 발생한 이후, 어느 정도 시간이 지나면 사람들은 이 현상을 그대로 받아들인다.

이러한 검은 백조와 같은 현상이 IT 분야에도 있는데, 대표적인 예가 AI이다. Open AI의 ChatGPT가 2022년에 공개된 이후, 검은 백조처럼 사회에 큰 영향을 미쳤다. 이러한 검은 백조 현상은 기존의 기술 패션과는 다른 현상이다.

• 어떤 기술은 환생한다

어떤 기술은 초기에 많은 관심을 받았지만, 이 기술이 범용화되는 과정에서 여러가지 문제로 잊혔다가 다시 사용되는 경우가 있다. <u>이렇게 어느 순간 특정 기술이 다시 사용되는 (환생) 이유는 ①이 기술의 성능이 현격히 좋아졌거나, ②강한 생태계를 가진 회사가 이 기술을 적극적으로 추진하는 경우이다.</u>

이렇게 초기에는 관심을 받았다가 어느 순간 IT 영역에서 사라졌다가 다시 환생한 대표적인 기술로 AI(Artificial Intelligence)와 무선통신 기술인 UWB(Ultra-Wide Band)가 있다.

AI 기술에서 과거 기계학습(ML: Machine Learning) 기술은 성능에 문제가 있었지만, 2010년 이후에 DNN(Deep Neural Network)을 활용한 새로운 학습 알고리듬이 적용되면서 많이 사용되고 있다. 이것은 새로운 AI 기술이 과거 대비 성능이 현격히 개선된 경우이다.

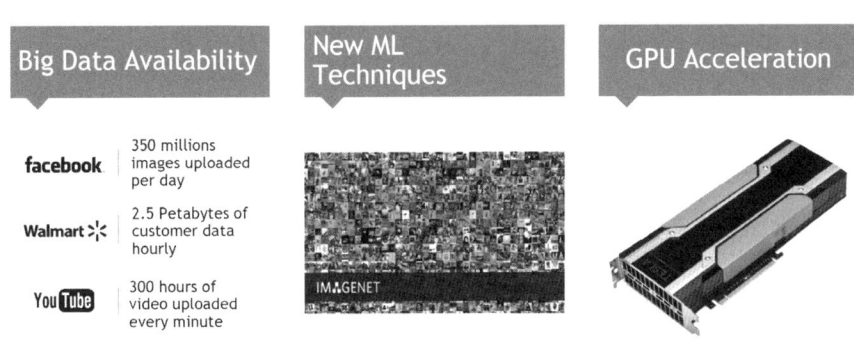

→ 그림 3-51. AI를 활성화시킨 주요 요소

출처: NVIDIA

AI 기술은 1990년대부터 활발히 연구되다가 몇 가지 문제(Local Minima 등)를 해결하지 못해서 이후 약 20년간 관심을 못 받았다. 하지만 2010년 이후, 이러한 몇 가지를 문제를 해결하는 기술이 개발되어 폭발적으로 성장하고 있다.

이러한 AI의 주요 성공요인은 학습에 사용되는 Big Data가 많아지고, ML(Machine Learning)을 위한 개선된 알고리듬, 학습과 추론을 위한 H/W(GPU, NPU 등)가 발전되었기 때문이다. 이러한 배경으로 AI는 IT 역사에서 혁신적인 기술의 한 종류로 자리매김을 했다.

무엇보다도 AI 기술이 확산된 주요 요소 3가지(Big Data, ML, GPU)에서 효과적인 학습과 추론을 위한 새로운 DNN(Deep neural network) 알고리듬이 개발되었기 때문이다. 2010년대에 캐나다 토론토 대학의 제프리 힌턴(Geoffrey Hinton) 교수는 효과적인 학습방법인 Deep Learning 기술을 개발했다.

비슷한 예로 근거리 무선통신 기술인 UWB(Ultra-Wide Band)도 마찬가지다. UWB는 과거 Wi-Fi(Wireless Fidelity) 진영과 경쟁에서 밀린 기술이었지만, Apple이 2019년에 iPhone에 적용하면서부터 다시 사용되고 있다.

<u>UWB(Ultra-Wideband)는 짧은 시간의 펄스 신호를 사용하여 넓은 주파수 대역으로 데이터를 송수신하는 근거리 무선통신 기술이다.</u> UWB는 500MHz 이상의 넓은 주파수 폭을 사용하고, 낮은 출력의 전파를 사용하여 100m 이내의 통신이 목적이다.

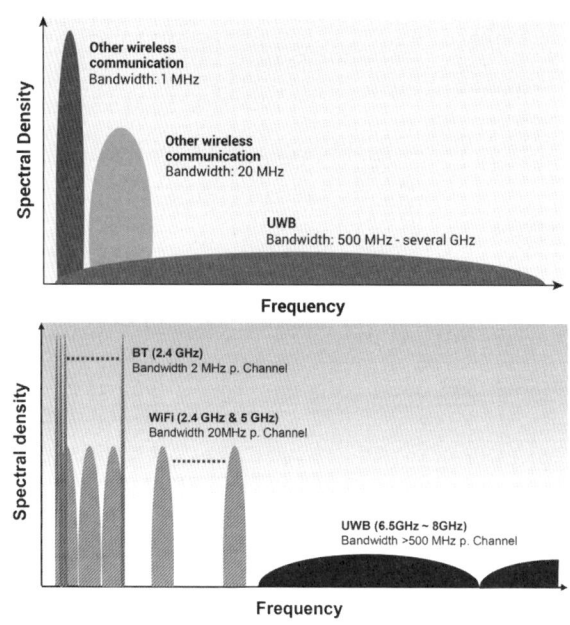

➜ 그림 3-52. UWB의 Impulse Radio 특징

UWB는 용어가 의미하듯이 광대역에 신호를 전송하는 방식으로 미국 통신규제 기관인 FCC(Federal Communications Commission)는 광대역을 500MHz 이상의 주파수 폭으로 정의했다.

2000년대 유망했던 UWB 기술은 초기에 고속전송에 중점을 두었고, 주된 응용분야를 PC의 무선 USB(Universal Serial Bus)로 정의했다. 이후 무선 USB의 필요성이 약화되었고, UWB 업계는 Wi-Fi와 유사한 응용분야를 제시하면서 Wi-Fi와 경쟁을 하게 되었다.

하지만, UWB 생태보다 수십 배나 큰 Wi-Fi 생태계를 넘어설 수 없었고, 관심을 받지 못했다. 당시 UWB를 개발하는 회사는 10개 미만이었지만, Wi-Fi 기술을 개발하는 회사는 대부분 규모가 큰 회사로 30개 이상이었다.

이후, 2020년대에 다수의 휴대폰에 UWB를 탑재하면서 다시 시장에서 많이 사용되고 있다. 지금은 UWB가 무선 데이터 송수신보다는 고유의 펄스 특성을 활용한 정밀 측위(위치 파악)에 사용되고 있다.

또 다른 기술 환생 사례로 Blockchain이 있다. Blockchain 기술은 1991년에 처음 아이디어가 제시되었으며, 2004년에 작업증명 기술이 개발되었다. 이후 2008년에 블록체인이 비트코인에 적용되면서 현재 응용분야가 점진적으로 확대되고 있다.

이렇게 2007년 이전에는 응용분야를 찾지 못했던 Blockchain 기술은 2008년 이후에 갑자기 환생한 사례가 되었다. 현재 Blockchain 기술은 암호화폐 외에도 스마트 계약, 디지털 신원 인증, 공급망 관리 등 다양한 분야에서 사용되고 있다.

또 다른 기술 환생 사례로 Bluetooth가 있다. Bluetooth는 1994년 스웨덴의 Ericsson(에릭슨)이 개발했다. 당시 Ericsson은 휴대폰 시장의 절대 강자였고, 휴대폰과 무선 이어폰 연결을 주된 목적으로 Bluetooth를 개발했다. 따라서 초기 Bluetooth는 휴대폰과 PC 주변기기를 무선으로 연결하는 것이 주된 목적이었다.

현재 Ericsson은 휴대폰 사업을 오래전에 매각했고, 이동통신 장비 판매를 주된 사업으로 하고 있다. 이렇게 Ericsson이 개발한 Bluetooth는 Ericsson이 기술을 국제 표준화 단체에 기부했고, 이후 많은 회사가 협력하여 개선된 기술을 정의하고 있다.

Ericsson이 Bluetooth를 개발한 이후, 별 사용처를 찾지 못했으나 당시 절대적인 휴대폰 강자였던 Nokia가 휴대폰에 적용하면서 갑자기 성장한 사례이다. 결국 Nokia가 죽은 기술을 살린 것이다.

이후 Bluetooth 규격을 개발하는 Bluetooth SIG(Special Interest Group)는 Nokia에서 개발한 Wibree를 Bluetooth 규격에 수용하면서 변화가 있었다. Wibree는 Bluetooth보다 저전력으로 동작하는 근거리 무선통신 기술이다.

Bluetooth SIG는 이 Wibree 기술을 BLE(Bluetooth Low Energy)로 이름을 변경했고, 하나의 칩에서 Bluetooth와 BLE가 동시에 동작 가능한 기술을 정의했다.

따라서 휴대폰은 Bluetooth(정확하게는 Bluetooth Classic)과 BLE가 하나의 칩으로 구현되어 탑재되고, 휴대폰과 무선으로 연결되는 스마트 와치나 가정용 전자기기 등은 대부분 BLE를 적용하고 있다.

이처럼, Bluetooth 진영에서 BLE를 추가함으로써 Bluetooth가 다시 환생하는 계기가 되었고, Bluetooth 시장은 더 커지게 되었다. 따라서 BLE는 Bluetooth를 2번째로 살리는 기술이 되었다(첫번째는 Nokia가 살리고, 두번째는 Bluetooth SIG가 살리고).

이런 관점에서 볼 때, 과거에 인기를 끌었다가 현재 관심이 없는 기술도 살아날 수 있으니, 과거에 유망했던 기술을 분석하는 것도 좋다.

3) 미국은 신기술 개발의 중심이다

중국 춘추시대 병서인 손자병법(孫子兵法, The Art of War)에는 지피지기 백전불태(知彼知己 百戰不殆)라는 문구가 있다. 이 내용은 상대를 알고 나를 알면, 백 번을 싸워도

위태롭지 않다는 의미이다.

따라서 전쟁에서 이기려면 먼저 나 자신을 알아야 하고, 추가로 나의 적을 알아야 한다는 의미가 포함되어 있다. 이처럼 우리는 사업을 하면서 경쟁 상대인 전세계 신기술 개발 동향을 알아야 돈을 벌 수 있다.

<u>성공하지 못한 사업가는 돈이 되는 기술이 뭔 지 모르거나, 돈이 되는 기술을 알고 있었지만 실행을 하지 않은 경우이다.</u> 따라서 돈을 벌기 위해서는 돈이 되는 전세계 기술을 파악해야 한다.

그동안 IT와 관련된 많은 신기술이 미국과 유럽 위주로 개발되었다. 이렇게 지역적인 특성이 강한 이유는 지역별 역사, 문화, 정치, 교육 시스템, 신기술 개발 방식 등의 차이가 있기 때문이다. 특히 미국은 신기술 개발에서 기업, 대학교, 밴처캐피탈, 국가 정책 등 여러가지 측면에서 경쟁력이 있다.

유럽은 중세시대 이후부터 비옥한 농토를 기반으로 의식주가 어느 정도 해결되었기 때문에 여유로운 시간이 많았다. 따라서 유럽에서 수학, 물리, 화학, 공학 등과 같은 학문이 발전되었다. 이 시기에 다른 대륙은 의식주 해결이 우선이었다.

미국과 유럽 사람은 사고방식이 자유롭고, 과거 신대륙 탐험과 같은 도전의식이 강하다. 이러한 문화적 배경으로 미국을 포함한 북미와 유럽은 아시아보다 신기술에 대한 도전의식이 강하고, 기술 개발 체계도 좋다.

물론 현재 다수의 아시아 국가가 여러가지 신기술을 개발하기도 하지만, 미국이나 유럽에 비하면 질적이나 양적으로 부족하다. 그동안 일부 아시아 국가는 신기술 발명보다는 기존 기술을 활용한 제조기술 위주로 발전했다.

현재 우리가 사용하고 있는 많은 기술은 미국에서 개발되었다. 인터넷의 대표적인 기술인 TCP/IP, 이동통신, 컴퓨터 언어, 추천, 검색, AI 알고리듬(또는 모델) 등과 같은 기술은 미국에서 개발되었다.

1940년대부터 1990년대까지 많은 IT 신기술은 미국의 Bell Labs(벨 연구소)에서 개발되었다. 이 기간에 대부분 혁신적인 기술은 Bell Labs에서 개발되었지만, 1990년대부터는 벤쳐가 신기술을 많이 개발하면서 Bell Labs은 신기술 개발 동력을 잃게 되었다.

일부 신기술은 미국에서 개발되지 않고, 다른 나라에서 개발된 사례도 있었지만, 미국회사가 그 회사를 인수하여 결국 미국회사가 되는 사례도 있었다. 예를 들면, Intel이 인수한 자율주행차 기술을 가진 Mobileye(이전, 이스라엘 회사), Microsoft가 인수한 Skype(이전, 에스토니아 회사)가 있다.

과거 1980년대와 1990년대에 일본 전자제품 회사는 휴대용 음원 재생기(예: Sony Walkerman), 복사기, 소형 전자계산기, 비디오 재생기 등 많은 신제품을 출시했다. 하지만 이때 대부분 일본 회사는 기술 발명보다는 뛰어난 제조 기술을 바탕으로 제품을 출시했다.

미국은 앞으로도 100년 이상 IT 신기술 개발을 주도할 것으로 예측된다. <u>일부 IT 언론은 미국은 영원히 지지 않는 IT 제국으로 표현하기도 한다.</u> 이러한 배경으로 유럽의 주요 국가인 영국, 독일, 프랑스 등의 IT 엔지니어는 미국의 개발환경이 좋기 때문에 미국에서 근무하기를 원한다.

그럼 왜 미국이 IT 분야에서 경쟁력이 뛰어날까? 우리나라는 미국으로부터 많은 것을 배웠지만, 여전히 원천기술 개발, 전세계 영업력, 법적인 이슈 등의 분야에서 역량이 부족하다.

저자는 20년 이상 미국의 주요 IT 기업과 기술 개발, 사업추진 등 다수의 과제를 공동으로 추진했는데, 이 과정에서 미국의 다양한 문화(신기술 개발 방법, 마케팅, 계약 등)를 경험했다.

예를 들어 영업 담당인 미국 사람에 대한 인상이 깊었는데, 미국 IT 회사에서 영업을 담당하는 사람은 백인이 많은데, 이 영업 담당은 항상 단정한 머리, 양복, 구두 등 정장 차림의 Gentlemen이다.

심지어는 저녁을 같이 먹으면, 항상 정 자세로 식사를 하면서 예의를 중요시 한다. 비즈니스 저녁에서 갑자기 움직이거나 다리를 떨거나 심지어는 신발을 벗는 등의 행동은 전혀 없다.

물론 일부 유럽 사람은 미국 사업가를 장삿꾼, 돈만 보는 사람으로 평가하여 불만을 나타내기도 한다. 하지만 자본주의 환경에서 볼 때, 돈을 가진 자가 힘이 있어서 이 세상을 이끌어가는 것이 현실이다.

미국이 추진하는 신사업은 거대 자본, 우수한 인력, 원천기술 등을 배경으로 확실히 경쟁력이 있다. 미국은 새로운 기술 개발과 사업을 추진하는 시스템이 잘 되어있기 때문에 지속적으로 발전될 것 같다.

과거 미국의 실리콘 벨리의 시작은 이 지역을 중심으로 칩을 개발하는 스타트업이 새로운 사업을 했기 때문에 실리콘(즉, 칩) 벨리라고 했다. 이후 칩 개발뿐만 아니라 다른 기술(예: 인터넷 기반 서비스, AI)을 개발하면서 지속적으로 발전하고 있다.

물론 중국에서 여러가지 신기술이 개발되고 있는데, 이것은 상대적으로 저렴한 중국의

인건비와 중국정부에서 개발비 지원이 있었기 때문이다.

다수의 중국회사는 중국 정부로부터 많게는 수 조원, 적게는 수 억원 수준의 개발비와 사업비를 받았다. 이러한 지원은 중국의 많은 회사가 Risk없이 사업을 하게 되었고, 이러한 배경으로 많은 중국 IT 회사가 성장했다.

물론 국내의 대기업도 1970년대에서 1990년대까지 정부로부터 정치적, 경제적 지원을 받아 성장한 사례가 있었다. 이것은 정치적인 문제였으며 공정한 경쟁을 중요시하는 자유 경제 체계 방식은 아니다.

벤쳐 캐피탈인 Andreessen Horowitz(또는 a16z)의 창립자인 마크 안드레센(Marc Andreessen)은 2022년에 'American Dynamism'을 언급했다. American Dynamism은 미국의 국가 이익(National Interest)에 도움이 되는 스타트업에 투자를 하겠다는 의미이다.

미국의 벤쳐 캐피탈은 우주개발, 주거, 국방, 교육, 정부, 에너지, 노동, 제조, 물류, 농업 등 다양한 분야에 자금을 투자하는데, 점차 미국의 경쟁력 강화에 도움이 되는 기업에 중점적으로 투자하는 분위기이다.

그동안 미국의 벤쳐 캐피탈은 미국 이외의 다른 나라 스타트업에도 많은 투자를 했는데, 점차 미국 회사로 투자를 하겠다는 의미이다.

이것은 과거 전세계 신기술을 이끌어 왔던 미국이 일부 항목에서 중국에 뒤쳐지면서 자체 기술개발을 강화하겠다는 목적이다.

또한 미국이 지속적으로 혁신적인 제품이나 서비스를 개발하는 비결은 바로 미국 문화의 힘이다. 미국의 사업 문화는 실패에 굴하지 않는 기업가 정신, 다양성을 존중, 개방형 협력 등이 뛰어나기 때문에 신기술 개발을 촉진시킨다.

또한 많은 인구를 기반으로 하는 내수 시장, 높은 수준의 과학과 공학 교육 등 미국은 전세계에서 가장 좋은 인프라(교육, 기술, 경제 등)를 보유하고 있다.

• 이스라엘 개발 문화

이스라엘은 1980년대 후반부터 사회주의에서 시장경제 체제를 도입하면서 서서히 경제가 회복되었다. 또한 1991년에 구 소련이 붕괴되면서 소련에 거주하고 있었던, 약 100만 명의 고학력 유대인이 이스라엘로 들어오면서 새로운 환경을 맞게 되었다.

이스라엘은 고학력 이민자들에게 일자리를 만들어야 하고, 욤 키푸르(Yum Kippur) 전쟁 이후 군수산업에 대한 지원이 약화되었고, 그 결과로 실업자가 많아지면서 그동안 실용성이 떨어졌던 R&D 정책에 혁신이 필요했다. 이를 위하여 이스라엘은 경제를 활성화시키기 위해 벤쳐캐피탈 지원, 신기술 우선 개발 정책을 시행했다.

이스라엘 정부는 이를 실행하기 위하여 요즈마 펀드(Yozma Fund)를 설립하여 벤쳐캐피탈을 집중 육성했고, 이 벤쳐캐피탈이 벤쳐기업에 투자했다. 이를 배경으로 요즈마 펀드는 벤쳐캐피탈을 장기적으로 육성하고, 신기술을 개발하는 국내외 벤쳐를 대상으로 투자를 촉진시켰다.

또한 이스라엘 스타트업의 원동력은 대학과 연구소이다. 이스라엘은 대학과 연구소를 중심으로 방위산업을 집중 육성했는데, 이를 기반으로 다수의 혁신적인 신기술을 개발할 수 있었다.

이스라엘은 탈피오트(Talpiot) 제도가 있다. 이것은 고등학교 졸업자를 대상으로 소수 엘리트를 선발하여 군사과학 인재로 육성하는 국방과학기술 전문 장교 육성제도이다. 탈피오트는 국방과학기술 분야의 일종의 인재 육성제도로써 우수한 인재를 뽑아서 다양한 혜택과 함께 창업을 연계시킴으로써 이스라엘 신기술 개발의 한 축을 형성하고 있다.

그림 3-53. 탈피오트(Talpiot) 심볼

즉 탈피오트는 고교 졸업자를 대상으로 소수의 엘리트를 선발하여 첨단 군사과학 인재로 육성시킴으로써 현재의 이스라엘을 강국으로 만드는데 근간이 되었다고 평가를 받고 있다.

이 제도는 약 1만여 명의 과학 분야 성적 우수자들을 대상으로 여러 단계의 선발 과정을 거쳐 최종 50명 정도를 선발하는데, 3년의 대학 과정을 마친 후, 학사학위 취득과 동시에 중위로 임관된다.

이때 개인의 선택과 능력에 따라 사이버 부대, 특수부대 등에 배속되어 2년간 의무복무를 한 후, 4년은 군 연구소 또는 방산업체에 소속되어 연구개발에 참여한다. 이러한 과정을 거친 다음 많은 사람이 벤쳐기업을 창업한다.

4 사업의 본질과 방법

1) 사업은 피봇팅될 수 있다

피봇팅(Pivoting)은 기존의 사업전략, 제품이나 서비스의 방향을 전환해서 새로운 것을 만드는 것이다(주로 사업 초기에). 예를 들어 피봇팅은 신제품 출시 후, 시장(또는 고객)의 반응이 좋지 않으면 사업 모델을 바꾸거나 해당 사업을 포기하는 것이다.

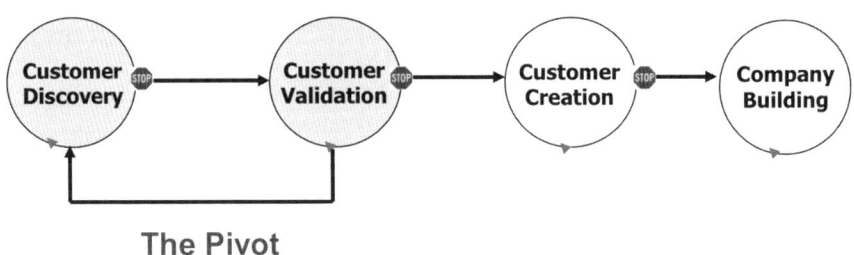

The Pivot

IT 사업에서 피봇팅이 더욱 필요한 이유는 IT 산업의 특성 때문이다. IT 분야는 돈을 버는 기술이 어떤 것인지, 돈을 버는 전략은 무엇인지 등 사업환경이 다른 산업분야(예: 기계, 건설) 보다 변화가 심하다. IT 산업은 다른 분야와 달리 늘 새로운 기술이 나와서 기존 기술에 영향을 미치기 때문이다.

피봇팅의 사전적 의미는 "축을 옮기다."이며, 주로 스포츠 영역에서 사용되는 용어이다. 사업분야(Business Area)에서 피봇팅은 외부 환경 변화에 맞춰 사업의 방향을 전환하는 것이다. 특히 피봇팅은 창업한 지 얼마 안되고, 투자금이 많지 않은 스타트업에게 더 필요하다.

과거 피봇팅의 몇 가지 예로 YouTube(동영상 공유 플랫폼), Slack(업무 협업툴), AWS(Amazon Web Services)가 있다. YouTube는 초기에 젊은 남녀를 연결해주는 데이팅(Dating) 앱이었는데, 수익성이 악화되면서 지금의 동영상 공유 플랫폼으로 피봇팅된 것이다. Slack은 게임개발을 위한 내부 개발자간 협업툴로 사용된 후, 이 솔루션을 외부에 판매하면서 피봇팅된 것이다.

YouTube의 유래는 스티브 첸(Steve Chen) 등이 2005년에 'youtube.com'으로 서비스를 시작했는데, 이때 주된 서비스는 이성 매칭, 데이팅 서비스였다. 당시 홈페이지에 있었던 주요 문구는 "Tune In, Hook Up(서로 맞으면 연결하라)"이었다. 하지만 이 서비스는 성공하지 못했다.

이후 YouTube 창업자는 초기 컨셉인 온라인 데이팅 서비스는 중단하고, 비디오 업로드 플랫폼만 남겼다. 결국 YouTube는 사용자가 원하는 동영상을 등록할 수 있는 동영상 플랫폼으로 피봇팅된 것이다.

메신저 위주의 협업툴인 Slack은 초기 게임 개발에서 시작되었다. Slack 창업자인 스튜어트 버터필드(Stewart Butterfield)는 초기 사업으로 Glitch라는 게임을 개발했는데, 이 게임 사업은 좋지 않았다. 하지만 게임을 개발하는 과정에서 개발자끼리 협업을 위한 사내 메신저를 개발했는데, 이 메신저를 발전시킨 것이 현재의 Slack이다.

Amazon의 클라우드 서비스인 AWS(Amazon Web Services)도 피봇팅이 된 것이다. Amazon은 온라인 쇼핑몰 사업을 위하여 대규모의 자체 IT 인프라(즉, Cloud)를 구축했다. 대규모 IT 인프라는 Black Friday와 연말 세일로 많은 트래픽이 발생하기 때문에 필요했다.

하지만 이러한 대규모 IT 인프라는 세일이 끝났을 때, 사용률이 낮았다. 이후 Amazon은 IT 인프라 사용 효율을 높이기 위하여 IT 인프라를 외부 회사에 임대하면서 AWS 사업이 시작되었다.

이렇게 시작된 Amazon의 AWS 사업은 절대적인 규모(IT 인프라 장비 측면)를 앞세워 경쟁력을 갖추게 되었다. AWS는 사업 초기부터 지금까지 높은 수익을 창출하는 'Cash

Cow'(주된 이익을 창출하는 사업) 역할을 하고 있다. Amazon 사업에서 온라인 쇼핑몰(또는 Market Place)의 매출은 내부의 다른 사업 대비 절대적으로 높지만, 수익은 AWS가 온라인 쇼핑몰 사업보다 높다.

피봇팅 조건에 대한 의견은 많은데, 일반적으로 피봇팅 조건은 현재 사업이 불투명하여 더 이상 추진이 어려울 때, 추진하는 사업보다 더 좋은 수익 창출이 가능한 새로운 사업 아이템이 나왔을 때이다.

1970년 3M 연구소에 근무했던 연구원인 스펜서 실버(Spencer Silver)는 기존 접착제보다 더 강력한 접착제를 연구했다. 이때 스펜서는 용해되지 않고, 녹일 수 없는 성질을 가진 접착제를 개발했다.

하지만 이 접착제는 이러한 특성으로 인하여 다른 곳에 강하게 붙지 않았다. 스펜서 실버는 접착력은 약하지만, 끈적거리지 않는 접착제를 어디에 사용할지 고민에 빠졌다. 당시 자신의 발명품이 다른 용도로 쓰일 수 있을 것 같은 생각이 들었지만, 구체적으로 어떻게 해야 할 지를 몰랐다

그는 이 접착제를 사내 세미나에서 발표했으나 호응이 좋지 않았다. 그로부터 4년 후(1974년) 3M의 테이프사업부에 근무했던 아서 프라이(Arthur Fry)는 교회 성가대에서 노래를 부르기 위해 찬송가 책을 뒤적이다 그 속에 끼워 둔 작은 종이를 찾았다.

이 종이는 그날 부를 찬송가를 쉽게 찾기 위해 끼워 둔 것이었다. 그는 종이가 떨어지지 않게 하기 위하여 종이에 풀을 칠해 붙였는데, 이 종이는 책장에서 쉽게 떨어지지는 않았지만, 종이를 떼어낼 때 책장도 같이 뜯어졌다.

이때 아서 프라이는 사내 세미나에서 들었던 스펜서 실버의 실패한 접착제를 생각했다. 이 접착제는 접착력이 약해서 쉽게 떼어낼 수 있고, 끈적거리지 않아 떼어낸 후에도 자국이 남지 않는 것을 알았다.

Myth: The Post it note was invented in a church choir by Art Fry in 1974

Truth: The Post it note was invented at home by Alan Amron in 1973 and disclosed to 3M in 1974

Art Fry in church choir invented a Press n' peel "to hold his bookmark in his hymnbook" in 1974 not a Post It note

➜ 그림 3-54. 3M의 Post-it 개발 과정

출처: wikimedia

이후 아서 프라이는 접착제를 얇게 바르는 기술, 책장에 손상을 주지 않는 강도 등을 연구하여 1977년에 포스트잇(Post-it)을 개발했다. 이렇게 포스트잇은 강한 접착제를 개발하는 과정에서 피봇팅된 것이다.

이러한 포스트잇의 개발과 함께 우연히 개발된 혁신적인 소재가 있다. 이것이 미국의 화학회사인 듀폰(DuPont)이 개발한 나일론(Nylon)이다. 1935년 듀폰의 화학자는 슈퍼 폴리머(Superpolymers)라는 신물질을 개발했는데, 이것은 질기고 딱딱한 고체였는데 열을 가하면 투명해지면서 찐득찐득한 액체가 되는 성질이 있었다.

그런데 이 물질의 활용 방안에 대한 아이디어가 없었는데, 듀폰의 한 직원이 열에 녹은 슈퍼 폴리머를 이리저리 늘려보고 있었는데, 어쩌다가 슈퍼 폴리머 한 덩어리가 물에 빠지게 되었다. 이후 막대기로 슈퍼 폴리머 한 덩어리를 건져내려고 했는데, 우연히 슈퍼 폴리머는 실 형태로 쭉 뽑아져 나왔다. 이것이 나일론이다.

당시 옷을 만들기 위한 재료는 면(목화에서 추출), 양모(양털에서 추출) 등이 있었는데, 나일론은 석탄이나 석유에서 추출한 물질을 합성하는 것으로써 대량 생산이 가능했다.

이렇게 만들어진 나일론은 1939년에 스타킹 재료로 사용되면서 혁신적인 제품으로 평가받았다. 스타킹을 나일론으로 만들기 이전에는 실크(Silk, 누에고치에서 추출)로 만들었는데, 가격이 너무 비싸고 질기지 않아서 일부 부유층의 전유물이었다.

→ 그림 3-55. 듀폰의 나이론을 이용한 스타킹 광고

이렇게 나이론 소재의 스타킹을 처음 시장에 내 놓았는데, 3일만에 40만개가 판매되었고, 이후 재고가 없어서 판매할 수 없는 상황이 되었다. 결국 나이론의 발명은 듀폰의 직원이 슈퍼 폴리머로 장난하다가 우연히 발견한 것이고, 이 물질로 혁신적인 제품인 나이론 스타킹을 만들어서 듀폰은 크게 성장했다.

피봇팅을 하기 위해서는 어떻게 피봇팅할 지 가설을 세워야 하고, 이후 기업의 내부 구성원, 서비스나 제품 사용자, 투자사 등 생태계를 구성하는 주변 사람들로부터 상호 이해를 구해야 한다.

미래에 발생될 어떤 확정적이지 않는 현상과 관련되어 독일의 물리학자인 베르너 하이젠베르크(Werner Heisenberg)가 주장한 '불확정성의 원리(Uncertainty Principle)'가 있다(1927년).

불확정성의 원리는 전자(Electron)의 위치 파악과 관련된 물리현상의 하나인데, 전자의 위치는 계속 변하기 때문에 정확한 위치를 측정할 수 없다는 이론이다. 즉, 측정시점에서 전자의 위치는 진행방향에서 시작점과 도착점 사이 어디에 있을 것이라고 추정만 할 수 있다.

사업에도 불확정성의 원리가 적용되는데, 나의 사업은 늘 미래가 불확실하고 어디로 갈 지 모르기 때문에 전체적인 방향성을 파악해야 한다.

이와 같이 전체 기술의 방향성을 파악해야 성공할 확률이 높아진다. 불확정성의 원리와 같이 한 순간의 전자 움직임이나 좁은 영역에서 전자의 움직임을 예측하는 것보다 넓은 영역에서 현재의 위치를 파악하는 것이 좋다.

SK 그룹의 경영학에서는 이렇게 넓은 영역에서 현재 상황을 파악하는 것을 '입체적 Location 파악'이라고 한다. 입체적 Location 파악은 모든 일이 입체적으로 구성되어 있다는 관점에서 자신의 현재 위치를 파악하는 것이다.

이렇게 전체 방향성을 잡기 위하여 세부 항목을 정의하는 방법으로 AI에서 사용되는 프롬프트 엔지니어링(Prompt Engineering) 기법을 활용할 수 있다. 프롬프트는 컴퓨터에서 명령어 입력을 위한 인터페이스이며, 프롬프트 엔지니어링은 AI가 최적의 결과물을 생성해 낼 수 있도록 적합한 지시어를 입력하는 것이다.

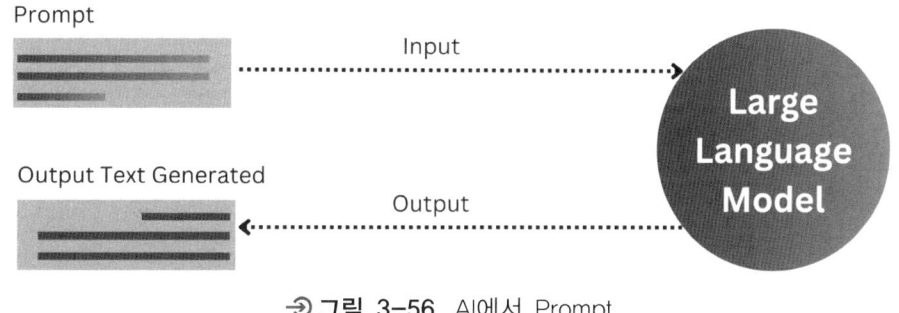

→ 그림 3-56. AI에서 Prompt

출처: Medium

생성형(Generative) AI의 근간이 되는 기술인 LLM(Large Language Model)은 정확한 명령어를 입력해야 원하는 답변을 받을 수 있다. 따라서 생성형 AI에서 프롬프트 엔지니어링은 중요하다.

이러한 프롬프트 엔지니어링 기법에는 Chain-of-Thoughts Prompting, Zero-shot Prompting, Few-shot Prompting, Chain-of-Question Prompting, Least-to-Most Prompting 등 다양하다.

<u>이 중에서 Chain-of-Thoughts Prompting을 보면, 복잡한 문제 해결 과정에서 단계별 추론 기법을 사용하여 AI의 답변 품질(Quality)을 높이는 프롬프트 엔지니어링 기법이다.</u> 이처럼 사업계획서를 작성함에 있어서 프롬프트 엔지니어링 기법을 활용하는 것도 좋다.

어떤 사업가는 신사업에서 항상 최악의 상황을 대비해야 한다고 주장하고 있다. 예를 들어 정상적으로 사업이 진행되는 경우를 Plan A라고 하면, 이것이 안될 경우 대안인 Plan B 그리고 더 나가서 최악의 상황인 Plan C까지 준비해야 한다.

이처럼 사업을 추진하면서 예측하지 못한 변수가 발생될 수 있고, 각 상황에 대한 대응방안이 미리 준비되어 있어야 한다는 의미이다.

일반적으로 IT 신사업은 초기에 정한 목표대로 추진되는 것이 아니라, 사업을 시작한 후 예상하지 못했던 여러가지 장애요인이 발생되고 이것을 해결해야만 성공한다. 이 과정에서 사업은 다른 방향으로 피봇팅될 수 있다.

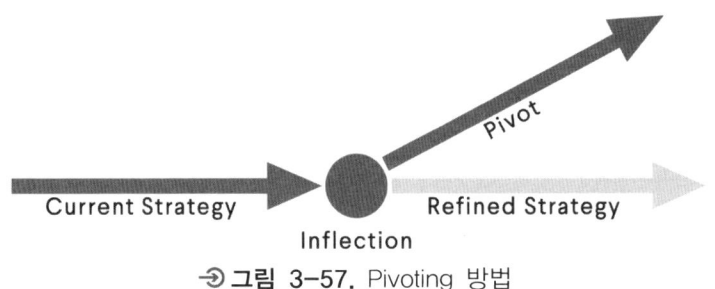

➔ 그림 3-57. Pivoting 방법

출처: Medium

기업은 업의 본질(또는 역량, 가치)에서 벗어난 사업을 추진하면, 오히려 고객을 혼란스럽게 할 수 있다. 따라서 업의 본질을 유지하는 것이 사업에서 성공할 확률이 높다. 물론 어떤 회사는 업의 본질에서 벗어나 다른 사업으로 피봇팅해서 성공한 사례도 있다.

예를 들어, 나의 전문분야(업의 본질)가 고등어 잡이(즉, 어업)라면, 새로운 사업은 어업 분야인 갈치 잡이로 옮겨야 한다. 만약 새로운 사업인 도축업으로 피봇팅하면 안된다. 왜냐하면 도축업 분야에는 이미 전문가가 많아서 어업 전문가인 내가 단기간에 도축업 분야에서 경쟁력을 갖기 어렵다.

인도 작가인 러스킨 본드(Ruskin Bond)는 "The world keeps on changing, but there is always something, somewhere, that remains the same"라고 언급했다. 즉, "세상은 계속 변하지만 어딘 가에는 항상 변하지 않는 무언가 가 있다."라는 뜻이다. 결국 변하지 않는 원리는 변화에 적응하는 것이다.

어떤 사업가는 "사업에서 강한 자(또는 회사)가 살아남는 것이 아니라 살아남는 자(또는 회사)가 강한 자"라고도 이야기한다. 이것은 다윈의 진화론인 "강한 개체가 살아 남는 것이 아니라 변화에 적응하는 개체가 살아남는다."와 같은 원리이다.

이처럼 사업환경은 생물 생태계와 같이 다양한 조건에 적응하는 회사가 생존해서 성공하고, 변화에 적응하지 못하면 도태된다. 대표적인 실패 사례는 과거 2010년 이전까지 전세계 휴대폰 시장을 장악했던 Nokia이다. Nokia는 2010년 이후의 트렌드인 스마트폰 환경에 적응하지 못하고 도태되었다.

저자는 신입사원부터 오랜 기간 삼성, LG 등과 같이 휴대폰 신기술을 개발하여 상용화 했는데, 각 회사별로 문화적 차이가 큰 것을 느낄 수 있었다. 국내 주요 대기업의 기업문화에 대한 몇 가지 농담이 있다. 삼성은 돌다리를 두들겨보고 건넌다. LG는 돌다리만 두드리고 건너지 않는다. 현대는 돌다리를 건너고 두들겨 본다.

과거 3G 이동통신 단말기를 상용화할 때, LG가 3G 모뎀을 다른 회사보다 먼저 개발했고 당시 표준화 단체 참여에 적극적이어서 기반 기술의 완성도는 전세계적으로 선두였다. 하지만 이후 삼성이 LG보다 먼저 상용화했다. 당시 삼성은 LG보다 단말기와 모뎀 개발이 늦었지만, 개발을 꾸준히 하였다.

당시 LG가 3G 단말기 최초 상용화를 중간에 포기한 이유는 상용으로 진행할 때, 돈이 너무 많이 들기 때문이었다. 또한 당시 LG는 부서간 이기주의가 강해서 실패할 경우, 어떤 부서가 책임을 져야 하기 때문에 주도적으로 상용화를 추진할 수 없었다.

한번은 LG 휴대폰 납품검사(판매 전 최종 검사)를 갖는데, 특정 부분의 성능이 나오지 않아서 내가 불합격으로 판정했다. 이때 영업과장이 전무급인 공장장에게 생산공정이 잘못되어서 한순간에 30억 원을 날렸다고, 과장이 공장장에게 소리를 쳤다. 이것은 LG 조직이 Silo로 동작되기 때문이다.

- **모든 것은 수치화 되어야 한다**

피봇팅을 위해서는 객관적인 판단기준이 필요한데, 이를 위하여 기술개발, 영업, 자금관리 등 사업과 관련된 모든 것은 수치화 되어야 한다. 이렇게 모든 항목이 수치화 되어야 경영지표를 관리할 수 있고, 이를 기반으로 피봇팅할 수 있다.

> **If you can't measure it**
> **you can't manage it**
> Peter Drucker

미국의 경영학자인 피터 드러커(Peter Drucker)는 "If you can't measure it you can't manage it."이라고 말했다. 즉, "측정할 수 없는 것은 관리할 수 없다."는 의미로 기술개발이나 영업 등의 모든 항목은 적합한 기준으로 측정(또는 수치화)되어야 한다.

또한 드러커는 "If you can't measure it you can't improve it"라고 했는데, 이것은 "측정할 수 없으면 관리할 수 없고, 관리할 수 없으면 개선할 수 없다."는 뜻이다. 결국 사업과 관련된 모든 항목은 측정되어야 개선할 수 있다.

이렇게 사업의 전 분야를 측정하려면, 모든 항목의 깊이를(Details) 알아야 한다. 기술적인 측면에서 이 세상은 대충해서 되는 것이 없기 때문에 기술의 깊이(Technical Details)를 알아야 한다.

맹수인 사자나 표범 등은 사슴을 사양할 때나 작은 토끼를 사냥할 때나 똑 같이 모든 에너지를 집중한다고 한다. 이처럼 사업을 하면서 사소한(맹수 사냥에서 토끼) 것에도 열정을 다 해야 성공 가능성을 높일 수 있다.

이탈리아 화가인 레오나르도 다빈치가 그린 모나리자는 스푸마토(Sfumato) 기법이 적용되었다. 스푸마토 기법은 붓으로 간단히 색칠하는 것이 아니고, 수십 번을 덧칠하여 경계면을 부드럽게 처리하는 방법이다.

이처럼 다빈치는 14년이 걸려서 모나리자 그림을 완성했고, 이 기간에 자신의 혼을 쏟아 부었다. 이처럼 사업도 많은 정성이 필요하고, 스푸마토 기법처럼 점점 더 세부사항을 파악해야 한다. 참고로 모나리자 그림이 프랑스에 있는 이유는 당시 다빈치가 프랑스에서 일을 했기 때문이다.

미국의 품질관리 권위자인 에드워드 데밍(Edwards Deming)은 "측정 가능한 모든 것을 측정하라, 그리고 측정이 힘든 모든 것을 측정 가능하도록 해라."라고 말했다. 이렇게 측정의 중요성을 강조한 데밍은 1950년대 제조업 분야의 품질관리를 정립했다.

> "Just Because You Can Measure Everything, Doesn't Mean That You Should" - W. Edward Deming

당시 데밍은 "생산라인에서 가장 중요한 요소는 소비자다. 소비자를 만족시키는 일이 회사의 모든 사람들이 해결해야 할 최우선 과제이다. 모든 직원은 자기가 만든 제품의 품질을 책임지는 품질 책임제를 구축해야 한다. 기업의 수익은 제품과 서비스에 만족하고 이를 지속적으로 구매하는 단골고객으로부터 나온다."라고 말했다.

이렇게 과거 사업에는 측정이 중요했는데, 비슷한 맥락으로 현재의 사업은 과학적인 분석을 통해서 진행되어야 하는데, 대표적인 분석방법이 빅데이터를 활용하는 것이다. 따라서 현재의 신사업은 과거와 달리 경영자의 직감이나 과거의 경험으로 진행한다면, 실패할 확률이 높아진다.

2000년에서 2010년까지는 Big Data 분석과 AI가 확산되기 이전이어서 새로운 신사업은 특정인의 직관(Insights)에 의해서 결정되는 경우가 있었다. 이때는 기술이 복잡해지고 다양한 기술이 융합되는 시점이어서 정량적인 분석이 어려운 시절이었다.

이 시기에는 특정 전문가(Guru)가 과거의 경험, 지식 등을 기반으로 직관적으로 방향을 설정하고, 세부 계획을 세우는 일종의 Top Down형태의 경영 기법이 있었다. 하지만 현재의 신사업은 과거의 경험이나 지식이 아닌, 현실에 있는 데이터를 기반으로 방향을 설정해야 한다.

기술은 기존에 Silo 구조에서 점진적으로 복합구조를 진화하고 있다. Silo 구조는 단위의 기술이 돈을 벌 수 있는 구조이며, 복합구조는 다수의 Silo 기술이 모여야 돈을 버는 구조이다.

현재는 복합구조 사업이 수익을 창출할 가능성이 높다. 예를 들면, 미국의 칩회사인 Qualcomm은 초기 이동통신에 사용되는 모뎀사업만 하다가 차츰 다른 칩 영역으로 사업을 확장하여 현재는 Application Processor, Wi-Fi, Bluetooth, AI 칩 등 다양하다. 삼성 역시 비슷한 구조로 사업 분야를 다각화하고 있다.

Apple은 Apple Silicon(Apple 제품에 들어가는 칩)으로부터 시작해서 OS(Operating System), 완제품(휴대폰, PC 등), Cloud 와 같이 Apple 사업에 필요한 모든 기술을 수직화 하는 정책을 사용하고 있다.

• **사업의 본질**

사업을 추진하면서 피봇팅을 통해서 초기에 정한 방향이 바뀔 수 있다. 하지만 어떤 사업은 본질(또는 가치)은 같은데, 작은 규모로 피봇팅을 해서 다른 방법으로 돈을 벌 수 있다.

금, 돈, 암호화폐의 공통점은 어떤 상품(또는 재화)이나 서비스(또는 용역)의 가치를 인정하고 당사자간 거래에 사용되는 지불 방법이며, 차이점은 사용하는 방법(또는 편리성)이다.

화폐는 이것을 사용하는 사람의 신뢰를 기반으로 동작된다. 우리가 1만원짜리 지폐를 인정하고 믿는 것은 1만원의 가치가 있기 때문이다. 같은 원리로 우리는 금이나 암호화폐의 가치를 인정하기 때문에 거래 수단으로 사용한다.

따라서 금, 돈, 암호화폐의 본질은 거래를 하는 사람끼리 믿음이고, 방법은 금이나 돈과 같이 물리적으로 교환하느냐 또는 암호화폐와 같이 온라인으로 교환하느냐에서 차이가 있다.

또 다른 예로 마차, 기차, 자동차, 비행기는 사람이나 물건을 빠르고 안전하게 이동시키는 본질적인 목적이 있다. 편지, 유선전화, 무선전화 등은 사람간 커뮤니케이션을 빠르고 편리하게 하는 본질적인 가치가 있다.

과거 배송(또는 우편, 택배)은 편지 배송이 주된 업무였다(2000년 이전). 하지만 이메일과 휴대폰을 활용한 개인간 메시지 전달이 확산되면서 배송 산업은 사양 산업으로 기울기 시작했다. 이후 온라인 쇼핑의 급격한 성장으로 이러한 배송 사업이 다시 성장했다. 따라서 배송 사업의 주된 축은 기존의 편지나 소포 배달에서 온라인 쇼핑몰의 상품 배송으로 본질이 바뀌었다.

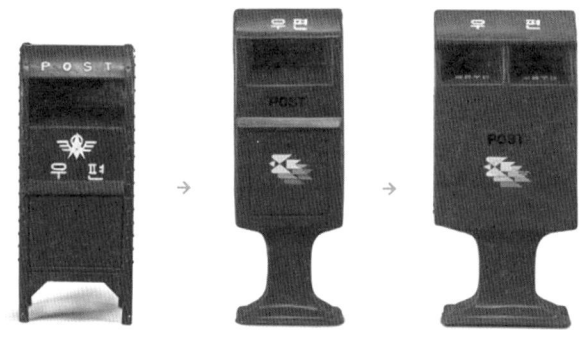

그림 3-58. 손 편지, 엽서 등을 보내기 위한 우체통

출처: 우정사업본부

과거 우체국의 주된 사업은 편지(종이 봉투에 넣어서) 배달이었다. 물론 당시 우체국은 편지 이외에 소포도 배달했었다. 하지만 2000년을 전후로 기존에 손으로 쓰던 편지가 이메일이나 메신저로 대체되면서 우체국과 같은 배달이 주된 사업인 회사는 생존의 문제가 되었다.

하지만, 온라인을 활용한 상품 주문이 증가되면서 오히려 우체국을 포함한 택배회사는 성장의 계기가 되었다. 이와 같이 택배 사례는 방법은 같은데, 본질이 달라진 것이다. 대부분 신사업은 본질은 같은데, 방법이 다른 경우이다.

이렇게 어떤 제품이나 서비스가 피봇팅될 수 있지만, 회사의 주력 아이템이 피봇팅될 수 있다. 미국의 전자 장치(또는 제품)를 측정하는 장비회사인 Keysight Technologies가 있다. Keysight Technologies의 시작은 HP(Hewlett Packard)였다. HP의 초기 사업 아이템은 전자 장치를 측정하는 장비 회사였다.

HP는 초기 측정장비 개발에서 사업을 시작하여 사업 영역을 확장하면서 컴퓨터까지 생산했다. 이 과정에서 HP는 내부적으로 측정장비 사업부와 컴퓨터 사업부로 나뉘어졌고, 컴퓨터 사업부가 커짐에 따라 처음 사업으로 시작했던 측정장비 사업을 분사시켰다.

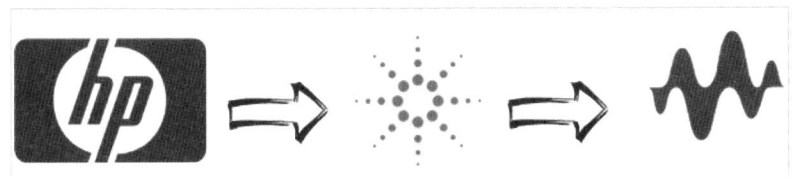

따라서 현재의 HP는 컴퓨팅 장비를 만드는 회사가 되었고, 이전 HP에서 측정장비 사업을 하는 부서는 분사되어서 Agilent Technologies가 되었다. 이후 Agilent Technologies는 의료와 바이오 사업을 하는 부서와 전자 장치 측정장비를 하는 부서가 있었다.

여기에서 전자 장치의 측정 장비를 만드는 회사는 다시 Keysight Technologies로 분사되었다. 따라서 초기 HP가 추구했던 사업은 Keysight Technologies가 하고 있다. 물론 현재의 HP는 Keysight Technologies보다 훨씬 더 큰 회사이다.

광고사업을 보면, 사업의 본질은 광고를 통한 제품이나 서비스 홍보인데, 방법은 전통적인 TV나 신문을 통한 광고가 있고, 인터넷을 활용한 광고가 있다. 이처럼 본질은 같은데, 방법이 다양할 수 있다.

기록하는 방법은 파피루스, 종이, 금속활자, 컴퓨터 워드프로세서 등과 같이 발전되고 있는데, 이러한 기록의 본질은 인류의 정보를 기록해서 다른 사람이 보게 하는 것이다. 하지만 본질은 같지만 기록하는 방법은 시대에 따라 차이가 많다.

어떤 사업은 외형적으로 보이는 제품과 서비스로 돈을 버는 것이 아니고, 다른 방법으로 수익을 창출하는 사업이 있다. 대표적인 예는 프린터 사업인데, 프린터 사업의 주된 수익은 잉크를 판매하는 것이다. 즉, 프린터 업체는 프린터기를 저렴하게 판매하고 지속적으로 잉크를 판매하여 수익을 창출한다.

비슷한 예로 햄버거 회사의 이익모델은 햄버거(빵) 자체가 아니고 콜라이다. 즉, 햄버거 가계의 많은 수익은 콜라를 판매하면서 발생된다. 물론 일부 햄버거 회사는 부동산 확보가 주된 목적인 경우도 있는데, 이때 햄버거는 일종의 미끼 상품이다.

또한 미국의 Amazon의 경우, 대부분 매출은 온라인 쇼핑몰(Market Place)에서 판매하는 상품이나 수수료로 발생되지만, 대부분 이익은 클라우드 사업인 AWS(Amazon Web Services) 사업으로 발생된다. 이처럼 수익을(Profit) 창출하는 본질은 다른 곳에 있을 수 있다.

과거 2000년대에 유행했던 UCC(User Created Content) 사업이 있었다. 이것은 사용자가 온라인으로 동영상과 같은 컨텐츠를 직접 창작하여 등록하는 서비스였으며, 당시 많은 회사가 이러한 UCC(또는 UGC(User Generated Content))를 신사업으로 추진했었다.

UCC 사업의 주된 분야는 UCC 플랫폼으로써 다수의 회사가 이 사업을 추진했었다. 하지만 Google의 YouTube 서비스가 UCC 플랫폼과 같았기 때문에 결국 UCC 시장은 YouTube가 장악했다.

<u>UCC와 YouTube의 본질은 같은데, 방법의 차이로 UCC 용어는 시장에서 서서히 없어졌고, 기존의 UCC 서비스는 대부분 YouTube를 활용하게 되었다.</u>

이때 Google의 전략은 대규모 시스템(또는 인프라) 구축, 간단한 방법으로 컨텐츠 등록, Google 서비스와 연동, 등록자와 이익 공유 등의 정책이었다. 이러한 동영상 공유 플랫폼도 결국 "Winner Takes All(승자독식)" 원리가 적용되는 시장이다.

현재 광고매체는 기존의 신문, TV에서 대부분 온라인으로 매체가 이동된 상태이다. 일반인을 대상으로 하는 광고매체는 과거에 TV, 신문, 광고판 등이 있었지만, 2010년대부터는 광고의 주된 매체가 인터넷을 활용하는 것으로 바뀌었다.

현재 대부분 사람은 정보를 획득하기 위하여 인터넷을 활용하기 때문에 과거 대비 인터넷으로 많은 시간을 소비한다. 따라서 광고시장에서 광고매체는 PC나 휴대폰 위주로 바뀐 것이다. 이처럼, 광고의 본질(상품이나 서비스를 일반인에게 알림)은 변화가 없는데, 광고를 제공하는 방법(또는 수단)이 변화된 것이다.

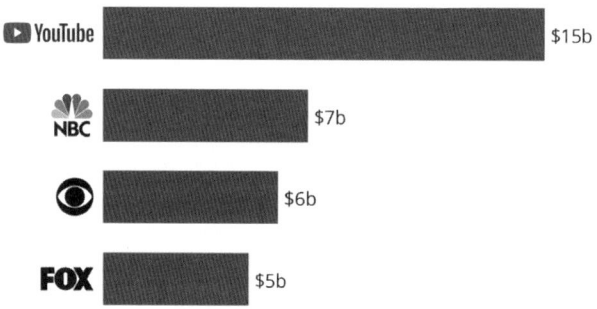

➔ 그림 3-59. YouTube와 미국 지상파 TV 광고 매출(2018년 ~ 2020년)

출처: Statista

미디어 서비스도 같은 원리이다. 과거 미디어 사업은 TV 방송이나 영화관 위주로 진행되었는데, 지금은 온라인 스트리밍 서비스로 바뀌었다.

이러한 추세에 따라 기존 영화 제작사나 지상파 방송사의 컨텐츠는 줄어들고 있고, Netflix와 같은 온라인 미디어 스트리밍 플랫폼이 서서히 시장을 장악하고 있다. 이것도 본질은 같은데, 방법이 과거와 달라진 것이다.

과거 Intel이 추진했던 MID(Mobile Internet Device)는 지금의 태블릿(Tablet)이다. Intel은 당시 x86칩 구조로 들고 다니는 인터넷 디바이스를 개발했다. 현재 진정한 태블릿의 원조는 Intel의 MID이지만, 들고 다니는 가벼운 디바이스라는 본질과는 거리가 멀었다.

태블릿의 본질은 무게가 가볍고, 배터리가 오래 가는 디바이스이다. 이를 위해서는 칩 구조(Architecture)가 저전력이 되어야 하고, 이 칩에 동작되는 OS(Operating System)도 가벼워야 한다. 참고로 IT 기술에서 가볍다는 의미는 S/W 크기가 작고, 빨리 동작된다는 의미이다.

또한 무선통신인 LoRa(Long Range)의 경우, LoRa 기술자체는 공개되어 있다. LoRa 핵심기술을 보유하고 있는 Semtech의 주된 사업은 칩 판매이다. 비슷한 사례로 무선통신인 Sigfox 기술을 보유하고 있는 Sigfox사는 기술보다는 플랫폼 사업이 주된 수익모델이다.

따라서 LoRa와 Sigfox 기술은 모두 공개되어 있지만, 이러한 기술공개는 일종의 미끼에 해당되고, Semtech사는 칩 판매, Sigfox사는 플랫폼 사업이 실질적인 수익모델이다.

LoRa와 Sigfox는 IoT(Internet of Things)를 위한 무선통신 기술로써 전송속도는 낮지만, 먼거리 통신이 가능하다. 국내에서는 이동통신망을 활용한 IoT 서비스를 많이 추진하고 있기 때문에 LoRa와 Sigfox의 시장은 크지 않다.

UWB(Ultrawide Band) 통신의 경우, 본질은 고속통신이 목적인데, 현재는 정밀 측위로 많이 사용되고 있다. 이것도 일종의 피봇팅(Pivoting)으로 볼 수 있다. BLE(Bluetooth Low Energy) Beacon도 마찬가지인데, 원래 BLE의 주된 목적은 근거리에서 저전력으로 동작하는 일종의 IoT를 위한 통신기술이다. 하지만, BLE의 방송채널을 사용하는 BLE Beacon을 사용하여 정보 방송목적으로 사용되고 있다.

영국의 전자제품 회사인 Dyson(다이슨)은 고가의 헤어 드라이기를 출시하면서, 경쟁사 제품보다 우수한 제품을 주된 컨셉으로 내세운 것이 아니라, 선물하기 좋은 제품으로 상품을 설정했다고 한다.

당시 Dyson은 이 헤어 드라이기를 구매하는 주된 계층을 여자 친구에게 선물하는 젊은 남자로 설정했다. 이때 Dyson은 고객이 가장 어려워하는 부분, 즉 남자가 여자 친구한테 무슨 선물을 해야 할지 고르는 방법을 해결해 줬기 때문에 쉽게 시장에 진입할 수 있었다고 한다.

반면, 과거에 실패한 사례를 보면, 카메라 제조사인 Kodak은 세계 최초로 디지털 카메라를 개발하고도 기존의 필름과 카메라 판매 사업에 미련을 버리지 못해서 계속 아날로그 카메라 사업을 진행했다. 하지만 카메라 시장이 급격히 디지털로 전환되면서 회사의 경영상태가 갑자기 나빠졌다.

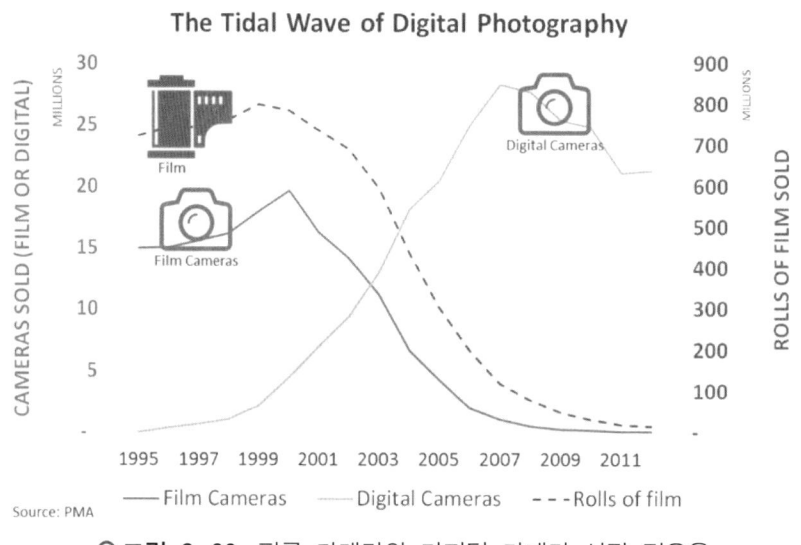

→ 그림 3-60. 필름 카메라와 디지털 카메라 시장 점유율

출처: Ignition Framework

이러한 Kodak의 사례와 함께 과거 화가(Painter 또는 Artist)와 관련된 이야기가 있다. 카메라가 발명되기 이전에 화가의 주된 수입원은 초상화를 그려주는 것이었다. 하지만 카메라가 발명되면서 화가의 수입이 급격히 줄어드는 문제가 있었다.

한편 각 분야의 업의 본질은 다르지만, 이 본질을 잘 하기 위한 방법은 같을 수 있다. 업(또는 본질, 가치)을 잘 하기 위한 방법은 다양할 수 있고 시대에 따라 방법이 다르다.

최근에는 다양한 분야의 기술이나 동향이 빠르게 발전하기 때문에 결국 업을 잘 하기 위해서는 입체적 관점에서 많은 사람을 만나야 하고, 많은 의견(세미나 등을 통해서)을 들어야 한다.

이렇게 다양한 정보가 수집되어 사업에 확신이 생기면, 작은 규모로 빨리 해 보는 것이다. 이 과정에서 수정사항이 있을 수 있고, 경우에 따라서는 빨리 실패를 경험할 수 있다.

만약 돈을 벌 수 있는 새로운 방향이 설정되었다면, 끈질기게 실행을 해야 한다. 대기업의 신사업 추진 과정을 보면, 초기에 설정한 아이템은 전망이 좋았는데, 진행을 하면서 당장 수익이 발생되지 않기 때문에 중간에 포기하는 사례가 많았다.

하지만, 이 아이템이 조금 더 시간이 지나면서 돈을 버는 기술이 되는데, 많은 대기업은 이 기술을 놓쳐서 기회를 잃는 경우가 있다.

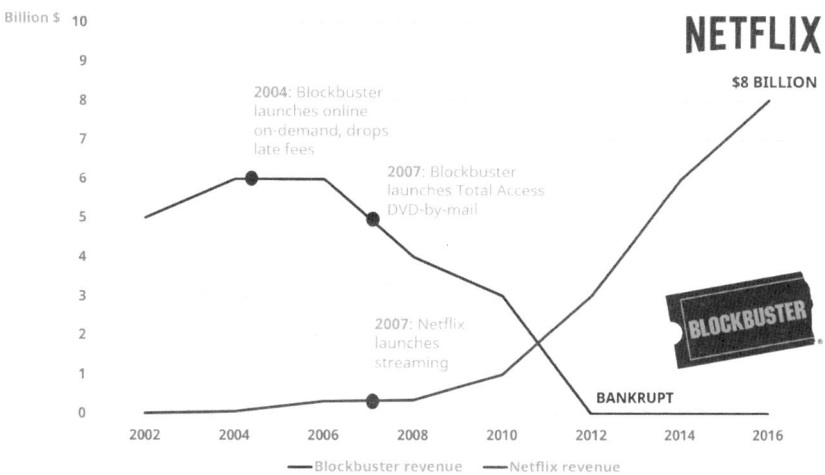

→ 그림 3-61. Netflix의 파괴적 혁신

출처: wiima

미디어 스트리밍 업체인 Netflix는 과거 경쟁 상대였던 Blockbuster를 이겼고, 결국 Blockbuster는 파산했다.

Netflix의 뜻은 Net(인터넷)과 Flix(영어 속어로 영화라는 뜻)의 합성어이다. Netflix는 1997년에 DVD(Digital Video Disc, 비디오가 저장된 디스크), CD 대여 사업을 시작했는데, 당시 이 사업은 Blockbuster가(1985년에 사업 시작) 시장을 장악하고 있었다.

Netflix는 Blockbuster와 차별화되는 몇 가지 사항을 추진했는데, 대표적인 내용으로는 DVD 우편 배달, 연체료가 없고, 월 정액 등이다. 반면 Blockbuster는 오프라인 매장(brick-and-mortar store)에서만 DVD를 판매하였는데, 사용자는 DVD를 빌릴 때나 반납할 때 매번 매장을 방문해야 했다. 그리고 연체료 제도를 시행하여 반납 기일이 지나면 추가 요금을 내는 구조였다.

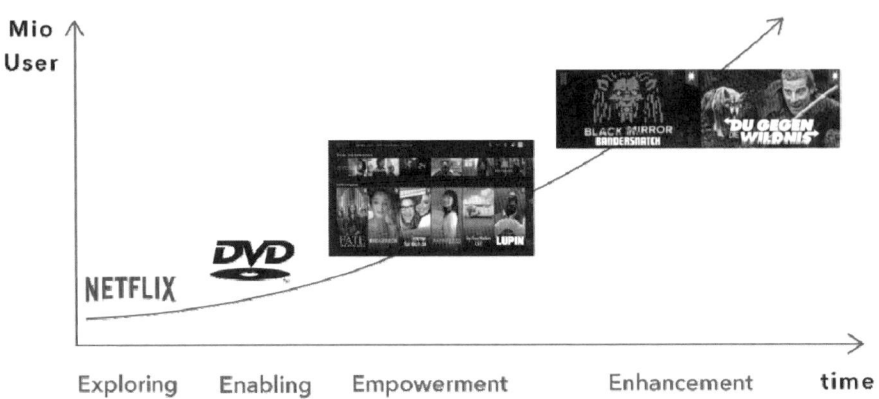

→ 그림 3-62. Netflix 사업 변화 과정

출처: Reinvent Magazine

또한 Netflix는 미디어 유통 시장이 오프라인(즉, DVD 대여)에서 온라인으로 옮겨갈 것으로 예측하면서 미디어 스트리밍 서비스를 제공했다(2007년). 이렇게 미디어 시장이 온라인 위주로 형성되면서 Netflix는 기존의 영화사(Universal Pictures, Warner Bros., Paramount 등)를 위협하는 존재가 되었다.

5G 이동통신에 사용되는 주파수는 크게 6GHz 이하(Sub 6 GHz)와 mmWave(millimeter Wave)이다. mmWave는 전파 파장이 millimeter 단위로 파장이 짧은 신호이다. 이렇게 2개의 주파수 대역에서 이동통신 사업자는 대부분 6GHz 이하 대역을 원하고 있다. 이유는 전파는 주파수 대역에 따라 특성이 다르기 때문이다.

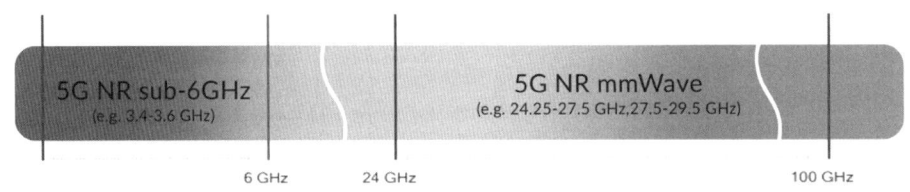

국내에 사용되고 있는 6GHz 이하 대역은 대략 3.5GHz이고, mmWave는 28GHz 대역이다. 전파에서 주파수 대역이 높을수록 전파의 신호 감쇄가 심해진다. 즉 주파수가 높으면 같은 전력을 송출해도 전파가 멀리 가지 못한다.

물을 담을 수 있는 양동이를 예를 든다면, 상대적으로 저주파 대역의 전파는 물구멍 수가 적고, 주파수가 높으면 물구멍 수가 많은 것과 같다. 따라서 상대적으로 주파수가 높으면 양동이 물구멍 수가 많아서 물이 많이 세기 때문에 금방 물 양동이에 들어있는 물이 없어지는 원리와 같다.

이동통신사업자 측면에서는 전파가 멀리 가는 주파수 대역을 선호하는데, 이런 주파수 대역은 이미 방송, 군용, 공공목적으로 많이 사용되고 있어서 여유가 많지 않다. 반면 mmWave 대역은 여유가 있다.

6GHz 이하 대역은 도시에서 도로의 많은 차와 같이 전파를 다른 목적으로 많이 사용하고 있지만, mmWave 대역은 차선이 많은 신설도로와 같이 주파수 여유가 많다.

이처럼 이동통신사업자는 상대적인 저주파 대역을 선호하는데, 이유는 전파가 멀리 가기 때문에 적은 기지국으로 서비스를 할 수 있어서 투자비와 운용비를 절감할 수 있다.

비슷한 원리로 저주파 대역은 통신망 운용이 상대적으로 쉽기 때문에 고객이 느끼는 서비스 품질을 유지할 수 있다. 반면 mmWave 대역은 자동차나 사람이 지나가거나 심지어는 바람이 불어도 전파환경이 바뀌기 때문에 균일한 품질을 유지하기 쉽지 않다.

<u>따라서 이동통신 사업자 측면에서 5G 이동통신의 2가지 주파수 대역에서 본질은 결국 투자비로 볼 수 있다. 투자비는 기지국의 수와 균일한 전파환경을 제공하는 운용비이다.</u> 이러한 이유로 이동통신 사업자는 6GHz 이하의 주파수 대역을 원한다.

참고로 전파의 주파수가 높아질수록 입자성질은 강해지고 회절 성질은 약해지는데, 주파수가 높을수록 입자 성질이 강해져서 멀리 보낼 수 없다. 따라서 5G 이동통신에서 3.5GHz보다 28GHz의 주파수가 멀리 못 가기 때문에 더 많은 기지국이 필요하다.

2) First Mover, Fast Follower

First Mover는 경쟁자보다 우수한 신기술을 먼저 개발하거나 신제품(또는 서비스)을 출시하여 초기에 시장을 장악하는 기업이다. Fast Follower는 2등(2nd Place) 전략으로 First Mover의 제품이나 서비스를 빠르게 따라하는 기업이다.

First Mover는 기술 개발과 시장 개척에 많은 비용과 인력을 투입해야 하기 때문에 리스크는 크지만, 사업이 안정적인 궤도에 진입하면 높은 수익을 창출할 수 있다. 반면

Fast Follower는 First Mover가 개척한 시장을 따라 가기 때문에 초기에 지명도가 낮을 수 있다.

국내 다수의 대기업은 1970년대부터 Fast Follower 정책으로 사업 기반을 구축했고, 2000년 이후부터는 First Mover 정책을 추구하고 있다. 사업적인 측면에서는 First Mover를 추구해야 안정적인 사업 추진과 높은 수익을 창출할 가능성이 높다.

하지만 First Mover가 시대의 흐름을 파악하지 못하거나 혁신을 하지 않으면, Fast Follower에게 시장을 빼앗길 수 있다. 이와 관련된 몇 가지 사례는 MP3 플레이어로 성공한 국내의 레인콤과 SNS(Social Network Service) 서비스인 Cyworld가 있다. 이 회사들은 First Mover로서 과거 성공에 안주했고, 변화와 혁신을 추진하지 못했다.

Fast Follower 중에는 First Mover의 추진방향을 면밀히 분석한 후, 사업 경쟁력을 강화해서 성공한 사례가 많이 있다. 대표적으로 성공한 Fast Follower는 Google, Facebook, Alibaba, Xiaomi 등이다. Google은 Yahoo, Facebook은 MySpace, Alibaba는 Amazon, Xiaomi는 Apple과 삼성을 따라해서 성공한 Fast Follower이다.

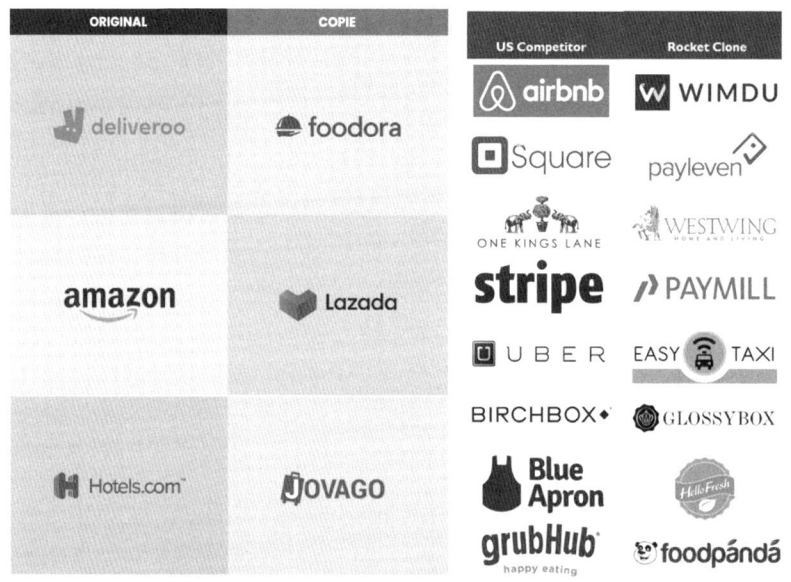

그림 3-63. Rocket Internet의 복제 사업

출처: Medialem, CB Insights

또한 전문적으로 Fast Follower 형태의 사업을 하는 회사가 있다. 이 회사는 수익성이 좋은 전세계 사업 모델을 빠르게 복제하기 때문에 'Copycat' 또는 'Clone Factory' 회사라고도 한다. 이와 관련된 대표적인 회사는 독일의 Rocket Internet이다.

Rocket Internet은 인터넷 서비스 위주로 사업을 하며, 전세계의 유력한(즉, 돈을 버는) 사업 모델을 빠르게(거의 1년 이내) 복제하여 사업을 추진한다. Rocket Internet이 복제했던 주요 First Mover는 Amazon, Airbnb, Uber 등이다.

이러한 Rocket Internet의 복제사업 특징은 주로 미국에서 성공한 사업을 비 영어권을 대상으로 사업을 하며, First Mover가 추진하는 사업은 출시까지 수년이 걸리는데, Rocket Internet은 1년 이내에 사업을 복제한다.

Rocket Internet은 Fast Follower 전략으로 복제 사업을 추진한 후, 이 사업을 다른 회사에 매각하는 방법으로 Exit(기업가치를 현금화)한다.

이렇게 IT 영역에서 빨리 서비스를 출시하기 위하여 DevOps(Development Operations)가 있다. DevOps는 S/W를 활용한 서비스나 기능 개발에서 개발팀(Dev: Development)과 IT 운영팀(Ops: Operations)이 초기부터 협력하는 프로세스이다.

과거에는 개발팀과 운영팀이 개발초기부터 협력하지 않고, 개발부서에서 기술을 개발한 후, 이 기술을 운영팀에 이관해서 시스템과 서비스를 운영하는 구조였다(즉, 순차적으로 업무 진행).

하지만 이러한 체계는 업무를 다른 부서로 이관해야 하기 때문에 빠르게 서비스를 상용화하기에는 어려운 구조이다. 따라서 개발초기부터 개발팀과 운영팀이 협력하여 빠른 서비스 출시와 안정적인 시스템 운영을 위한 것이다.

따라서 빠르게 변하는 시장 환경에 대응하기 위해서는 현재는 DevOps가 필수사항이 되고 있다. 이 프로세스는 전세계 주요 IT 기업이 도입하여 적용하고 있다. 이렇게 빠르게 변하는 환경에 대응하기 위한 DevOps와 함께 CI(Continuous Integration)/CD(Continuous Deployment)가 있다.

CI(지속적 통합)는 개발자를 위해 빌드와 테스트를 자동화하는 과정이고, CD(지속적 배포)는 CI 작업 후, 코드를 서버에서 배포하는 절차를 자동화하는 것이다.

DevOps와 유사하게 DevRel(Developer Relations)이 있는데, DevRel은 회사가 개발자 커뮤니티 관계를 관리하고, 발전시키는 활동이다. 즉, 개발자가 편하게 회사에서 개발할 수 있도록 환경을 만들고 육성하는 것이다.

규제가 강한 일부 사업은 Fast Follower가 First Mover보다 유리할 수 있다. First Mover는 강한 규제로 여러가지 시행착오를 거칠 수 있지만, Fast Follower는 First Mover를 따라하기 때문에 시행착오를 줄일 수 있다.

반면 지속적으로 Fast Follower 전략을 추진하는 기업은 신사업 리스크를 줄일 수 있지만, 수익 창출에는 한계가 있을 수 있다.

➔ 그림 3-64. 2000년대 주요 Wi-Fi 칩 업체

이와 비슷한 사례로 미국의 칩 회사인 Broadcom이 있다. Broadcom의 과거 칩 개발 전략은 신기술이 적용된 칩을 최초로 개발하는 것이 아니라, 이미 상용화된 경쟁사의 칩 대비 크기와 소모전력을 줄여서 저렴하게 판매하는 것이었다. 물론 현재 Broadcom은 신기술이 적용된 칩을 개발하는 주요 업체이다.

예를 들어 Wi-Fi칩의 경우, 2000년대 초반에는 미국의 Atheros(Qualcomm이 인수)사와 Marvell사가 선두였지만, 당시 Broadcom사는 Fast Follower 전략을 추진하여 소형의 저전력 칩을 개발했고 결국 이러한 Fast Follower 정책으로 성장의 발판을 구축했다.

만약, 신기술이 적용된 새로운 칩을 개발하려면 표준화 활동부터 칩 개발 후 호환성 시험, 상용화시 예측하지 못한 여러가지 문제가 발생되기 때문에 리소스(주로 인력과 돈) 낭비가 많다. 따라서 새로운 칩을 개발할 경우, 많은 인력과 개발비가 투입되어야 한다.

이와 비슷한 사례로 과거 자동차에 사용되는 내연기관 엔진이 있다. 현재와 유사한 형태의 내연기관 엔진은 1904년 벤츠(독일 자동차 회사)가 개발했다. 하지만 실제로 내연기관 엔진을 대중화시킨 회사는 포드(미국 자동차 회사)였다.

포드는 기존 벤츠 내연기관의 문제점을 세밀하게 파악하여 이를 보완하는 전략(즉, Fast Follower)을 추진했다. 이 결과 포드는 내연기관 엔진을 대량 생산하여 자동차 가격을 낮추고 대중화시켰다(1907년).

이처럼 과거 IT 역사를 볼 때, Fast Follower 전략으로 성공한 회사가 많기 때문에 현재 진행되고 있는 여러가지 사업을 면밀히 분석해서 First Mover보다 경쟁력을 높일 수 있다. First Mover는 기술적인 Technical Mover, 사업적으로 Business Mover로 구분될 수 있다.

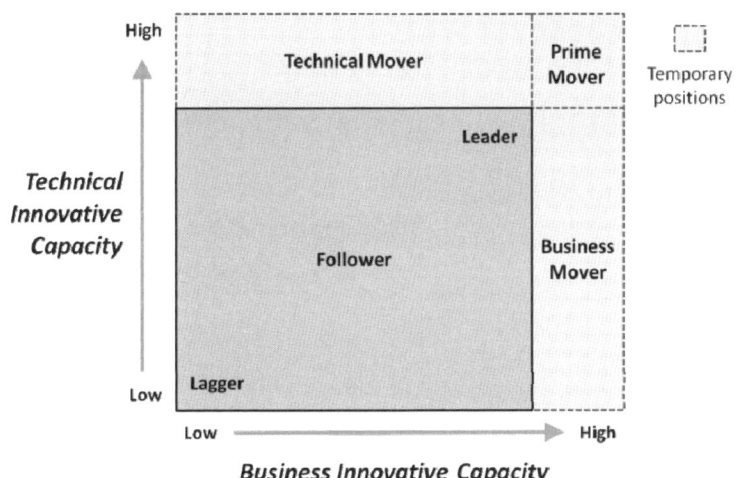

→ 그림 3-65. The Prime Mover Matrix

First Mover는 지속적으로 혁신을 추진하기 위해서 비용이 필요하고, 새로운 시장 개척과 불확실한 기술을 개발해야 하기 때문에 위험 부담이 크다.

5 고객이 원하는 서비스

1) 개인화에 집중해야 한다

산업이 고도화되면서 사람은 개인화된 서비스를 받고 싶어하는 경향이 뚜렷해 지고 있다. 개인화(Personalization)는 성별, 나이, 관심사, 구매 이력, 주변 친구 등의 정보를 기반으로 사용자의 성향에 맞는 메시지를 전달하는 것이다.

→ 그림 3-66. 마케팅 대상에 따른 관리 방법

출처: Koscom

과거 마케팅 대상은 특정 집단(예: 다수의 30대 주부) 위주로 진행되었으나, 2010년 이후부터는 대부분 기업이 1:1 개인 맞춤형으로 마케팅을 하고 있다. 이러한 배경은 고객이 원하는 제품이나 서비스의 종류가 다양해 졌고, 개인별 개성이 뚜렷해 졌기 때문이다.

또한 많은 사람들이 온라인으로 상품을 구매하기 때문에 온라인 쇼핑 사업자는 더욱 정교한 개인화 서비스를 제공해야 한다. 이러한 개인화 서비스를 제공하기 위한 대표적인 기술은 검색(Search)과 추천(Recommendation)이다. 검색은 사용자가 원하는 정보를 제공하는 것이고, 추천은 사용자 취향에 맞는 정보를 제공하는 것이다.

검색은 사용자가 의도하는 정보를 제공해 주는 것이고(사용자가 직접 검색함), 추천은 사용자의 의도와는 상관없이 사용자가 좋아할 것 같은 정보를 플랫폼 사업자가 제공해 주는 것이다.

Amazon은 사업초기부터 개인화 기술을 개발했는데, 대표적인 개인화 기술이 추천기술이다. 추천기술은 여러가지가 있지만 Amazon은 협업 필터링(Collaborative Filtering)을 주로 사용하는데, 이것은 개인의 과거 구매 이력, 성향이 비슷한 다른 사람의 구매 이력 등을 분석하여 고객이 원할 것 같은 제품을 추천하는 기술이다.

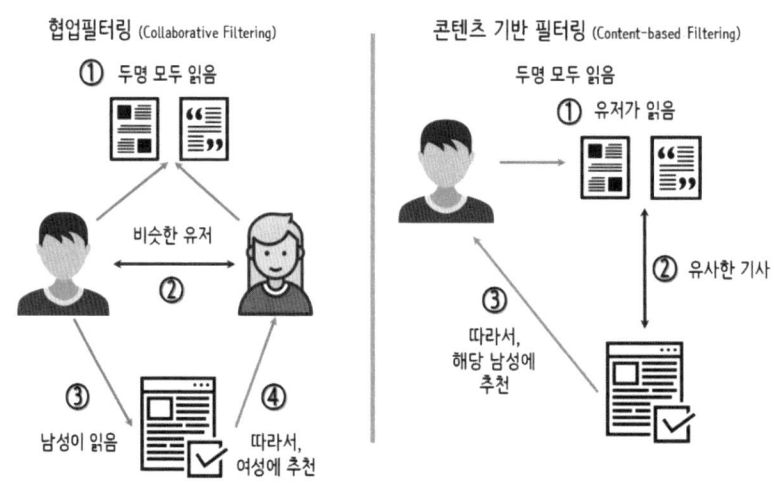

그림 3-67. 대표적인 추천기술 종류

출처: 비트나인

추천은 사용자가 원할 것 같은 제품이나 서비스를 미리 알려주는 것으로 어떻게 보면, 사용자가 원하는 메뉴를 제공하는 것이다. 예를 들어 사용자가 한식을 좋아하는 경우, 한식 한차림을 그대로 전달해 주는 것이다.

추천을 음식에 비유하면, 오프라인이나 온라인 사업자는 미리 사용자의 식생활을 분석하여 사용자가 매장이나 사이트를 방문할 때, 사용자가 좋아할 것 같은 음식을 보여주는 것이다. 예를 들어 사용자에 따라 한식, 양식 등을 사이트를 방문할 때 사용자에게 보여주는 것이다.

대부분의 온라인 쇼핑몰(또는 e-commerce) 사업자는 고객의 성향을 미리 분석하여 고객이 좋아할 것 같은 상차림을 화면으로 보여준다. 물론 많은 회사는 AI 기술을 적용하여 고객에 맞는 정교한 상차림을 제공한다.

➔ 그림 3-68. 추천을 음식 차림에 비유

Amazon은 사업초기부터 이러한 추천기술과 상품 검색에 최적화된 검색기술을 자체적으로 개발하여 적용하고 있다. 미국 기준으로 대부분의 사람은 상품 검색을 위한 포탈 사이트로 Google이 아닌 Amazon 사이트를 이용한다.

이러한 추세에 따라 개인화 광고(Personalized Advertising)가 필요한데, 개인화 광고는 불특정 다수나 공통적 특성을 가진 소비자 집단을 대상으로 광고하는 것이 아니라, 개인별 데이터(대부분 비실명 정보)를 이용해 각 개인의 개성에 맞는 광고를 전달하는 것이다.

비실명 정보는 개인정보가 없는 것으로 개인의 구체적인 정보인 이름, 생년 월일, 전화 번호 등과 같은 정보는 없다. 비실명 정보는 단순히 사용자가 40대 남성이고, 전자제품과 스포츠 관련 상품을 좋아한다는 것과 같은 내용이다.

비실명 기반 광고 서비스는 어떤 사람의 앱 설치 내역, 검색 정보, 상품 구매 내역, 구매 후기, 장바구니 담기 정보, SNS(Social Network Service) 활동 등의 정보를 활용하여 사용자에게 광고하는 것이다.

우리가 어떤 웹 페이지를 볼 때, 몇 가지 광고가 보여지는데 이것이 비실명 기반 광고 서비스이고, 이런 광고를 전문적으로 하는 회사는 Google과 같은 광고 플랫폼이다. 물론 비실명 광고 플랫폼 회사는 Google 이외에 다른 회사도 있지만, 많은 사용자 정보를 가지고 있는 Google이 상대적으로 유리하다.

기업이 고객에게 개인화된 서비스를 제공하면, 적은 노력으로 높은 매출을 달성할 수 있다. 개인화 마케팅을 제공하는 기업의 대표적인 예는 Starbucks(오프라인 커피 사업)와 Amazon(온라인 상품 판매)이다.

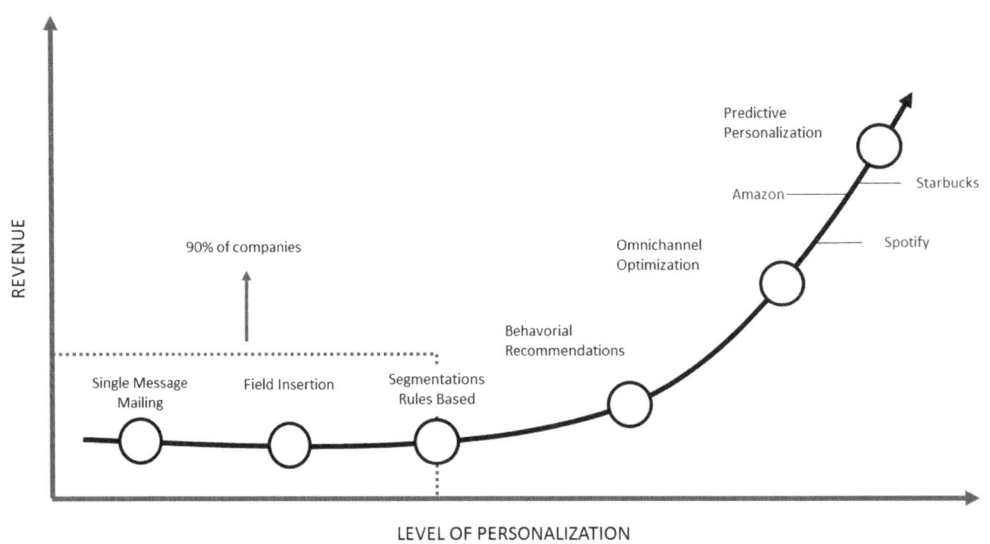

→ 그림 3-69. 개인화 서비스 성숙도에 따른 매출 예

출처: webengage

Starbucks와 Amazon은 고객별 성향을 분석해서 고도화된 개인화 서비스를 제공하고 있다. 이렇게 하면, 고객은 해당 상품이나 서비스에 만족하게 되고(해당 상품의 가치를 인정), 이를 통하여 지속적인 구매로 이어진다.

또한 경험(Experience) 경제가 중요해지고 있는데, 이것은 개인별 맞춤화된 경험을 제공하는 것으로 기존의 개인화 서비스에서 차별화된 가치를 제공하는 진보된 서비스이다. 이렇게 기업이 고객에게 매력적인 경험을 제공하면, 고객의 충성도는 높아진다.

스타벅스 커피 예를 보면, 경험 제공 단계는 커피 원료(Commodities), 상품(Goods), 서비스, 경험의 순으로 이루어진다. 스타벅스는 고객이 원하는 경험을 매장에서 제공하여 매장에 고객을 더 머물게 하고, 이 과정에서 고객은 기꺼이 추가 상품을 구매하게 된다.

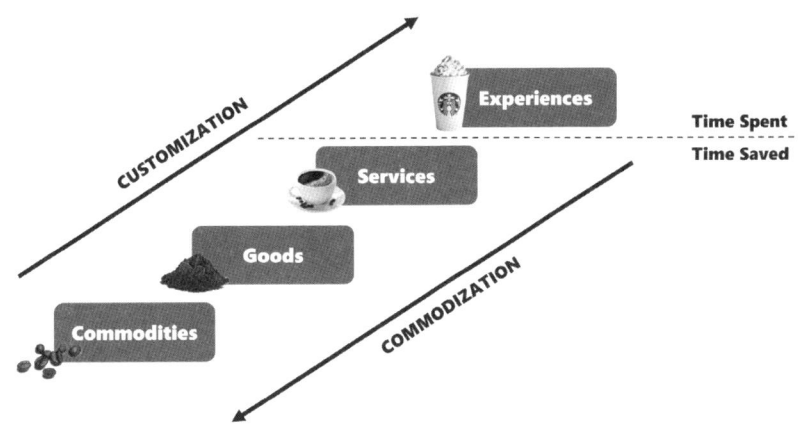

→ 그림 3-70. Starbucks의 경험 경제학

출처: fenixexp

이러한 추세를 볼 때, 고객은 비싼 물건을 소유하는 것보다 점점 더 값진 경험에 투자하려는 경향이 뚜렷해 지고 있다. 이렇게 고객은 경험의 가치를 인정한다면, 고객은 기꺼이 돈을 지불한다. 따라서 마케팅 방향은 제품과 서비스를 판매하는 것보다 고객이 가치를 느낄 수 있는 경험을 제공해야 한다.

이처럼 고객 경험(CX: Customer Experience)이 중요해지고 있는데, 고객 경험은 어떤 기업이 고객에게 제공하는 마케팅, 서비스 등에서 고객을 처음 대할 때부터 고객의 여정이 끝날 때까지 고객과 상호작용하는 것이다. 이러한 고객 경험을 통하여 기업은 고객과 유대가 강해지고, 고객은 더욱 충성심을 갖게 된다.

이러한 고객 경험은 기존의 고객 만족(CS: Customer Satisfaction)과 개념이 다른데, 고객 만족은 고객의 만족도 향상이 목표이며, 고객 경험은 고객의 충성도를 높이는 것이다.

또한 고객 만족은 어떤 문제가 발생했을 때 대응을 잘하는 것으로 어떤 부서나 어떤 서비스의 특정 부분을 최적화하는 것이지만, 고객 경험은 기업이 고객의 전체 여정(Journey)을 최적화하여 고객에게 좋은 이미지를 제공하는 것이다.

충성도가 높은 고객은 해당 기업의 제품이나 서비스를 다시 구매를 하게 되고, 더 나아가서 주변의 가족, 친구 등 지인에게 해당 브랜드의 제품이나 서비스를 추천할 수도 있다.

고객 경험은 감정을 중요시해야 하는데, 예를 들어 고객이 직원과 대화를 나누는 것, 웹사이트를 방문하며 느끼는 감정, 온라인에서 간편 결제를 하면서 느끼는 감정 등이 상품이나 서비스 경쟁력과 연계된다.

기업은 고객과 접점에서 좋게 느낄 수도, 좋지 않게 느낄 수도 있는데, 이러한 각각의 접점에서 이루어지는 고객의 결정이 존재하게 되고, 고객의 이러한 결정이 사업의 성공 여부에 중요한 요소가 된다.

고객 경험과 관련되어 음악 스트리밍 서비스 업체인 스웨덴의 Spotify(스포티파이)는 고객 경험 관리를 통하여 좋은 성과를 창출하고 있다. Spotify는 많은 고객의 취향을 분석하여 플레이 리스트를 만들어 편집할 수 있는 기능과 개인 데이터를 기반으로 개인화된 플레이리스트인 '디스커버 위클리(Discover Weekly)'를 매주 제공한다.

보통의 사람은 돈을 지불하는데 매우 민감하다. 사람은 의식적으로 또는 본능적으로 돈을 적게 쓰려고 한다. 물론 어떤 사람은 많은 돈을 지불하고 럭셔리한 고가의 상품이나 서비스를 이용하는 사람도 있지만, 이런 사람은 극히 일부분이다.

미디어 서비스 사업에서는 개인별 맞춤화된 컨텐츠가 대세이다. 대표적인 미디어 전송 채널은 방송(공중파나 유선)과 인터넷이 있다. 사람들은 단방향 미디어보다는 On-Demand 미디어를 원하고 있다. 이러한 On-Demand 미디어가 대세가 되어서 기존 단방향 미디어 서비스인 TV, 라디오, 신문은 점점 경쟁력을 잃어가고 있다.

이런 측면에서 TV 방송보다는 On-Demand 미디어 서비스를 제공하는 Netflix, Amazon Video, Spotify, Melon과 같은 온라인 미디어 산업이 성장하고 있다. On-Demand 미디어는 사용자가 원하는 미디어 종류, 시간, 장면 등을 선택하는 것으로 이것도 일종의 개인화 서비스이다.

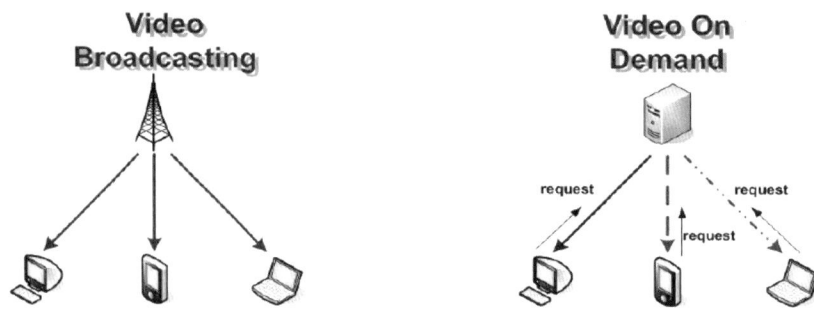

국내에서 2000년대 후반에 이동이 가능한 단말기로 Mobile TV 서비스를 제공하는 DMB(Digital Multimedia Broadcasting)가 인기를 끌었다. 이것은 지상이나 위성의 송출장치를 활용하는 Mobile TV 서비스이다.

하지만, 서비스 초기에는 인기를 끌었지만, 점차 이동통신(당시 LTE)의 전송속도가 빨라지면서 On-Demand 형태의 미디어 서비스가 가능해졌기 때문에 국내 DMB는 시장에서 사라졌다. 이 현상의 근본적인 이유는 개인화된 서비스 때문인데, 사용자가 원하는 컨텐츠를 원하는 시기에 소비하고 싶은 욕망이 강했기 때문이다. 당시 DMB는 단방향 방송 서비스였다.

참고로 국내 위성 DMB는 유럽의 오디오 방송규격인 Eureka-147, DAB(Digital Audio Broadcasting)를 그대로 활용하면서 전송 미디어를 오디오에서 비디오와 오디오로 변경하는 방식이었다.

실제로 저자가 DMB 단말기 개발을 총괄했는데, 이때 저자가 DMB 용어를 처음으로 만들었는데 나중에 이 용어가 국내 표준 용어로 사용되었다. 저자는 이 과제를 상용화하면서 많은 방송기술을 습득하게 되었다.

Netflix는 사업 초기부터 개인화 서비스에 중점을 두었다. Netflix는 특정 고객이 본 비디오(예: 영화)를 기준으로 그 고객이 좋아할 만한 컨텐츠를 지속적으로 추천해서 사용자가 서비스에 계속 머물게 한다. 이것은 고객을 Lock-In(서비스를 계속 사용하게 하는 것)시키고, Churn-In(가입자를 유치하는 것)하는 방법이다.

<u>이러한 개인화 서비스는 온라인 서비스를 넘어서 오프라인 제품에도 적용되어야 한다. 예를 들면, 개인 맞춤형 화장품과 같이 개인의 특성과 생성형 AI 기술을 활용하여 개인별 화장품도 판매도 가능하다.</u>

결국, 오프라인 매장은 개인화된 화장품 판매를 통하여 고객의 데이터가 점점 쌓이게 되고, 이를 기반으로 더 좋은 제품을 고객에게 판매할 수 있다. 물론 제품 개발과 유통이 번거롭긴 하지만, 이것이 시장의 트렌드이다.

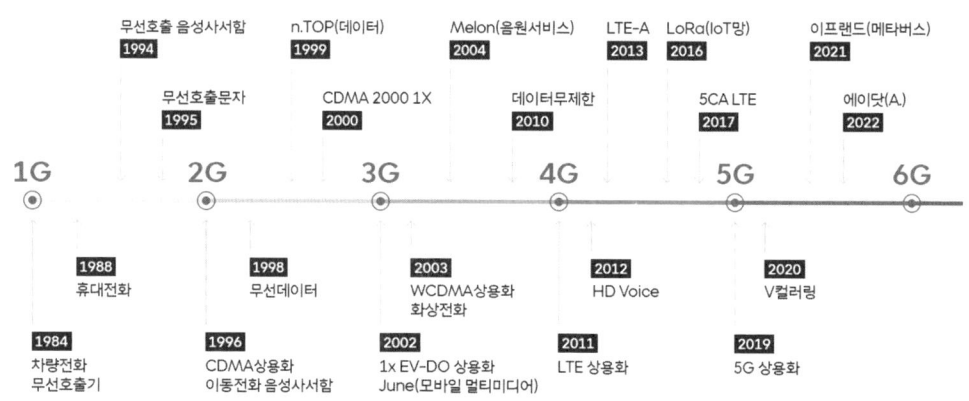

그림 3-71. SKT의 이동통신 기술 개발 역사

출처: SKT

이러한 개인화 추세에 따라 이동통신 기술도 비디오 스트리밍 전송 위주로 개발되고 있다. 이동통신이 발전하면서 지속적으로 보완되는 것은 대용량 비디오를 전송하는 기술이다. 향후 6G 이동통신은 기존 5G보다 훨씬 더 많은 용량의 비디오 전송이 가능하다.

이동통신에서 가장 큰 트래픽을 차지하는 것은 비디오(Video)이다. 2020년을 넘어서면서 전체 트래픽에서 비디오는 약 80%를 차지했다. 하나의 이동통신 기지국이 처리하는 전체 데이터 양에서 비디오가 80%라는 의미이다.

이러한 비디오를 활용하는 서비스에는 YouTube, Netflix 등이 있다. 기술적으로 비디오는 음성, 문자, 그림 등의 미디어보다 트래픽이 훨씬 많다. 통신에서 트래픽은 어떤 통신장치나 시스템에 걸리는 부하(負荷)인데, 쉽게 생각하면 데이터 양이다.

과거 4G 이동통신에는 기술의 문제로 많은 비디오를 처리할 수 없었는데, 휴대폰 이용자(결국 고객)가 비디오 이 원하는 방향으로 기술은 개발된다. 따라서 5G나 6G 이동통신은 이러한 비디오 트래픽을 처리하기 위하여 고속통신 위주로 기술이 개발된다.

• **고객의 이동경로에서 돈을 벌어야 하고, 결제 수단을 잡아야 한다**

인터넷을 활용한 서비스 중에는 사람의 이동경로에서 돈을 벌 수 있다. 보통의 사람은 아침에 집에서 나와 회사나 학교로 가고, 다시 집으로 돌아오는 경로로 생활한다. 이 경로상에서 사람이 머무는 장소에서 돈을 벌 수 있다.

사람이 가장 많이 머무는 장소는 가정이고, 가장 많은 돈을 지출하는 곳은 외부이다. 이런 관점에서 볼 때, 지속적인 사업이 가능한 분야는 결국 가정이다. 이러한 사람의 행위 패턴으로 인하여 제품으로는 집에 사용되는 Smart Home 기기, 서비스는 미디어와 같이 가정에서 소모하는 서비스는 지속 성장이 예상된다.

또한 사람은 나이가 들면서 점점 혼자 보내는 시간이 많아지는데, 나이 많은 사람을 대상으로 할 때는 혼자 시간을 보낼 수 있는 제품이나 서비스가 돈이 될 수 있다.

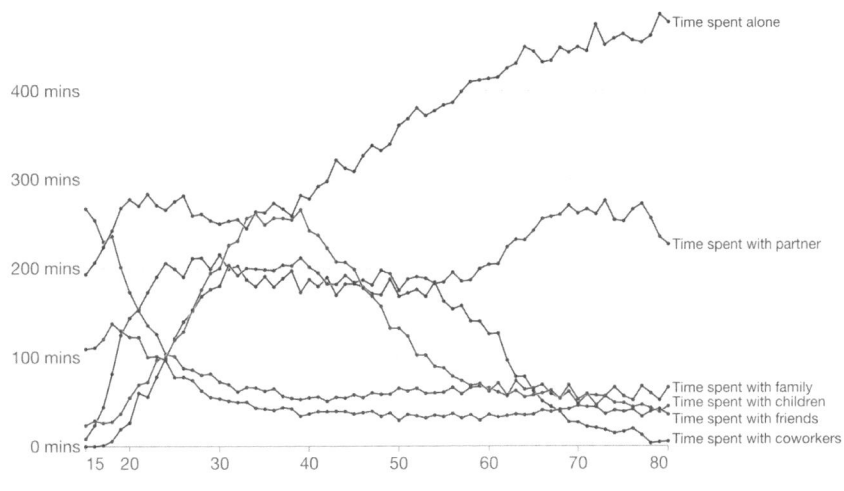

그림 3-72. 연령별 다른 사람과 함께 보내는 시간(미국)

출처: Rxteach

미국 기준으로 나이 40부터는 혼자 보내는 시간이 많아 지기 시작하여 나이가 점점 많아질수록 혼자 보내는 시간은 늘어나는 추세이다. 이러한 이유로 사람이 나이가 들면서 금전적이 여유가 생기면, 의식주 중에서 주(집, 가정)에 관심을 돌리게 된다.

또한 인터넷 서비스 사업은 자체 결제 솔루션을 확보해야 한다. <u>IT 서비스를 제공하려면, 결국 고객으로부터 돈을 받아야 하는데 결제 기술을 보유해야만, 고객이 쉽게 돈을 지불할 수 있는 수단이 된다.</u>

이런 맥락에서 대부분 온라인 쇼핑몰 사업자는 자체 간편결제 기술을 사용하고 있다. 따라서 어떤 형태라도 고객이 쉽게 돈을 지불할 수 있는 환경을 제공해야만 성공할 수 있다.

중국의 Alibaba는 Alipay를 구축했기 때문에 성공했다는 분석도 있다. Alipay는 초기에 사용자가 Alipay 계좌에 현금을 송금하고, 이 금액의 한도 내에서 상품을 구매했었다.

이처럼 Alibaba는 사업초기부터 쉽게 상품을 구매할 수 있는 방법을 도입함으로 인하여 크게 성장하는 계기가 되었다. 편리한 결제는 고객을 더 모을 수 있고, 고객을 플랫폼에 더 머물게 하는 수단이 된다.

Alibaba가 추진한 Alipay는 QR 코드, 바코드, NFC 등을 활용하여 오프라인 매장에서도 사용할 수 있다. 물론 중국에서는 오프라인 매장에서 사용되는 결제 방법으로 Alipay와 함께 WeChat Pay도 있다. 이것은 미국과 유럽에서 많이 사용되는 신용카드를 대체하는 수단이 되었다.

이러한 맥락에서 삼성은 휴대폰에 마그네틱 신용카드 송신기 기능을 추가했다. 이 기술은 휴대폰이 마그네틱 신호를 발생시키는 MST사 기술인 MST(Magnetic Secure Transmission)를 사용하는 것이다. 과거에 삼성은 MST사를 인수하여 이 기술을 확보했다.

삼성이 휴대폰에 MST 기술을 구현한 것은 사용자가 지갑을 들고 다닐 필요 없이 휴대폰 하나로 오프라인 매장에서 결제가 가능한 환경을 만들기 위한 것이다.

물론 Apple도 Apple Pay를 오프라인 매장에서 사용할 수 있도록 iPhone에 관련 기술을 추가했다. Apple 방식은 NFC(Near Field Communication)를 활용하는 것으로 NFC로 오프라인 매장에서 결제하기 위해서는 매장 결제기(즉, POS)에 NFC가 구현되어 있어야 한다.

하지만 NFC를 활용한 결제는 인프라가 부족하여 사용할 수 있는 매장이 제한적이다. 이런 측면에서 과거의 마그네틱 신용카드를 수용하는 인프라를 활용하는 삼성방식이 더 유리하다(현시점에서). 물론 삼성 휴대폰에도 오래 전부터 NFC가 탑재되어 있다.

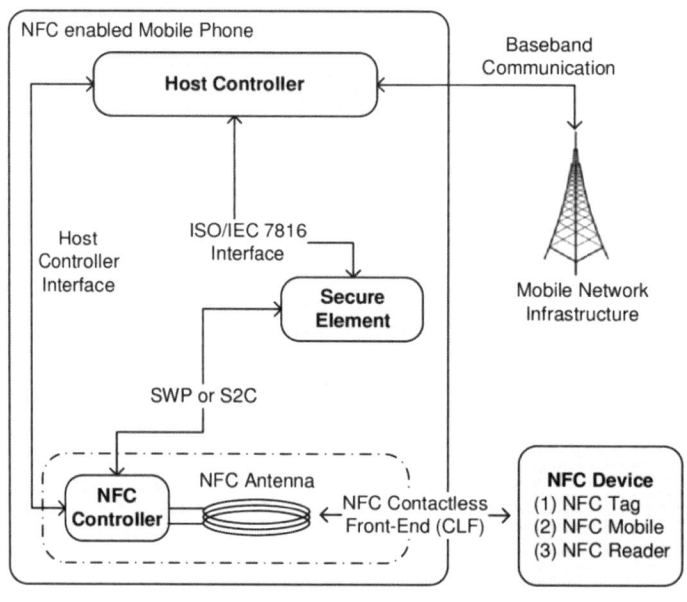

그림 3-73. NFC와 SE 관계

출처: ResearchGate

참고로 NFC는 단순한 통신기술(어떤 정보를 송수신하는 수단)이며, 신용카드 정보와 같은 중요한 정보(예: Key)는 일종의 Hardware 기반의 보안 장치인 SE(Secure Element)에 저장되어 있다. 이 SE는 중요한 정보를 저장하기도 하지만, 보안 처리(예: 암호화)와 같은 실행 기능도 한다.

사실 이러한 결제 수단은 거슬러 올라가면, SKT에서 추진한 모네타(Moneta)이다. 결국 유사한 비즈니스 모델인데, 당시 SKT는 너무 빨리 사업을 추진하여 실패한 사례가 되었다.

국제 표준을 볼 때, 결제 기술에는 EMVCo가 정의한 EMV(Europay, Mastercard, and Visa) 기술을 따라야 한다. 이러한 EMV 방식은 이미 전세계적으로 많은 인프라가 구축되어 이 방식을 무시하기는 힘들다. 따라서 EMV를 수용해서 기술 개발을 해야 한다.

또한 좀 더 편리한 결제를 위해서는 FIDO(Fast IDentity Online) 기반 생체인식 결제도 도입해야 한다.

- **고객의 습관을 바꾸면 안된다**

고객이 어떤 것을 오랜 기간 사용하면서 익숙해진 상황이 되었을 때, 고객이 사용하는 이 방식을 바꾸면 안된다. 오른손잡이에게는 오른손잡이용 제품이 필요하고, 왼손잡이에게는 왼손잡이용 제품이 필요한 원리와 같다.

사람의 습관을 바꾸기 어려운 예로 휴대폰 문자 입력기가 있다. 예를 들어 삼성 휴대폰 문자 입력기(천지인 방식)에 익숙한 사람은 다른 문자 입력기를 사용하면 불편한 원리와 같다.

→ 그림 3-74. 삼성 천지인 한글 문자 입력기

실제로 삼성 문자 입력기 보다 문자 입력시간이 더 짧은 입력기도 있는데, 삼성 문자 입력기에 익숙한 사람은 계속 삼성 방식을 사용하게 된다. 이처럼 사람이 어떤 기능에 익숙해져 습관이 되면 다른 방법을 수용하기 쉽지 않다.

실제로 새로운 기술이 기존보다 성능이 더 좋을 수 있지만, 사람은 자기에게 익숙한 기술을 계속 사용한다.

2010년을 전후로 휴대폰 채팅앱 사업이 인기를 끌었다. 물론 당시에 카카오톡 이외에 10개 이상의 채팅앱이 있었지만, 승자독식의 시장 원리로 카카오톡이 국내 시장을 장악하게 되었다.

국내의 경우, 카카오톡이 확고한 시장을 차지하고 있었는데, 이동통신사업자가 연합하여 SMS(Short Message Service)와 채팅을 합친 RCS(Rich Communication Services)를 출시했다.

→ 그림 3-75. 이동통신 채팅 조인(Joyn)과 카카오톡

물론 카카오톡과 RCS에서 사용자가 느끼는 것은 유사하지만, UI(User Interface), 처리절차, 부가 서비스 등에서 차이는 있다. 결국 이동통신에서 강력한 시장 지배력을 가지고 있는 이동통신사업자들이 RCS를 추진했지만, 사용자는 카카오톡에 이미 익숙해진 상태에서 새로운 변화를 기대하기는 힘들었다.

유사한 사례로 과거 Video Tape 기술 방식에서 일본 JVC가 주도했던 VHS(Video Home System) 방식과 SONY가 주도했던 Betamax(간단히 β) 방식의 경쟁이 있었다. 당시 기술적으로 β(베타) 방식이 훨씬 우수했지만 결론적으로 시장에서는 VHS 방식이 승리했다.

이렇게 VHS 방식이 승리한 이유는 많은 회사가 VHS로 동작되는 다양한 비디오 컨텐츠를 많이 유통시켰기 때문이다. 결론적으로 VHS 방식을 사용해야 많은 컨텐츠를 볼 수 있었기 때문이다.

여기에서 VHS와 β 방식에서 교훈은 기술이 먼저냐 컨텐츠가 먼저냐 하는 이슈가 있지만, 무엇보다도 고객이 편하게 사용할 수 있는 기술이 승리하게 된다는 것이다.

과거 IT 사업 역사를 볼 때, 전체적으로 혁신을 통해서 새로운 제품과 서비스를 개발하여 수익을 창출하는 모델을 사용해 왔다. 이 과정에서 새로운 제품과 서비스가 초기에는 사용자가 익숙하지 않을 수 있는데, 최대한 단순하고 직관적으로 제품과 서비스를 개발하면, 오히려 고객은 편리하게 사용할 수 있어서 새로운 문화를 만들었다.

대표적으로 Apple TV에서 리모컨은 아주 간단하다. 기존의 TV 리모컨과는 많은 차이가 있지만, Apple TV 사용자는 리모컨 설명서를 보지 않고도 리모컨 조작이 가능하다고 했다. 이처럼 어떠한 학습(메뉴얼을 보거나 다른 사람의 설명을 듣거나)없이 직관적인 사용할 수 있는 방법이 승리하게 된다.

→ 그림 3-76. Apple TV와 리모컨

이렇게 조작이 간단하고, 사용이 편리한 제품으로 Apple TV와 함께 Apple의 에어팟(Airpods)이 있다. 에어팟은 Bluetooth를 이용한 무선 이어폰이다.

에어팟이 출시되기 전에 Bluetooth 무선 이어폰으로 음악을 들으려면 번거로운 절차를 거쳐야 했다. 먼저 이어폰의 버튼을 눌러 전원을 켜고, 이후 Bluetooth 페어링 버튼을 눌러야 했고, 몇 초의 시간이 걸려서 페어링 되었다.

하지만, 에어팟의 동작은 간단하다. 전용 케이스에서 이어폰을 꺼내 귀에 꽂으면, 자동으로 이어폰 전원이 켜지고 이전에 설정된 기기간 페어링 된다. 이처럼 Apple은 이용자의 편리성에 초점이 맞췄기 때문에 성공했다.

→ 그림 3-77. Airpods 전원 켜기, 페어링, 전원 끄기

출처 : Amazon.com

이와 함께 제품이나 서비스는 사용하는데 아주 간단해야 한다. 따라서 복잡한 기술보다는 사용의 편리성을 우선적으로 고려해야 한다.

또 한편으로는 기존에 많은 가입자를 보유하고 있는 플랫폼 회사(Apple, Google, Amazon, Meta 등)는 새로운 기능이나 서비스에서 기존 방식을 그대로 활용하기 때문에 사용자에게 별도의 학습없이 사용할 수 있는 정책을 추구하고 있다.

이러한 회사는 이미 안정적인 많은 고객이 있는데, 이 고객은 플랫폼에 Lock-In(가두고)되었기 때문이다. 이처럼 기존에 확보한 고객을 대상으로 새로운 시장을 개척하는 것이 Captive Market인데, 많은 회사는 기존의 시장을 기반으로 새로운 사업을 추구하고 있다.

이렇게 사용자를 학습시키지 않고, 주변에 장치들이 사용자가 생각하거나 의도하는 데로 기능이나 서비스를 제공하는 기술이 있다. 물론 이 기술이 범용화되기까지는 좀 더 시간이 더 필요하지만, 이미 오래전에 개념적으로 존재했었다.

이러한 기술은 과거 1990년대 Ubiquitous Computing(유비쿼터스 컴퓨팅)이란 이름으로 시작되어 지금은 Ambient 또는 Calm Technology라고도 한다. 여기에서 Ubiquitous는 어디에나 존재한다(Omnipresent)는 의미이다.

Ubiquitous Computing은 미국의 컴퓨터 과학자인 마크 와이저(Mark Weiser)가 정의했다(1988년). 마크가 정의한 Ubiquitous Computing은 사람을 포함한 현실 공간에 있는 모든 대상물을 기능적, 공간적으로 연결하여 사용자에게 필요한 정보나 서비스를 즉시 제공할 수 있는 기반 기술이라고 정의했다.

당시 국내 정부는 Ubiquitous Computing을 "언제, 어디서나, 누구라도 손쉽고, 편리하고, 안전하게 컴퓨터와 네트워크를 이용할 수 있는 환경(Anytime, Anywhere, Anydevice, Anyservice, All security)"이라고도 정의했다.

이렇게 당시 Ubiquitous Computing는 여러가지 사물이 Computing 환경을 가지고, 통신으로 연결된 것을 의미한다. 이러한 환경에 AI 기술을 접목하여 사용자의 의도를 사전에 파악하여 어떤 기능이나 서비스를 제공한다면 사람의 삶의 수준을 더 높일 수 있다.

2) 고객을 서비스에 참여시키고, 머물게 해야 한다

IT 서비스는 사람의 본능과 관습에 맞아야 하고, 서비스 제공자는 사용자에게 가치(Value)를 지속적으로 제공해야 된다. 사람의 기본 본능은 의식주(衣食住)를 해결하는 것이고, 그 다음은 사람이 사회적(Social) 동물이기 때문에 다른 사람과 관계 정립을 원한다.

대부분 사람은 의식주가 해결되기 때문에 또 다른 가치를 추구하게 된다. 이러한 사람의 욕구와 관련되어 '매슬로우 욕구 단계(Maslow's Hierarchy of Needs)'가 있다. 이것은 사람의 욕구에 대한 것으로 의식주 해결, 사회적 관계 정립, 자기 만족 등의 단계이다.

<u>IT의 발전으로 많은 사람은 기본적인 욕구 외에 다른 사람과 연결, 미디어 소비 등과 같은 또 다른 욕구를 추구한다.</u> 따라서 현대인은 SNS(Social Network Service), 메시지 등으로 항상 가족이나 친구와 연결을 원하고, 온라인으로 미디어(비디오, 음악 등)를 소비한다.

사람은 다른 사람과 온라인으로 연결되어 정보를 교환하거나 컨텐츠 소모를 원하기 때문에 사람과 사람 또는 사람과 플랫폼을 연결시켜야 돈 벌 수 있다. 물론 이러한 연결은 대부분 온라인이다.

따라서 사람은 본능적으로 다른 사람과 연결을 원하기 때문에 SNS 사업이 2010년부터 급격히 성장했고, 이러한 배경으로 Kakaotalk, Facebook, LINE 등과 같은 SNS 사업자가 성장하는 계기가 되었다.

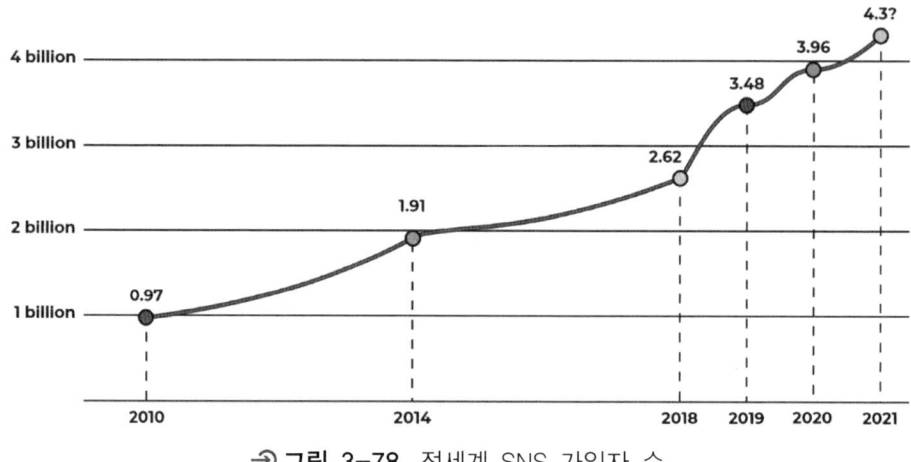

그림 3-78. 전세계 SNS 가입자 수

출처: Broadbandsearch

이러한 관점에서 볼 때, 현대인은 온라인으로 주변 사람들과 연결하고 싶은 '연결의 본능'이 있다고 볼 수 있다. 사람은 온라인으로 친구들과 정보를 교환하면서 심리적 안정감을 찾고, 온라인으로 원하는 정보를 얻어서 궁금증을 해소한다.

이것은 사람이 사회적 동물(Social Animal)이기 때문에 본능적으로 오프라인이나 온라인으로 사람끼리 모여서 즐거움을 찾고, 존재 가치를 느끼게 된다. 따라서 사람의 연결 본능을 충족시킬 수 있는 서비스는 좋은 사업 아이템이다.

SNS를 포함한 플랫폼 사업은 지속적으로 사용자의 요구를 만족시켜서 사용자를 서비스(또는 플랫폼)에 참여시키고, 서비스에 계속 머물게 해야 한다. 이러한 정책을 추구하는 대표적인 회사는 Google, Amazon 등과 같은 플랫폼 회사(또는 사업자)이다.

예를 들어 Amazon의 경우, 상품을 판매하면서 고객을 플랫폼에 머물게 하기 위해서 연간 회원제(Amazon Prime), 미디어(Amazon Video), 홈 서비스, 댁내와 차량 트렁크 배송 등의 서비스를 제공하고 있다.

결국 서비스 플랫폼 사업자는 이와 같이 고객이 필요로 하는 다양한 서비스를 제공함으로써 고객을 플랫폼에 가두는(Lock-In) 정책을 활용하고 있다. 이것이 고객 참여모델(Customer Engagement Model)이 되는데, 나의 서비스에 고객을 참여시키면 고객의 충성도가 높아지고, 나의 고객을 서비스에 가두는 효과가 있다.

인터넷 서비스 사업은 가입자를 많이 모으고 연결시켜야만 돈을 벌 수 있다. 또한 가입자의 규모가 커지면, 이 서비스는 자동으로 성장의 선순환 사이클로 동작된다. 이 결과로써 플랫폼의 판(또는 규모)은 더 커지게 되고, 시장에서 절대적인 경쟁력을 갖는다.

하지만 한편으로 SNS 사업이 한계에 도달되고 있다는 전망도 있다. 즉 SNS 가입자가 포화상태에 도달되면서 SNS 사업이 둔화되고 있다. 예를 들어, Facebook 유럽 가입자의 MAU(Monthly Activity User, 매월 서비스 이용자)가 정체되면서 Facebook 미래에 대한 부정적인 의견도 있다.

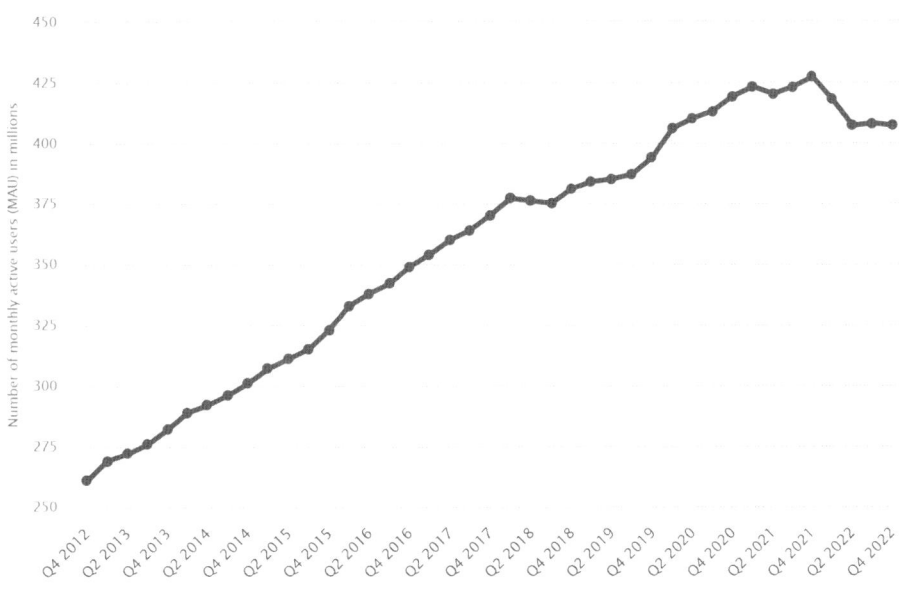

그림 3-79. 유럽의 Facebook MAU

출처: Statista

SNS 사업자의 대부분 수익은 광고인데, 가입자가 늘어나지 않는 상황에서 수익을 증대시키기 위하여 더 많은 광고를 보여줘야 하는데, 이것은 가입자를 더 불편하게 만든다. 다른 측면에서 볼 때, 한 사람이 관리할 수 있는 친구의 수가 제한적이어서 SNS 사업이 지속적으로 발전할 수 없다는 의견도 있다.

"우리에게 얼마나 많은 친구가 필요한가? (How Many Friends Does One Person Need?)" 책을 발간한(2011년) 옥스퍼드대학교의 로빈 던바(Robin Dunbar) 교수는 한 사람이 관리할 수 있는 집단의 최대 크기가 150명이라고 언급했다. 즉 SNS 사용자는 지속적으로 친한 친구를 늘릴 수 없다는 의미이다.

로빈 던바는 이것을 증명하기 위해 영장류를 대상으로 하나의 집단이 유지될 수 있는 최대 개체 수(던바의 수, Dunbar's Number)를 연구했는데, 긴팔원숭이는 14.8마리, 고릴라 33.6마리, 오랑우탄 50.7마리, 침팬지는 65.2마리 그리고 인간은 150명이라고 밝혔다.

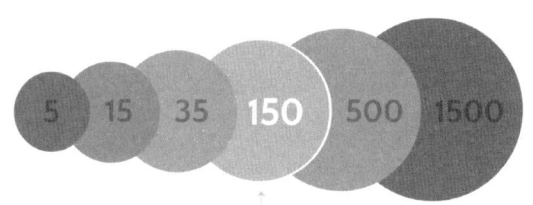

→ **그림 3-80.** 던바의 수(Dunbar's Number, 한 사람이 관리할 수 있는 최대 친구 수)

예를 들면, 침팬지는 65마리의 자기 집단 이외의 다른 침팬지가 자기 집단으로 들어오면, 적군으로 인식해 싸움을 한다. 이처럼 하나의 개체가 관리할 수 있는 집단의 최대 수는 뇌 크기와 연관되는데, 던바는 뇌가 가장 큰 인간이 가장 큰 집단을 이룬다고 주장했다.

던바의 정의에 따르면, 한 사람이 관리할 수 있는 믿고 호감이 가는 친구는 최대 150명이며, 150명 이외의 친구는 그냥 연결된 관계이다. 만약 SNS 친구가 너무 많으면, 대부분 친구는 친밀도가 낮은 관계로 그냥 연결된 것이다.

따라서 SNS 사업은 가입자를 지속적으로 유치하기 어렵기 때문에 다른 방법을 통해서 기존 가입자를 유지하는 방법을 찾아야 한다. 예를 들어 서로 관심거리를 이야기할 수 있는 커뮤니티, 개인이 상품을 판매하는 Market Place 등을 도입해야 한다.

IT 역사에서 통신망은 사람을 연결시켜서 여러 분야 산업을 발전시켰고, 이러한 산업의 발전이 우리 생활을 편리하게 만들었다. 통신기술은 사람을 연결할 뿐만 아니라 주변의 많은 사물(또는 물건, 객체)을 연결시키고 있다. 세상은 늘 변하고 늘 새로운 기술이 나오지만, 연결의 원칙은 향후에도 변함이 없을 것으로 예상된다.

1950년에서 2020년까지 젊은 남녀가 만나는 방법을 보면, 1950년에서 2010년까지는 친구의 소개로 이성을 만났는데, 2020년 이후부터는 온라인을 통한 만남이 절대적으로 많다. 이처럼 온라인으로 사람을 연결해야 돈을 벌 수 있다.

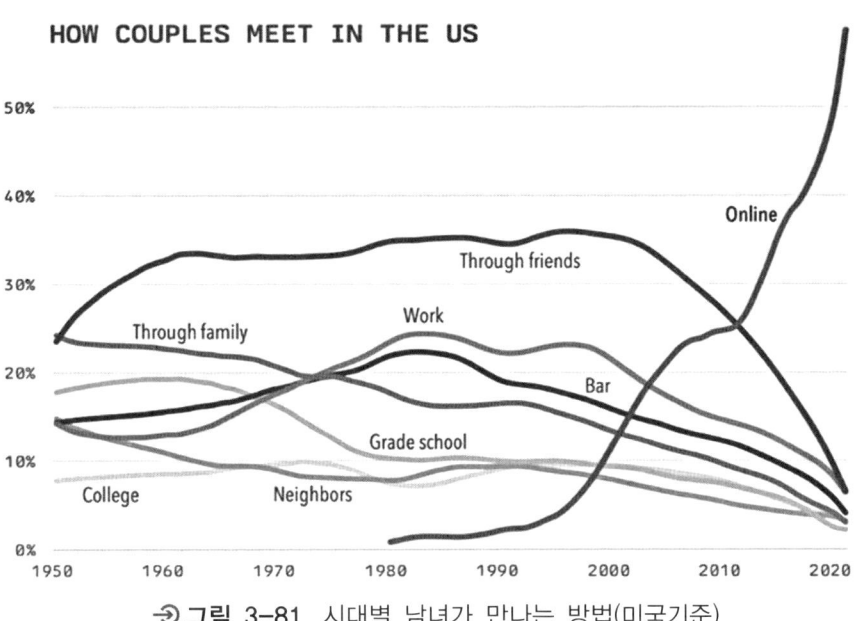

→ 그림 3-81. 시대별 남녀가 만나는 방법(미국기준)

출처: Kevin Drum

과거에는 지금의 SNS와 달리, 통신목적으로(음성이나 데이터) 여러 지역을 연결하는 통신기술 위주로 발전되었다(1999년 이전). 이것도 사람을 연결하기 위한 기술인데, 대표적인 것이 인터넷이다.

이렇게 연결이 중요해지면서 전세계 통신망은 하나의 통신망으로 연결되었고, 사람을 연결하는 다양한 서비스가 등장하고 있다. 따라서 IT 발전은 연결을 확대하는 기술로 볼 수 있는데, 사람과 사람, 사물과 사물 등 물리적으로 떨어진 무엇을 연결하고 융합하면서 진화하고 있다.

인터넷을 구성하기 위한 기술은 여러가지가 있지만, 대표적인 기술은 TCP/IP(Transmission Control Protocol/Internet Protocol)이다. 미국 국방성은 1983년에 ARPANET(Advanced Research Projects Agency Network) 이름을 TCP/IP로 바꿨다. 결국 ARPANET의 핵심기술은 TCP/IP였다.

용어측면에서 1980년 후반부터 TCP/IP보다는 인터넷이 많이 사용되었다. 따라서 인터넷 근간이 되는 기술은 TCP/IP이며, 기술적인 용어인 TCP/IP보다 쉽게 이해할 수 있는 인터넷이란 용어가 많이 사용된다.

이러한 TCP/IP 기반의 인터넷 기술로 1990년대부터 전세계적으로 급속히 확산되었는데, 이것은 기존에 사용했던 음성통화, 편지(Letter), FAX(종이로 된 문서를 상대방에게 보내는 방식) 등의 정보 교환 방식보다 훨씬 편리했기 때문이다.

전세계 통신망인 인터넷을 활용한 디바이스의 발전도 있었는데, 과거에는 데스크탑 PC 위주로 사용되었으니, 점점 작은 크기의 휴대용 디바이스로 인터넷을 활용하고 있다.

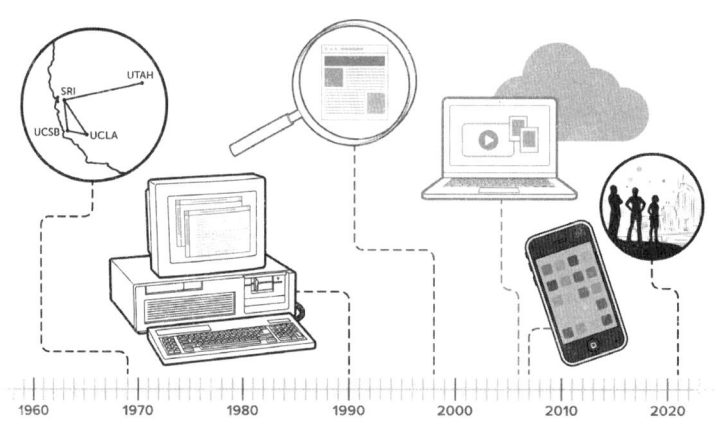

➔ 그림 3-82. 인터넷 역사, 관련 디바이스

출처: Thereboot

ARPANET은 1960년대 후반 미국과 소련의 냉전시대에 미국이 개발한 통신망 기술로써, 당시 주된 목적은 미국내에서 소련의 폭격에도 통신망 운용이 가능한 안정성이 높은 통신망을 구축하는 것이었다.

ARPANET 이선의 미국의 모든 통신망은 회선망(Circuit Switching/Switched Network)이었는데, 이 방식은 한 지역의 통신선로가 폭격을 당하면, 통신망 전체에 영향을 미쳤다. 이러한 회선망 단점을 보완하기 위해 패킷망(Packet Switching/Switched Network) 방식인 ARPANET이 개발되었다.

패킷망은 하나의 통신선로로 모든 데이터가 보내는 방식이 아니다. 따라서 특정 선로에 문제가 생기면, 패킷을 다른 선로로 우회시켜 목적지에 전송되는 방식이다. 또한 패킷망은 하나의 통신선로를 전적으로 점유하는 회선망 대비, 데이터 전송속도는 낮을 수 있지만 데이터 전송 성공률은 높다.

물론 패킷망에서 특정 통신선로가 폭격을 당할 수 있는데, 이 경우 전체 패킷이 유실되는 것이 아니라 일부 패킷만 유실되기 때문에 패킷망은 전체 패킷을 수신하지 못하는 최악의 상황은 피할 수 있다.

한편으로 인터넷 서비스 사업의 특징은 이 서비스를 사용하는 고객이 점차 서비스에 직접 참여하기를 원한다. 대표적인 예는 eCommerce에서 리뷰를 남기거나 Blockchain 서비스에서 거래 행위, Metaverse에서 뭔가 자기의 영역을 구축하고 가상공간에서 자기를 내 세우는 경향이 뚜렷해 지고 있다.

이러한 추세로 Web 3.0이 추구하는 모델은 고객이 플랫폼에 뭔가 기여를 하고, 고객은 이에 대한 보상을 받아가는 구조이다. 이때 고객을 서비스에 참여시키는 방법은 고객에게 어떠한 가치(또는 이득)을 제공해야 한다.

● **고객을 서비스에 계속 머물게 해야 한다**

Amazon 창립자인 제프 베조스(Jeff Bezos)는 회사를 설립한 후, 매출은 증가되었지만 수익은 마이너스가 지속되고 있었다. 이렇게 적자가 지속되는 상황에서 2001년에 제프 베조스는 회사의 발전을 위해 'Good to Great'(좋은 기업에서 위대한 기업으로) 저서로 유명한 스탠포드 대학교수인 짐 콜린스(Jim Collins)를 회사로 초청하여 경영자문을 받았다.

짐 콜린스는 기계장치인 'Fly Wheel' 원리를 설명하면서 Fly Wheel은 초기 회전력을 만들 때까지는 힘이 들지만, 한번 회전력을 갖게 되면 자체적으로 동작되는 장치로써 무거운 휠이 회전하면서 더 빠른 회전력을 가지게 된다고 설명했다.

자동차에서 Fly Wheel은 기계장치의 하나로써 원반모양의 무거운 물질(금속, 돌 등)로 만들어지며, 에너지를 축적하여 엔진의 회전속도를 일정하게 유지하는 역할을 한다. 또한 처음에는 Fly Wheel을 돌리기 위해서 엄청난 추진력이 필요하지만, 한번 가속도가 붙으면 동력 없이 관성만으로 회전운동이 가능하다.

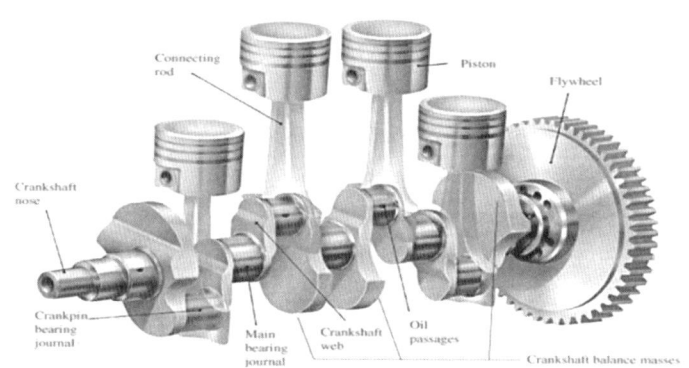

→ 그림 3-83. 자동차에서 Fly Wheel 위치와 역할

짐 콜린스는 좋은 기업은 단기간에 돈을 벌 수 있지만, 위대한 기업은 장기간에 걸쳐서 좋은 성과를 낸다고 주장하면서 회사 사장의 생각을 실천하는 것보다 직원 전체가 하나의 목표를 설정하고 끈질기게 실천해야 한다고 자문했다.

제프 베조스는 짐 콜린스 자문에 영감을 받고, 그 자리에서 냅킨(Napkin, 식탁에 올려 놓은 조그마한 휴지)에 일종의 선순환 경영방식인 Fly Wheel 적용방법을 그렸다. 이 냅킨에 그려진 Fly Wheel 방식은 현 시점에도 좋은 기업경영 모델이 되고 있다.

<u>Fly Wheel은 낮은 상품 가격으로 고객을 모으고 → 고객은 트래픽(상품을 자주 많이 구매하는 현상)을 발생시키고 → 이에 따라 상품 판매자는 더 늘어나게 되고 → 상품거래 규모가 커지면 고정비용이 감소되고 → 이를 통하여 상품 가격을 더 낮게 설정할 수 있다.</u>

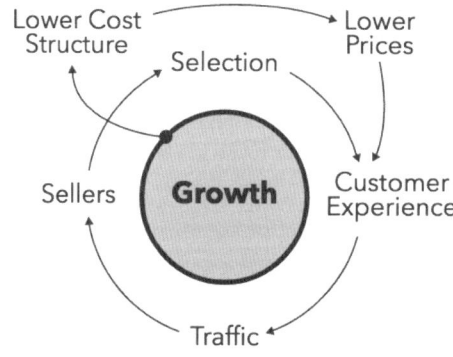

→ 그림 3-84. Amazon의 Fly Wheel 동작 원리

즉, 최저가에 상품을 판매하여 고객을 충분히 확보하고, 이러한 싸이클이 돌다 보면 경쟁회사를 이기게 되고, 결국 시장을 장악하게 된다. 시장을 장악한 후, 발생되는 수익을

다시 고객 경험(저렴한 상품가격, 미디어 서비스, 빠른 배송 등) 증대에 재 투자하면 Fly Wheel이 안정적으로 동작된다.

Fly Wheel의 'Customer Experience'를 위한 서비스 예는 Prime 회원, 빠른 배송, 미디어 서비스, AI 기반 서비스 등이다. Prime 회원 서비스는 고객을 Lock-In(고객을 잡아두는 것, 경쟁사로 못 가게 하는 것)시켜 충성도를 높여서 Wheel을 원활이 동작시키는 무거운 추의 역할을 한다.

Amazon은 이러한 Fly Wheel 원리를 온라인 쇼핑몰 사업에 적용하여 저비용(규모의 경제, 광고 등 플랫폼 효과, 제휴모델)으로 사업을 운영하고, 고객 경험(Prime 회원, 최저가, 빠른 배송, 편리성, 다양한 기능, 미디어 서비스 등) 증대를 위해서 신기술과 신규 서비스를 개발하고 있다.

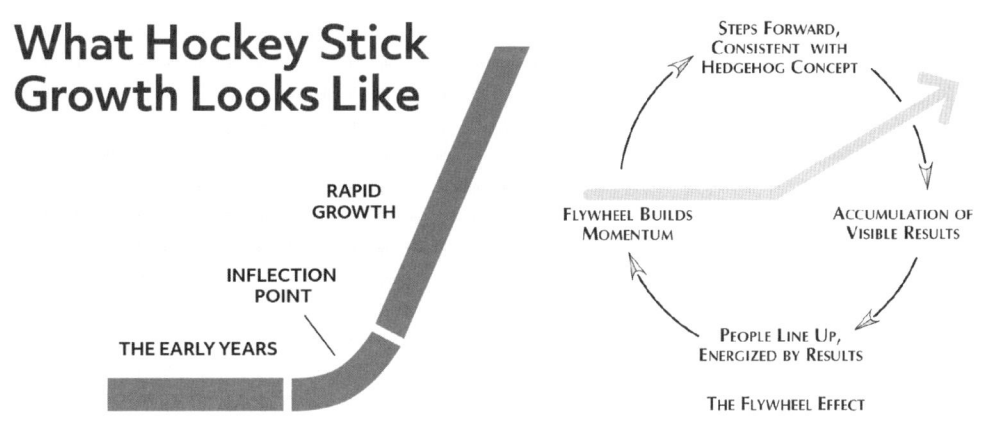

그림 3-85. 하키 스틱 법칙, Fly Wheel 효과

출처: Amazon

이러한 Fly Wheel 효과는 하키 스틱 구조와 같은데, 하키 스틱 모델은 초기에는 서서히 성장하다가 어느 순간(즉, Fly Wheel이 속도를 낼 때) 성장속도는 빨라지는 현상이다. 이렇게 적정 성장 궤도에 도달되면, 자동으로 지속적인 성장이 가능하게 된다.

과거 2010년대에 신사업으로 유행했던 O2O(Online-to-Offline) 서비스가 있다. O2O는 온라인으로 제품이나 서비스를 구매하고 오프라인에서 활용하는 서비스이다. 대표적인 O2O 사례로 온라인으로 음식을 구매한 다음, 집으로 배달 받는 서비스이다.

물론 이러한 O2O 서비스는 오래전부터 있었지만, 2010년대에 Apple의 iBeacon이 갑자기 주목을 받으면서 O2O 전성시대가 되었다. 이렇게 iBeacon은 근거리 무선통신인 BLE를 활용하는 것으로 사용자가 지나 가면서 근처의 매장 정보를 받는 것이다.

당시 전세계적으로 O2O 사업은 매우 많은 관심을 끌었고, O2O 사업만 하면 무조건 돈을 벌 수 있는 것처럼, 유행되었다. 물론 O2O 사업으로 성공한 회사도 많지만, 반면 실패한 회사가 훨씬 더 많았다.

대표적인 것은 BLE Beacon을 활용한 서비스이다. 이것은 Apple이 처음 시작하여 국내에서 매우 많은 회사가 신규사업으로 추진했었다. 이것은 BLE의 방송채널을 활용하여 소규모 지역에 마케팅 목적으로 정보를 전송해주는 서비스이다.

이것은 사용자에게 너무 많은 정보를 전송하기 때문에 오히려 혼란스럽고 귀찮게 만드는 서비스가 되었다. 이런 사례를 보면, 너무 광범위한 정보를 제공해주는 것보다 개인화된 정보를 제공해주는 것이 사업적으로 유리하다는 점이다.

물론, 휴대폰에 BLE를 지속적으로 켜 있을 경우, 휴대폰 배터리 소모가 많다는 추가적인 이유도 있다. 이처럼 O2O 서비스의 성공과 실패의 판가름은 사용자 측면에서 이 서비스가 편리한가 불편한가로 판별된다.

이렇게 O2O 서비스는 매우 광범위하지만, 초기 관심을 일으킨 BLE Beacon을 활용한 서비스는 거의 사용되지 않고 있다. 결국 고객에게 가치를 제공하지 못했고, 고객은 서비스에 머물지 않게 되었다.

3) Amazon의 고객 집착

Amazon의 경영원칙 중에 하나는 고객 만족보다 더 강한 개념인 고객 집착(Customer Obsession)이다. 고객 집착은 고객 관점에서 경험이나 가치를 개선하는 것으로 과도할 정도로 고객관점에서 집중하는 것이다.

Amazon 창업자인 제프 베조스(Jeff Bezos)는 "오늘의 Amazon이 있게 해 준 가장 중요한 원칙은 경쟁자 집착이 아닌 고객 집착이다."라고 말했다.

제프 베조스는 "대부분 기업이 경쟁사에 집착하는 경향이 강한데, 경쟁사를 이기기 위한 방향으로 리소스(인력, 자본 등)를 투입한다고 하면서, 이 방식은 본질적으로 고객 집착과는 거리가 멀다."라고 말했다.

제프 베조스는 직원에게 고객에 대한 집착과 함께 데이터에 대한 집칙도 깅조했다. 최근의 경영환경은 Winner Takes All(승자독식) 방식으로 승자(Winner)가 되려면 데이터를 축적하고 이를 잘 활용해야 한다고 말했다.

Amazon은 ① 외부 고객을 먼저 생각하고, ② 고객 입장에서 생각하는 고객 집착

(Customer Obsession), ③ 내부 직원에게는 고객측면에서 일을 처리하는 Work Backward로 요약될 수 있다. Work Backward는 사내 직원의 생각보다는 고객관점에서 일을 시작하는 것이다.

또한 제프 베조스는 "대기업들의 생애 주기는 100년이 아니라 30년을 조금 넘는 정도"라고 말하면서 "우리가 고객이 아닌 우리 자신에게만 관심을 두기 시작하면, 그것은 종말의 시작으로 항상 경계심을 갖고 고객에 집중해야 한다."고 언급했다.

2018년에 Amazon 주주에게 보낸 편지(Letter)에서 Amazon 소개(About Amazon)의 일부 내용은 다음과 같이 기술되어 있는데, 이 내용에는 고객 집착, 발명에 대한 열정, 비용절감, 장기적 관점에서 접근 등을 언급되어 있다.

Amazon is guided by four principles: customer obsession rather than competitor focus, passion for invention, commitment to operational excellence, and long-term thinking. Customer reviews, 1-Click shopping, personalized recommendations, Prime, Fulfillment by Amazon, AWS, Kindle Direct Publishing, Kindle, Fire tablets, Fire TV, Amazon Echo, and Alexa are some of the products and services pioneered by Amazon.

이 편지의 내용 중에는 꿈 같은 기업(또는 사업)이란 ① 고객으로부터 사랑받고, ② 대규모로 성장할 가능성이 있어야 하고, ③ 매출과 함께 이익이 높아야 하고, ④ 수십년이 지나도 지속될 수 있어야 한다고 정의하면서, Amazon은 Marketplace(온라인 쇼핑몰), Prime 회원, AWS 등을 기반으로 충분히 성장할 수 있다고 언급되어 있다.

꿈 같은 기업을 만들기 위해서 우리가 해야 하는 것은 ① 경쟁사에 중점을 두기 보다는 고객에 대한 집착(customer obsession rather than competitor focus), ② 발명에 대한 열정(passion for invention), ③ 최상의 운영을 위한 몰입(commitment to operational excellence), ④ 장기적 관점에서 생각(long-term thinking)을 해야 한다고 강조했다.

이처럼 제프 베조스는 고객 집착을 최우선적으로 강조하면서 "Amazon은 경쟁사와 대응, 수익모델 발굴, 신제품 개발, 신기술 개발 등에 중점을 두기 보다는 모든 사업추진의 중심에는 고객 집착이다."라고 언급했다. 이처럼 고객이 좋아할 것 같은 서비스와 제품을 개발하는 것이 최우선이다.

장기적 관점에서 생각이란 지금 시점에서 2~3년 뒤의 사업을 구상하는 것이 아니라 5~7년 뒤의 사업을 구상하는 것으로, 갑자기 부자가 되는 방법보다는 천천히 부자가 되는 방법을 지향한다는 의미이다.

Amazon 직원이 제프 베조스에게 향후 10년뒤 어떤 사업이 유망할 것인가에 대하여 질문을 했다. 이때 제프 베조스는 10년뒤 변화되는 사업을 찾지 말고, 10년뒤에도 변화가 없는 사업을 찾으라고 답변했다.

따라서 신규 사업추진에서 향후 변수가 적은 또는 없는 아이템을 찾는 것이 중요하다. 결국 사람에게 절대적으로 필요한 '의식주'와 관련된 상품은 향후에도 지속적인 사업이 가능하기 때문에 Amazon은 이 분야 사업을 지속적으로 강화하고 있다.

이러한 방향성으로 Amazon은 자체 의류사업 강화, AI 기반 의류제작 기술, Whole Foods Market 인수, Meal Kits, Amazon Restaurants, 의약품 유통 등의 기술과 서비스를 통하여 의식주 사업을 강화하고 있다.

Amazon은 장기적인 관점에서 사업을 하기 때문에 제프 베조스는 언론과 인터뷰에서 "분기별 수익 발표를 하면, 주위 지인들로부터 잘 했어, 이번 분기도 훌륭하군이란 축하 메시지를 받습니다."라고 들으면, 그럼 "저는 고맙지만 이번 분기 실적은 3년 전 작품이야."라고 말했다고 한다

Amazon 부사장은 "Amazon 사업은 내일, 다음주, 다음달, 다음분기의 사업을 계획하지 않고, 지금은 10년뒤의 사업을 구상한다."라고 언론에 언급한 적이 있다. 지금 진행되는 사업은 1년 전에 구상한 사업이 아니고, 10년 전 또는 5년 전에 구상한 사업이라는 의미이다.

6 사업 생태계

1) 기술 위주의 생태계

생태계(Ecosystem)는 어떤 사업과 관련되어 여러 회사가 서로 경쟁 또는 협력하면서 공생하는 체계(System)이다. 사업(Business)에서 생태계는 수익 창출을 위하여 어떤 기술을 개발하거나 사업을 추진하는 관련된 기업과 단체의 집합이다.

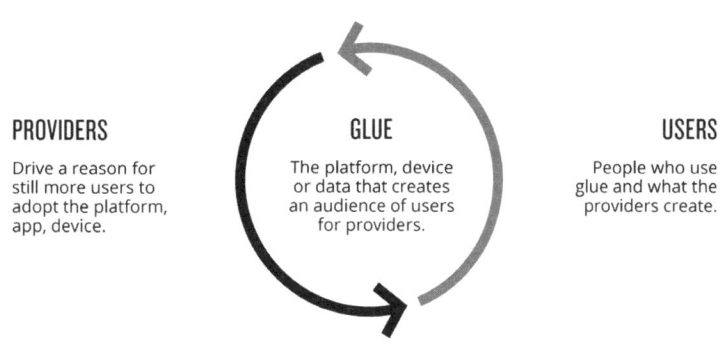

➲ 그림 3-86. IT 산업에서 생태계(플랫폼 사업 위주)

출처: nielseniq

인터넷 포탈(Portal)에서 주된 생태계는 포탈 사이트 운영회사, 이 포탈에 컨텐츠를 제공하는 회사(또는 개인) 그리고 이 포탈을 이용하는 사용자이다. 단어적으로 포탈(Portal)은 현관문을 의미하며, 인터넷에서는 사용자가 최초로 접속하는 사이트이다(예: 검색 사이트).

원래 생태계 용어는 자연환경에서 여러 생물이 서로 영향을 주고받으면서 함께 생존하는 자연계 질서를 의미한다. 이후 미국 하버드대의 제임스 무어(James Moore) 교수는 이러한 자연계 생태계를 사업에 접목시켜 '사업 생태계(Business Ecosystem)'라는 용어를 만들었다(1993년).

제임스 무어는 사업 생태계를 "여러 회사가 핵심사업을 중심으로 서로의 이익을 위해 긴밀하게 연결된 공동체"라고 정의했다. 이러한 생태계 용어는 사업가들이 많이 사용하면서 사업 생태계를 줄여서 간단히 생태계라고 한다.

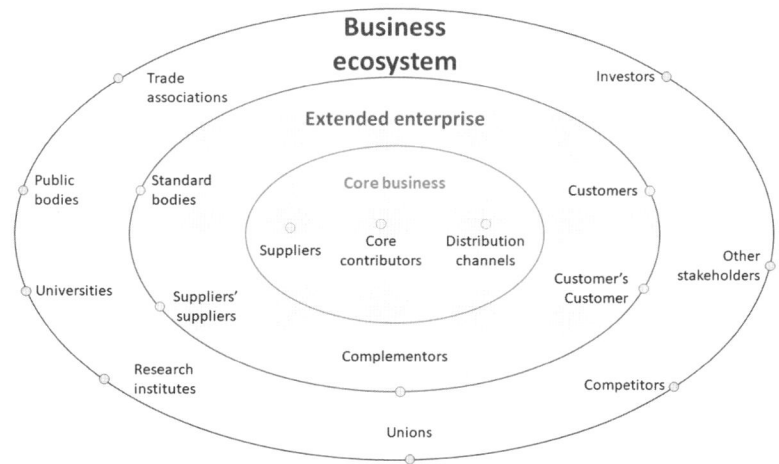

➲ 그림 3-87. 사업 생태계(Business Ecosystem) 구성 요소

출처: 제임스 무어

제임스 무어는 생태계의 범위를 정의하면서 "생태계는 나의 상품이나 서비스를 고객에게 제공하는데 관련된 회사, 기업의 핵심 비즈니스(Core Business) 영역 외에 있는 시장의 중계자, 거래와 관련된 직간접적인 관계자 그리고 일련의 활동과 관련된 기업 외부의 모든 이해관계자를 총칭한다."라고 말했다.

또한 제임스 무어는 성공하는 기업은 빠르고 효과적으로 진화한 기업이라고 정의하면서 이러한 혁신적인 기업은 혼자 진화할 수 없다고 말했다. 이처럼 기업가는 주변의 모든 자원을 끌어 모아야 하는데, 이를 위해서는 협력적 네트워크(또는 개방형 혁신)를 구축하여 자본가, 파트너, 공급자, 고객 등 다양한 이해 관계자와 협력해야 한다.

사업에서 생태계는 다음과 같은 3가지 특징이 있다. 생태계는 1) 다양한 회사나 사람이 참여하여 같이 진화하는 공동체이며, 2) 새로운 가치를 창출하는 주체이며, 3) 생태계의 멤버는 서로 협력하거나 경쟁하는 특징이 있다.

H/W 사업에서 생태계가 크면, 이러한 H/W를 생산하는 회사는 대량으로 부품을 구매하기 때문에 낮은 가격에 부품조달이 가능하고, 조립과정에서도 수율(Yield, 결함이 없는 합격품 비율)이 높아진다. 또한 제품이 판매된 이후에도 많은 물량을 기반으로 체계적인 A/S가 가능하므로 사용자의 만족도가 높아진다.

무어가 사업 생태계를 정의할 때(1993년), 당시 대표적인 생태계는 PC(Personal Computer)였다. 이때 PC 생태계는 IBM(International Business Machines)이 PC 전체를 개발했고, PC에 사용되는 칩은 Intel, 운영체계(OS: Operating System)는 Microsoft가 개발했다.

따라서 당시 PC 생태계를 구성하는 주요 회사는 IBM, Intel, Microsoft였고, 이 회사들은 개방된 PC 기술을 정의하여 서로 협력했다.

무어는 건전한 생태계를 구성하기 위하여 생태계에 있는 기업이 서로 경쟁하면서 이익만 추구하는 집단이 아닌, 하나의 비전을 공유하는 경제 공동체로서 공동의 가치를 창출해야 한다고 주장했다.

영국 에딘버러 대학의 마틴 프랜즈만(Martin Fransman) 교수는 자신의 저서인 "The New ICT Ecosystem: Implications for Policy and Regulation"에서 ICT(Information and Communication Technology) 생태계를 정의했다(2010년).

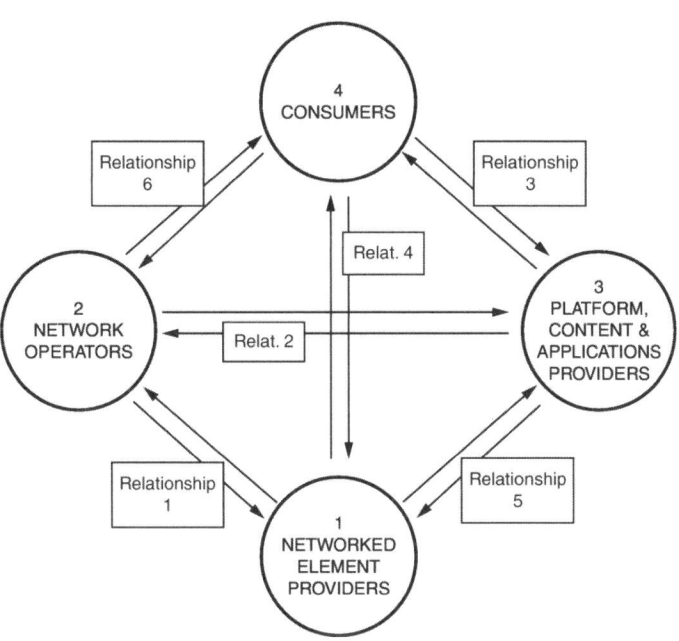

→ 그림 3-88. 마틴 프랜즈만이 정의한 ICT 생태계

프랜즈만은 ICT 생태계를 구체적으로 정의했는데, 여기에는 사용자, 통신 사업자, 플랫폼 사업자 그리고 통신장비 회사로 구분했다. 프랜즈만이 정의한 ICT 생태계는 현 시점에서도 적용되고 있다.

하지만 당시 프랜즈만은 ICT 생태계가 통신사업자를 중심으로 동작된다고 정의했는데(2010년), 현재의 ICT 생태계는 통신사업자보다는 플랫폼 사업자(예: Apple, Google) 위주로 동작된다. 이처럼 시간이 지남에 따라 생태계를 주도하는 회사나 기술분야가 다를 수 있다.

초기 PC 사업과 관련되어, IBM은 1981년에 기술적으로 여러가지 장치나 기능이 호환되는 Open Architecture(누구든지 개발 가능한 구조) 형태의 PC를 출시했다. 당시(1980년대) IBM은 전세계 주가총액 1위로서 PC 생태계를 주도했는데, 이때 IBM은 현재 Apple이 스마트폰 생태계를 주도하듯이 당시 PC 생태계를 움직일 수 있는 힘이 있었다.

→ 그림 3-89. 초기 IBM PC(1981년)

이러한 PC 생태계는 세월이 지나면서, 핵심기술을 보유하고 있는 Intel과 Microsoft 등은 지속적으로 성장했다. 하지만 PC 제조사는 IBM 이외에 Hewlett-Packard, Xerox, Control Data Corporation 등이 있었다. 이 회사들은 모두 Intel, Microsoft 등이 제공한 기술을 조합해서 PC를 개발했다.

이 과정에서 PC 완제품 시장은 경쟁이 치열 해졌고, 결국 IBM은 PC 시장에서 철수했다. 따라서 시간이 지나면서 PC 생태계를 움직이는 핵심적인 회사는 H/W 위주의 사업을 하는 Intel과 S/W 위주로 사업을 하는 Microsoft가 되었다.

이러한 관점에서 현재 AI의 주된 생태계를 H/W와 S/W로 구분해 보면, 과거 PC 시대의 주요 생태계와는 약간의 차이가 있다. AI에서 H/W는 GPU(Graphics Processing Unit)와 NPU(Neural Processing Unit) 회사가 주도하고 있으며, S/W는 다수의 LLM(Large Language Model)을 개발하는 회사이다.

<u>따라서 과거 PC 산업이 시작되는 시대와 지금의 AI 시대를 비교해 보면, PC의 Intel 역할은 AI 시대에는 GPU와 NPU 회사, PC의 Microsoft 역할은 AI 시대에는 LLM을 개발하는 다수의 회사이다.</u>

IT 분야에서 "생태계가 크다."는 것은 해당 기술을 개발하는 회사, 이 기술을 사업하는 회사 그리고 이 기술을 활용하는 사용자가 많다는 의미이다. 생태계가 크면, 인프라를 대규모로 구축하고 대량의 제품을 생산하기 때문에 제품이나 서비스 가격을 낮출 수 있다.

예를 들어 온라인 비디오 컨텐츠 사업의 생태계가 크면, 컨텐츠를 제공하는 사업자는 대규모 클라우드(Cloud) 자원을 사용하기 때문에 서비스 개발과 운용이 쉽고, 많은 사용자의 피드백을 기반으로 더 좋은 서비스를 제공할 수 있다.

따라서 생태계가 크면, 해당 기술을 사용하는 장비 구축비와 운용비가 절감되어 확산에 유리한다. 이렇게 생태계가 커지면(또는 발전하면) 기술의 우수성보다는 비용절감과 사용의 편리성에서 좋아진다.

자연계에는 공진화(共進化, Coevolution)가 있다. 공진화는 어떤 생물 집단이 진화하면, 이와 관련된 다른 생물 집단도 같이 진화하는 현상이다. 예를 들어 꽃과 꿀벌의 관계에서 꽃이 많이 피면, 꽃을 수정하는 꿀벌도 동시에 많이 번식하는 현상이다.

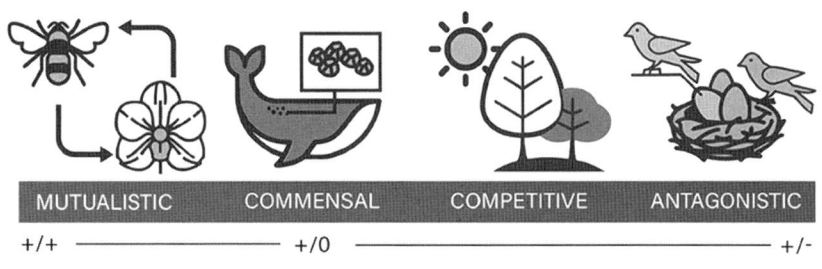

그림 3-90. 자연계에는 공진화 예

출처: Frontiers

자연계 공진화의 구체적으로 사례를 보면, 벌과 꽃의 관계는 Mutualistic(상리공생), 고래 등에 기생하는 조개의 관계는 Commensal(편리공생), 태양을 많이 받으려는 나무의 Competitive(경쟁), 뻐꾸기가 남의 둥지에 알을 낳는 Antagonistic(적대적 공생) 등이 있다.

사업 생태계에도 이러한 자연계의 공진화 원리가 적용되는데, 결국 사업성이 좋은 생태계(즉, 돈을 잘 버는 분야)에 있어야만 관련된 회사 모두가 돈을 잘 벌 수 있다.

이전 삼성 이건희 회장은 "부자 옆에 줄을 서라. 산삼 밭에 가야 산삼을 캘 수 있다. 호랑이를 잡으려면 호랑이 굴에 들어가야 한다. 부자가 되고 싶으면 부자들이 모이는 곳에 가서 직접 보고 듣고 대화를 나누고 경험해봐야 한다. 부자들이 어떤 사람들인지 알아야 부자가 될 수 있다."라고 말했다.

<u>이 의미도 일종의 공진화로써 돈을 벌려면 부자(또는 성공한 사람)가 있는 곳에 가야 한다.</u> 부자들은 기본적으로 사업에 성공했다는 조건이 있기 때문에 부자가 있는 생태계에 들어가야 공진화 현상으로 나도 돈을 벌 수 있다.

2000년대 초반에는 국내의 많은 회사가 휴대폰을 개발했었다. 당시 국내에서 CDMA(Code Division Multiple Access) 이동통신 기술을 세계 최초로 상용화해서 성공한 경험을 배경으로 CDMA 휴대폰뿐만 아니라, 당시 유럽 이동통신 방식인 GSM(Global System for Mobile Communications) 휴대폰을 개발하는 회사도 많았다.

이때는 휴대폰 개발사업이 매우 전망이 좋았기 때문에 휴대폰과 관련된 H/W(칩, 모듈, 디스플레이, 기구)와 S/W(브라우저, 멀티미디어 플레이어, 문서편집기) 등 휴대폰과 관련된 산업이 동반 성장하는 공진화 사례가 있었다.

역사적으로 볼 때, 생태계는 결국 영토를 확보하는 전쟁으로 볼 수 있다. 과거 몽골제국이 세계의 반을 지배했을 때, 가장 효과적인 이동 수단은 말(Horse)이었기 때문에 말이 갈 수 있는 육지를 통해서 영토를 확장했다.

이후 대양시대에는 유럽인 위주로 육지보다는 거의 직선적으로 갈 수 있는 바다를 통해서 영토를 확장했다. 이후 비행기를 타고 물리적인 영토를 확장하는 시기가 되었다.

하지만 지금과 같은 정보화시대에는 정보 통신망 영토가 넓을수록 강한 생태계를 구축할 수 있다. 이를 위해서는 인터넷을 위한 통신망 구축 지역, 더 나아가서 인터넷에서 사용되는 언어가 결국 영토 확장의 도구가 된다.

이러한 측면으로 볼 때, 현재의 IT 생태계는 인터넷 망이 잘 구축된 북미, 유럽, 아시아 지역이 유리하며, 특히 인터넷에서 절대적인 영어로 사용하는 영어권 지역이 절대적인 경쟁력을 가질 것으로 예측된다.

한편 우리나라는 영토가 좁고, 인구밀집도가 높기 때문에 광통신을 활용한 초고속 유선 인터넷과 이동통신이 발전했다. 이러한 배경으로 우리나라는 고속통신 위주의 사업(주로 통신장비, 단말기)으로 생태계가 구축되어 있어서 이 분야는 경쟁력이 강하다.

과거 2세대, 3세대 이동통신 기술을 정의하는 대표적인 표준화 단체는 유럽회사가 주도하는 3GPP(3rd Generation Partnership Project)와 미국회사가 주도하는 3GPP2(3rd Generation Partnership Project 2)가 있었다(2010년 이전).

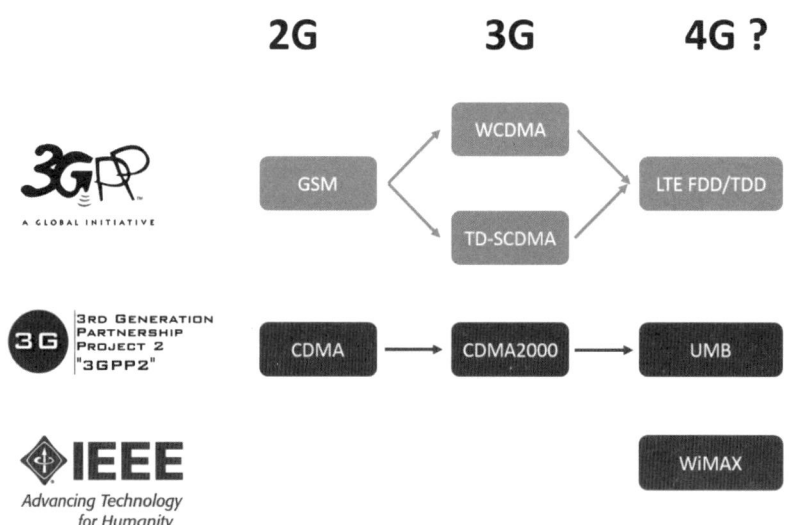

그림 3-91. 2G, 3G, 4G 이동통신 표준화 단체

2세대 이동통신은 3GPP 기술과 3GPP2 기술이 양립하는 구조로 개발되었으나, 3세대 이동통신부터는 유럽방식의 3GPP 기술이 절대적인 시장을 형성하면서 3GPP2 기술은 시장을 잃게 되었다.

2세대 이동통신에서 미국방식인 CDMA(Code Division Multiple Access)은 미국, 한국, 일본, 호주 등 일부 국가에서 사용했고, 나머지 대부분 국가는 유럽방식의 GSM(Global System for Mobile Communications)를 사용했었다.

사실상 CDMA 방식이 기술적으로 GSM보다 좋았지만, 생태계의 크기 문제로 3세대 이동통신부터는 CDMA 방식이 시장을 많이 잃었다. 당시 이동통신 장비를 만드는 대표적인 회사는 Ericsson, Nokia, Alcatel, Nortel, Motorola였는데, 이러한 통신장비 회사는 CDMA 장비를 개발하지 않거나 소극적이었다.

또한 전기전자 표준화 단체인 IEEE(Institute of Electrical and Electronics Engineers)는 4세대 이동통신으로 Wi-Fi를 발전시킨 WiMAX(Worldwide Interoperability for Microwave Access)를 제안했지만, 일부 국가만 WiMAX를 사용했기 때문에 금방 경쟁력을 상실했다. 이러한 WiMAX는 국내에서 WiBro(실제로는 WiMAX의 일부 Profile)라는 명칭으로 사용되었다.

WiMAX는 기술은 좋은데, 생태계의 영토 전쟁에서 실패한 대표적인 사례가 되었다. 실제 WiMAX는 4세대 이동통신인 LTE(Long-Term Evolution) 와 경쟁 기술이었는데, WiMAX가 주파수 사용효율 측면에서 LTE보다 더 좋은 기술이었다.

이유는 WiMAX와 LTE는 둘 다 OFDMA(Orthogonal Frequency Division Multiple Access)를 사용하는 방식이었는데, WiMAX가 LTE 대비 신호처리 절차가 간단하기 때문에 주파수 사용효율이 좋았다.

하지만, LTE 생태계는 WiMAX보다 월등히 컸기 때문에 결국 LTE가 승리했다. 당시 LTE 진영은 통신과 관련된 신기술을 주도하는 Ericsson, Nokia, Qualcomm 등이었고, WiMAX 진영은 Intel, 삼성, 다수의 중소기업이었다.

이처럼 큰 생태계를 활용하는 대표적인 성공사례는 이동통신과 Wi-Fi에서 찾을 수 있다. 이 생태계는 전세계적으로 호환성 때문에 하나의 기술이 사용된다. 특히 이동통신의 경우, 사용자가 해외에 로밍된 상태에서도 통신이 가능해야 하기 때문에 전세계적으로 하나의 기술이 사용된다.

4세대 이전의 이동통신 기술은 다수의 표준이 존재하여 각 기술별로 생태계가 구축되었다. 하지만, 5세대 이동통신부터는 전세계적으로 하나의 기술을 사용하기 때문에 참여한 회사가 많고, 생태계가 강하다.

Wi-Fi는 유선 인터넷을 무선으로 하겠다는 목적으로 개발이 시작되었으며, 많은 기기가 Wi-Fi를 지원하고 있어서 현재 경쟁 기술이 거의 없다. 따라서 Wi-Fi 생태계는 매우 크고, 시장 규모도 크다.

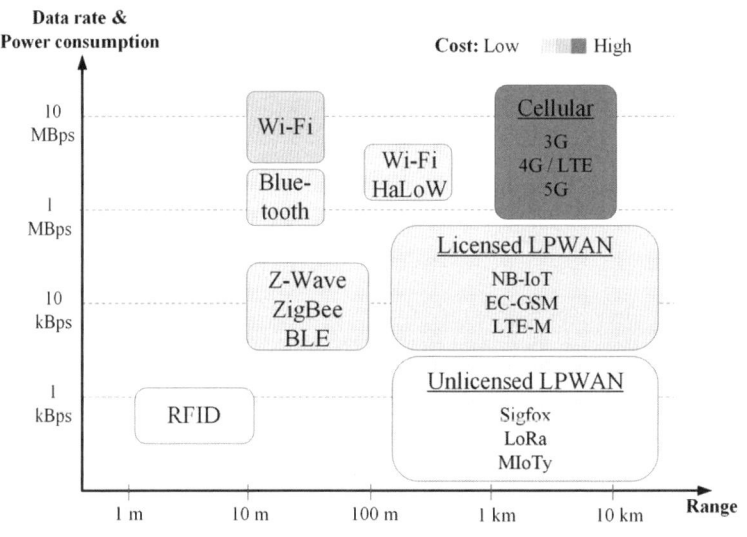

그림 3-92. 전파도달 거리별로 무선통신 기술 구분

출처: researchgate

참고로 무선통신 기술은 전파가 도달되는 거리별로 기술이 분류되는데, Wi-Fi는 근거리 통신, 이동통신은 먼거리 통신을 위한 기술이다. 반경 100m 이내의 지역에서 무선으로 인터넷 접속을 위한 기술은 Wi-Fi가 독보적이다.

과거 근거리 무선통신 기술인 UWB(Ultra-Wide Band)와 Wi-Fi는 경쟁 기술이었다. 물론 이러한 경쟁은 이 기술을 개발하는 회사들의 경쟁이었고, 결국 Wi-Fi가 승리했다. 기술은 UWB가 더 좋았지만, Wi-Fi 생태계가 절대적으로 컸기 때문이다.

당시(2005년 전후) UWB는 Wi-Fi보다 간단한 방법으로 더 빠른 전송속도를 구현할 수 있었는데, UWB 진영은 소수의 스타트업 위주로 해당 기술을 개발했기 때문에 다수의 대기업이 개발하는 Wi-Fi 진영과 경쟁에서 밀렸다. 물론 2019년을 지나면서 주요 휴대폰 회사가 UWB를 채택함으로써, 다시 UWB가 살아나는 계기가 되었다.

→ 그림 3-93. 과거 Wi-Fi와 UWB 경쟁

한편 어떤 신기술을 주도하는 생태계는 경우에 따라 정치적으로 변질될 수 있다. 예를 들어 어떤 기술은 미국과 중국의 기술 경쟁이 정치적으로 발전된 사례가 많다. 따라서 이러한 정치적인 영향을 받는 기술은 좋은 기술이라도 반대 세력이 많으면, 시장에서 경쟁력을 잃게 된다.

2) 회사 위주의 생태계

특정회사가 어떤 독자 기술을 기반으로 생태계 구축이 가능한 것은 ①시장에서 그 회사의 영향력이 매우 크거나 ②독점적인 기술을 보유해서 경쟁자가 거의 없는 환경이다.

자체 기술로 강한 생태계를 구축하고 있는 회사 중에 하나가 Apple이다. Apple은 휴대폰과 PC 분야에서 시장 지배력이 강하기 때문에 국제 표준이 아닌 다수의 자체 기술을 기반으로 생태계를 구축하고 있다.

Apple 주도로 만든 기술 생태계는 이전 iPhone 충전포트(8 핀), 썬더볼트(Thunderbolt) 기반 PC 인터페이스, 소형의 USIM(Universal Subscriber Identity Module, 휴대폰 보안용 모듈), 자석을 이용한 충전이나 기타 기능이 가능한 MagSafe 등이 있다.

예를 들어 이전 iPhone 충전과 데이터 통신 방식인 'Apple Lightning' 기술은 iPhone을 포함한 Apple 제품에만 적용되었고, 타사 제품에는 적용되지 않았다. 물론 Apple은 USB-C Type으로 충전포트를 변경했지만, 이전까지는 Apple Lightning 포트가 절대적인 생태계를 구축했었다.

IT 사업 그리고 돈 IT Business and Money

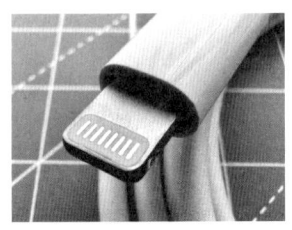

비슷한 사례로 Apple은 PC에서 Intel과 협력하여 PC 인터페이스인 썬더볼트 기술을 개발하여 적용한 사례가 있다. 물론 썬더볼트 기술은 국제 표준화를 거쳐서 다른 회사 제품에도 사용되었고, USB(Universal Serial Bus) 표준에 포함되었다.

이처럼 Apple은 디바이스 칩(Apple Silicon), OS(Operating System)부터 완제품인 휴대폰, PC 그리고 이러한 완제품에 동작되는 앱을 관리하는 App Store 등 수직적인 사업을 통해 강한 시장 지배력을 가지고 있다.

이와는 별도로 Apple은 국제 표준이 적용되는 통신분야에서도 강한 생태계를 활용하여 변화를 일으킨 적이 있다. 대표적인 예는 휴대폰에 사용되는 보안 모듈인 USIM(Universal Subscriber Identity Module)이다.

USIM은 이동통신망에서 보안을 담당하는 작은 모듈(또는 칩)로써, 휴대폰 본체와 분리되는 부품이다. 이러한 USIM은 다양한(또는 타사) 휴대폰과 호환성을 위하여 국제 표준으로 크기가 정해져 있다. 물론 휴대폰과 분리되는 USIM이외에 최근에는 분리가 안되는 eSIM 등이 사용되고 있다.

하지만 휴대폰의 두께가 점점 얇아지는 추세에 따라 Apple은 크기 측면에서 호환성이 없는 소형의 USIM을 사용했다. 국제 표준에는 Mini SIM(Subscriber Identity Module)까지 정의되어 있었는데, Apple은 국제표준을 무시하고 더 작은 크기의 Micro SIM과 Nano SIM을 사용했다.

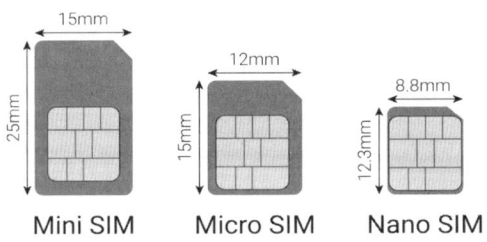

SIM과 USIM은 거의 같은 의미이다. SIM은 2세대 이동통신(GSM)에 사용되는 모듈이고, USIM은 3세대 이후의 이동통신에 사용되는 보안 모듈이다. SIM과 USIM의 차이는 휴대폰이 사용하는 주파수, 보안기술 처리 방법 등이다.

당시 Apple은 USIM 전문회사와 협력하여 국제 표준을 무시하고, iPhone에만 사용되는 작은 크기의 USIM을 사용했다. 이유는 휴대폰에 더 많은 부품이 들어가고, 편리한 휴대를 위해 더 얇아지는 추세로 휴대폰에서 USIM의 면적을 줄이기 위한 것이다.

당시 iPhone에 사용된 작은 크기의 USIM은 다른 휴대폰에 사용할 수 없었다. 하지만, 이렇게 시작된 작은 크기의 USIM은 다른 휴대폰 회사도 원했기 때문에 이후 대부분 휴대폰에 작은 크기의 USIM이 사용되었다. 이처럼 Apple은 국제 표준과 상관없이 USIM 생태계를 움직일 수 있었다.

참고로 보안기술 측면에서 보안의 강도를 높이기 위해서는 보안을 처리하는 모듈(예: USIM)이 휴대폰 본체와 분리되어야 한다. 보안 모듈이 휴대폰 내부에서 S/W적으로 처리되면, 보안 강도는 낮아진다.

하지만 휴대폰의 두께가 얇아지는 추세에서 USIM 크기가 문제되기 때문에 최근에는 eSIM(embedded SIM), 심지어는 iSIM(Integrated SIM)이 사용되고 있는 추세이다.

eSIM은 물리적인 SIM이 휴대폰 내부의 전자기판에 칩 형태로 붙어 있는 구조이며, iSIM은 휴대폰 내부 핵심칩에 들어가는 구조이다. eSIM은 휴대폰 메인칩과 분리되기 때문에 보안강도는 강하다. 반면 iSIM은 칩 내부에서 전기적으로 분리되는 구조로 eSIM보다 보안 강도는 약하다.

또한 회사 위주의 강한 생태계를 가진 회사로 ARM이 있다. ARM은 칩 IP(Intellectual Property)로 독자적인 생태계를 구축하고 있다. ARM이 초기부터 추구했던 정책은 라이센스를 매우 저렴하게 책정하여 많은 칩 회사가 ARM Core를 사용하도록 하는 것이었다.

물론 ARM은 이러한 저가의 라이센스 정책과 함께 다양한 개발 툴을 고객에게 제공하여 칩 개발자가 칩을 쉽게 개발할 수 있도록 환경을 제공한다.

ARM은 이러한 정책을 기반으로 휴대용이나 소형(주로 IoT) 디바이스에 적용되는 CPU(Central Processing Unit) IP를 거의 독점하고 있다. 사실상 이러한 독점을 기반으로 소형 CPU IP 생태계를 주도하고 있다.

물론 ARM은 나중에 GPU(Graphics Processing Unit) IP 시장에 진입했고, 기존의 확고한 CPU IP 생태계를 기반으로 GPU 시장에서도 경쟁력을 갖추게 되었다. 당시 휴대용 디바이스에 필요한 GPU 시장은 Imagination 등 몇 개 회사가 시장을 장악하고 있었다.

결국 ARM은 기존의 생태계를 활용하여 CPU 사업과 유사한 GPU에서도 확고한 경쟁력을 가지고 있다. 이러한 ARM의 소형 디바이스용 CPU Core 독점에 대한 반대 급부로 RISC-V와 같은 다른 Core가 등장하고 있다.

강한 생태계를 구축하고 있는 또 다른 회사로 네덜란드의 ASML(ASM Lithography)이 있다. ASML은 네덜란드의 Philips와 ASMI(Advanced Semiconductor Materials International)가 합작해서 설립한(1984년) 회사로써, 현재는 다수의 투자회사가 대주주이다.

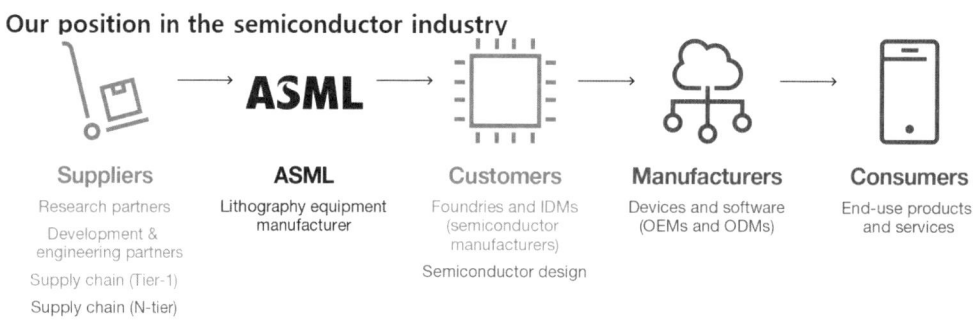

➔ 그림 3-94. ASML 관련 생태계

출처: ASML

ASML은 반도체 제조 공정에 필요한 EUV(Extreme Ultraviolet, 노광) 장비를 개발하는 회사이다. 전세계적으로 ASML은 EUV 장비 분야에서 독점적인 개발 회사이며, 이를 기반으로 강한 생태계를 구축하고 있다.

물론 과거에는 일본회사 위주로 반도체의 미세 회로를 제작하는 장비 업체가 있었다. 하지만 ASML은 당시 경쟁사(주로 일본회사) 대비, 대학교와 공동연구 그리고 다수의 외부회사와 Open Innovation을 통해서 서서히 경쟁력을 확보했다.

EUV는 반도체 공장에서 웨이퍼에 빛으로 미세한 전자회로 패턴을 만드는 장비이다. EUV 장비는 웨이퍼에서 밀집도가 높은 칩을 생산하기 위한 장비이다. 이처럼 미세공정이 필요한 칩은 휴대폰이나 PC용 칩 그리고 기계학습에 사용되는 GPU(Graphics Processing Unit) 등이다.

휴대폰과 같은 전자제품은 점점 두께가 얇아지고, 저전력을 요구하기 때문에 더욱 EUV 장비가 필요하다. 따라서 휴대폰, IoT 디바이스, PC의 핵심칩을 생산하기 위해서는 EUV 장비가 필수적이다.

또한 특정회사 위주로 생태계가 구축된 사례로 HSM(Hardware Security Module)이 있다. HSM은 하드웨어 보안을 기반으로 다양한 기능을 처리하는 장비이다.

물론 경우에 따라 HSM은 휴대폰과 같은 일반 전자기기에 들어가는 USIM이나 MicroSD와 같은 SE(Secure Element)를 HSM이라고도 한다. 하지만 일반적인 의미에서 HSM은 서버에 연동되는 H/W 기반 보안장비이다.

그림 3-95. HSM 개념

HSM은 H/W 기반의 보안 장치로써 강한 보안이 요구되는 금융, 개인 정보를 다루는 서비스 업체, 기업의 기밀정보 관리 등에 사용된다. 이러한 HSM 장비는 전세계적으로 소수의 업체가 시장을 장악하고 있다.

이것은 HSM을 공급하는 회사가 다양한 보안인증을 받았고, 무엇보다도 이 장비를 사용하는 회사가 큰 문제없이 HSM을 운용하고 있기 때문이다. 만약 어떤 회사가 새로운 업체의 HSM을 사용한다면, 보안사고가 발생할 가능성이 있다. 따라서 HSM 사업은 기존 업체를 중심으로 생태계가 구성되어 있는데, 대표적인 HSM 업체는 Thales, Entrust, Utimaco 등이다.

기술개발 측면에서 HSM의 난이도가 높은 편은 아니지만, 보안과 관련된 제품은 과거에 발생된 여러 가지 문제를 개선한 경험이 경쟁력이기 때문에 과거의 상용 적용 경험이 중요하다. 따라서 보안에 민감한 정보를 다루는 회사는 과거부터 문제가 없는 제품을 계속 사용하게 되는데, 이러한 이유로 HSM은 기존 업체를 중심으로 상태계가 구성되어 있다.

미디어 쪽을 보면, 미국 Dolby Laboratories(간단히, Dolby)사에서 개발한 Dolby Vision과 Dolby Atmos 기술이 있는데, 이 기술이 미디어 생태계를 움직이고 있다.

→ 그림 3-96. Dolby Vision과 Dolby Atmos 로고

Dolby Vision은 넓은 색공간을 표현할 수 있는 HDR(High Dynamic Range) 기술과 유사한데, 영상(또는 이미지) 밝기, 확장된 명암 비, 선명한 색상, 디테일, 입체감을 구현하는 기술이다.

Dolby Atmos는 Dolby가 개발한 객체기반 3차원 서라운드 사운드 기술이다. 이것은 음을 선명하고 깊이 있게 표현하는 공간적 방식으로 풍부한 음을 제공하는 기술이다.

이러한 Dolby Vision과 Dolby Atmos 기술은 영화를 제작할 때부터 이 기술이 사용되기 때문에 영화를 Play하는 전자기기(예: TV, 휴대폰, PC)에는 이 기술이 사용된다. Dolby의 사업모델은 제품 제조사로부터 라이센스를 받는 것이다.

이처럼 어떤 회사가 시장에서 영향력이 매우 크거나 독보적인 기술을 가지고 강한 생태계를 구축하고 있는 회사는 향후 연관된 사업을 쉽게 할 수 있는 환경을 가지고 있다.

3) 플랫폼 사업에서 승자 독식

IT 산업에서 플랫폼(Platform)은 컴퓨팅 플랫폼의 줄임 말로써 온라인으로 공급자(또는 생산자)와 수요자(또는 소비자)를 연결하는 환경이다. 또는 플랫폼을 "온라인으로 다수의 생산자와 소비자의 상호작용으로 가치를 창출하는 생태계"로도 정의될 수 있다.

IT 영역에서 대표적인 플랫폼 사업자(또는 회사)는 Google, Facebook, Amazon, NAVER, Kakao 등이 있으며, 이들 플랫폼 사업자는 과거에 다수의 경쟁사를 이겼기 때문에 대부분 안정적인 사업을 추진하고 있다. 플랫폼 사업은 인터넷 검색, 동영상 공유, 온라인 쇼핑 등 매우 다양하다.

용어측면에서 플랫폼(Plat(구획된 땅)+Form(형태))은 기차를 타고 내리는 장소로 주변보다 약간 높은 곳에 위치한 평탄한 공간이다. 이러한 플랫폼 용어는 정당의 문서, 무대, 골격, 구조물 등의 의미도 있다.

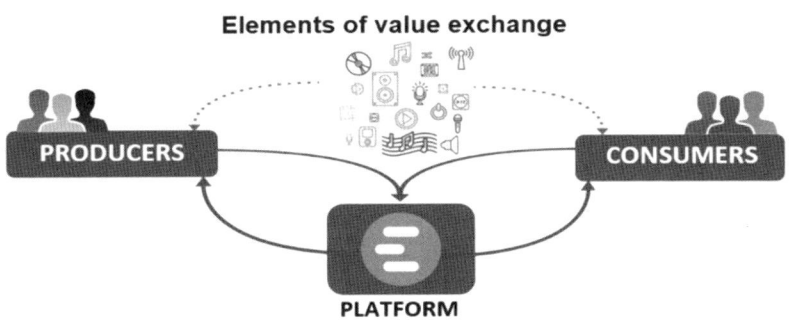

➔ 그림 3-97. 플랫폼 사업 정의

출처: e-caremanagement

플랫폼 사업은 양면시장(Two-Sided Market)으로 서로 다른 두개 집단(공급자와 수요자)이 플랫폼에서 상호 작용하여 서로의 가치를 높이거나 가치를 교환하는 특징이 있다. 양면시장은 서비스를 제공하는 쪽과 서비스를 받는 쪽으로 구분되는 시장이다.

플랫폼 사업자의 궁극적인 목적은 플랫폼을 운영하면서 수익을 창출하는 것이다. 따라서 플랫폼 사업자는 지속적인 수익 창출을 위해 새로운 생산자와 소비자를 유입시켜야 하고, 플랫폼에서 많은 거래가 발생하도록 참여자에게 보상도 해야 한다. 플랫폼 사업은 생산자와 소비자 모두가 원하는 가치를 제공해야만 성장할 수 있다.

플랫폼 사업을 위한 성공적인 경영원칙 예는 Amazon 'Flywheel'이다. Amazon Flywheel 경영원칙은 상품 가격을 낮춰서 더 많은 고객을 유입시키고(즉, 트래픽 증가), 다시 상품 가격을 낮추는 선순환 사이클을 만드는 시스템이다.

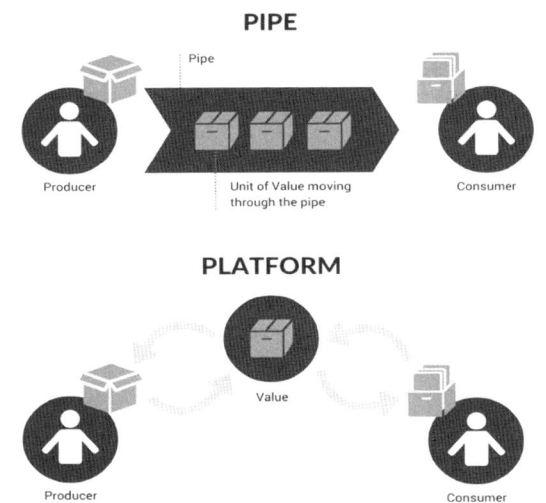

➔ 그림 3-98. 과거 파이프 구조의 사업과 플랫폼 사업 비교

출처: Enabled

또한 이러한 플랫폼 사업은 유사한 다른 영역으로 쉽게 사업을 확장할 수 있어서 사업의 경계가 불투명해지는 특징이 있다. 예를 들면, 네이버는 기존의 많은 가입자와 검색사업을 기반으로 온라인 쇼핑 사업을 하듯이 다른 영역으로 쉽게 진입할 수 있다.

이러한 플랫폼 사업은 향후 생산자와 소비자가 플랫폼 사업자를 통하지 않고, 직접 공용 플랫폼을 활용하여 가치를 교환하는 구조로 발전될 것으로 전망된다. 현재 플랫폼 사업은 플랫폼 사업자가 대부분의 수익을 가져가고, 여기에 기여한 생산자와 소비자는 플랫폼을 성장시키는 도구로 활용되었다.

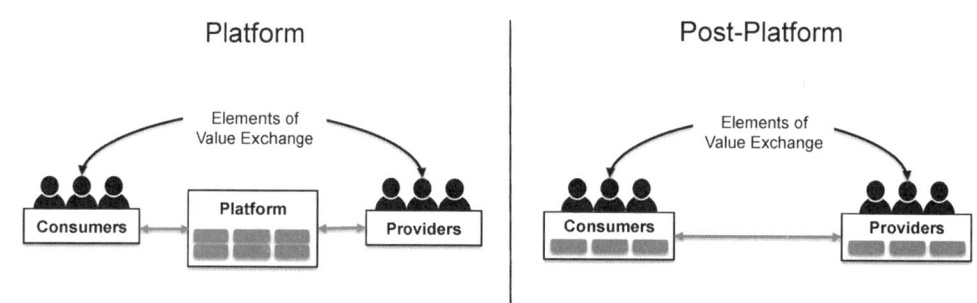

➲ 그림 3-99. 현재 플랫폼과 향후 플랫폼 비교

출처: mdpi

대부분 과거의 사업은 파이프 라인 구조로써 가치가 생산자에서 소비자까지 단방향으로 전달되는 구조였는데, 현재의 플랫폼 사업은 플랫폼에서 생산자와 소비자가 서로 가치를 교환하면서 선순환 사이클을 형성시키는 구조이다.

플랫폼 사업은 어느 정도 적정 궤도에 도달하면(즉, 적절한 수익 창출), 플랫폼이 생산자와 소비자의 상호작용으로 운영되기 때문에 사업이 안정적이다. 이러한 플랫폼 사업은 지속적인 수익 창출이 가능하기 때문에 많은 IT 회사가 이 사업을 원한다.

전세계 주요 IT 기업은 대부분 플랫폼 사업자이며, 가입자를 지속적으로 모으고, 사용자가 원하는 가치를 높여서 사용자를 플랫폼에 머물게 하는 정책을 추구하고 있다.

또한 플랫폼 사업은 네트워크 효과(Network Effect)가 적용되는 분야로써, 참여자가 많을수록 거래 금액 증가, 플랫폼 운용 비용 절감, 참여자간 상호작용 활성화 등으로 사업 운영에서 효율이 높아진다.

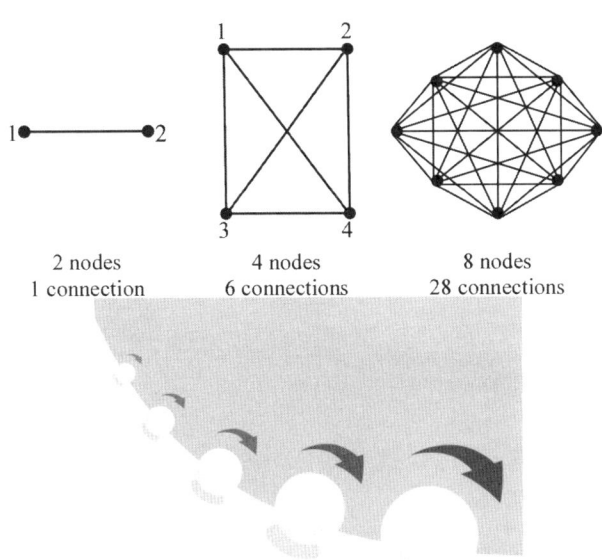

> **그림 3-100.** 메칼프 법칙, 스노우 볼 효과

이러한 네트워크 효과는 미국의 쓰리콤(3com)사 창립자인 밥 메칼프(Bob Metcalfe)가 정의한 '메칼프 법칙'과 유사하다. 메칼프 법칙은 네트워크 규모가 커질수록 비용은 직선적으로 늘어나지만, 그 가치는 네트워크에 연결된 노드 수의 제곱이라는 이론이다.

따라서 플랫폼 사용자가 많을수록 플랫폼 가치는 기하급수적으로 높아지는데, 마치 눈덩이가 굴러가면서 점점 크기가 커지는 원리와(Snowball Effect) 같이 플랫폼의 가치는 점점 높아진다.

플랫폼 지배력이 강해지면, 가입자가 플랫폼을 이탈하지 못하게 하는 락인(Lock-in, 가두는) 효과가 있다. 이러한 특징으로 플랫폼을 장악한 기업은 해당 사업에서 승자독식 (Winner Takes All)을 할 수 있다.

과거의 승자독식 예를 보면, 다양한 정보를 공유하는 SNS(Social Network Service) 사업을 하는 Facebook과 My Space가 있다. 이들 회사의 서비스는 거의 동일했는데, My Space가 이 시장을 2000년대 초반까지는 장악했고, 2000년대 후반부터는 Facebook이 절대적인 시장을 점유하기 시작했다. 이 결과, Facebook은 2010년대부터는 승자독식을 하게 되었다.

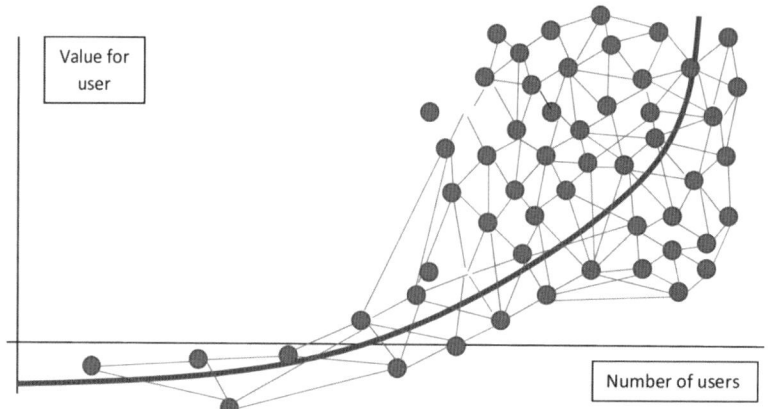

➔ 그림 3-101. 플랫폼에서 사용자수와 가치 관계

플랫폼 사업은 조기에 가입자 수를 임계점(Critical Mass)까지 확보하는 것이 중요하다. 임계점은 수익이 창출되는 시점의 가입자 수로써, 플랫폼 기업은 이러한 임계점에 도달하기 위해서 사업 초기에 적자를 감수하면서 가입자에게 무료 서비스나 금전적 보상으로 가입자를 유치한다.

또한 어떤 새로운 플랫폼 사업이 추진되면, 다수의 유사한 플랫폼 사업자가 같은 시장에 갑자기 진입하여 경쟁이 치열 해진다. 이 시기에는 살아남는 플랫폼 사업자가 중요하기 때문에 사업자는 경쟁에서 승리하기 위해 많은 자금을 투자한다.

승자독식 시스템은 미어캣(Meerkat, 동물), 벌, 개미 등 동물의 세계에도 있다. 미어캣의 한 무리는 약 50마리로 구성되는데, 암컷의 경우 서열이 가장 높은 암컷이 우두머리가 되어서 새끼를 낳는다. 반면 서열이 낮은 다른 암컷은 우두머리 암컷이 낳은 새끼를 돌 본다.

이러한 자연 생태계는 여왕벌과 일벌, 여왕개미와 일개미 등과 같이 생태계를 독식하는 사례가 있다. 이처럼 플랫폼을 장악한 기업은 해당 사업을 독식하게 되면서 지속적인 성

장을 하기 때문에 다른 경쟁 플랫폼 사업자는 설 자리를 잃게 된다.

경쟁에서 밀린 일부 플랫폼 사업자는 미어캣의 암컷 사회와 같이 승자독식을 하는 다른 플랫폼 사업자의 자회사가 되기도 한다. 대표적인 과거 사례로 온라인 배달 서비스, 예약 서비스 등이 있다.

플랫폼 사업은 승자독식의 특징이 강하다. 승자독식은 같거나 유사한 서비스를 제공하는 다수의 사업자가 있을 때, 이 중에서 하나의 사업자가 절대적인 시장을 장악하는 현상이다.

대표적인 승자독식 시장은 Google, Facebook, Android(휴대폰 OS), 카카오톡 등이 있다. 이렇게 플랫폼 사업자 승자독식을 하게 되면, 성장의 선순환 사이클을 활용하여 다른 경쟁자가 복제가 어려운 사업을 추진한다.

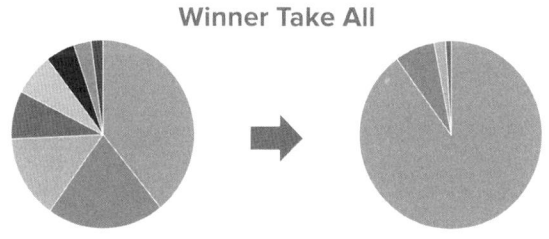

그림 3-102. 승자독식 개념

대표적인 예로 Google은 검색시장을 승자독식한 다음, 많은 가입자의 이점을 활용하여 YouTube, 지도, 메일, 예약 등 다른 생태계를 조성하여 다른 경쟁자가 따라하지 못하게 한다.

물론 스타트업이 기존의 승자독식 사업자를 이기는 것은 불가능한 것은 아니다. 그동안 AI를 활용한 사례가 있었기 때문에 향후에도 스타트업이 유망한 회사가 되어 나중에 승자독식 형태로 시장을 장악할 수 있다.

하지만, 몇몇 국가는 승자독식이 건전한 경쟁에 문제가 있다고 판단하여 반독점법을 시행한다. 예를 들면 미국에서는 1980년대 초까지 통신시장을 사실상 독점하던 AT&T가 반독점법으로 1984년에 분할되었다.

미국은 1890년에 반독점법(Sherman Antitrust Act, 셔먼의원이 주도적으로 법 제정)이 제정되었으며, 대표적으로 반독점법이 적용된 사례는 AT&T(American Telephone and Telegraph)이다. AT&T는 전화기를 발명한 Alexander Graham Bell이 설립한 미국 통신회사로서 1980년 이전까지 미국 전역에 통신시장(당시 유선전화, 팩스 위주)

을 사실상 독점했다.

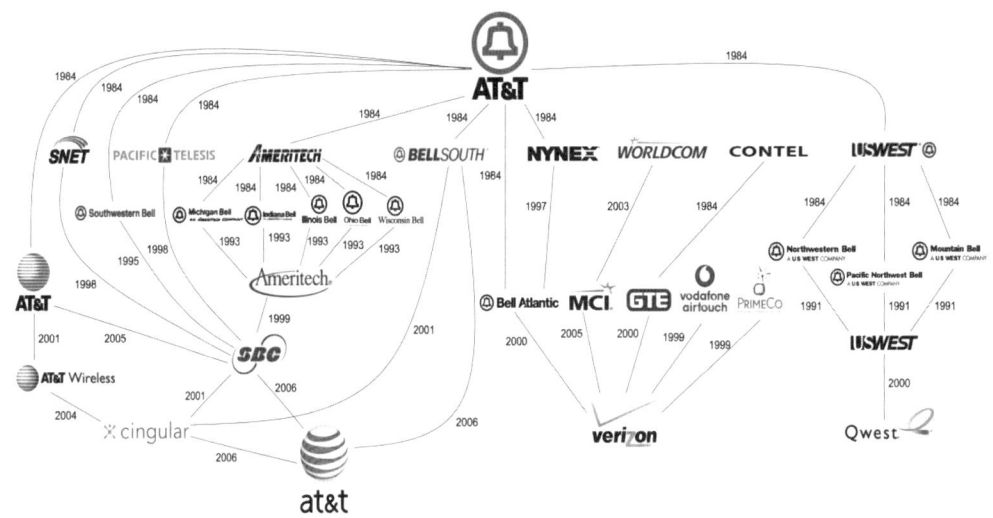

→ 그림 3-103. 미국 반독점법으로 이전 AT&T의 분할

1984년에 반독점법이 적용되어 미국 전역에 통신서비스 제공했던 AT&T는 각 지역별로 다수의 전화회사(당시, Baby Bell이라고 불려 졌음)로 분할되었다. 즉, 반독점법으로 한 개의 회사가 다수의 회사로 나눠졌으며, 분할된 회사는 서로 경쟁하는 구도가 되었다.

미국뿐만 아니라 대부분의 국가는 반독점법이 있다. 반독점법은 기업들이 담합하거나 제휴 등을 통해 해당 시장에서 사실상 독점적 지위를 행사하거나 경쟁을 저하시키는 것을 방지하는 법률이다.

이처럼 현대의 플랫폼 회사는 승자독식의 원리에 따라 점진적으로 독점 사업을 추진하게 되는데, 너무 심하게 되면 반독점법으로 회사가 분리될 수 있다.

플랫폼 서비스 사업은 초기에 무조건 사용자를 늘려야 한다. 사용자가 많으면, 뭔가 할 수 있는 추가적인 사업 모델을 만들 수 있다. 이렇게 가입자를 많이 모으는 것을 과거에는 'Power Model'이라고 했다. 즉, 사용자가 많으면 Power가 있는 서비스가 되고, 향후 발전 가능성이 있다는 의미이다.

하지만 이러한 Power Model로 승자독식을 추구할 때 몇 가지 단점이 있을 수 있다. 예를 들어 무조건 가입자 확보를 추구하다 보면 수익성을 보장하지 못할 수 있고, 서비스 품질이 떨어질 수 있다.

또한 이 사업은 항상 고객이 만족할 수 있도록 서비스 고도화를 통해서 수익모델을 추구하기 때문에 내 외부 리소스가 분산될 수 있다. 또 다른 문제점으로는 새롭게 추가된 서비스가 초기에 설정한 서비스의 본질을 변화시킬 수 있어서 고객에게 균일한 경험을 제공하지 못할 수 있다.

과거 Power Model은 MAU(Monthly Active Users)를 늘이는 것과 같은 의미이며, 그동안 MAU 증가에만 집중한 Dropbox, SlideShare 등은 크게 성장하지 못했기 때문에 최근에는 임계점(Critical Mass, 수익이 보장되는 가입자 수)을 넘으면 바로 수익성 강화에 치중하는 추세이다.

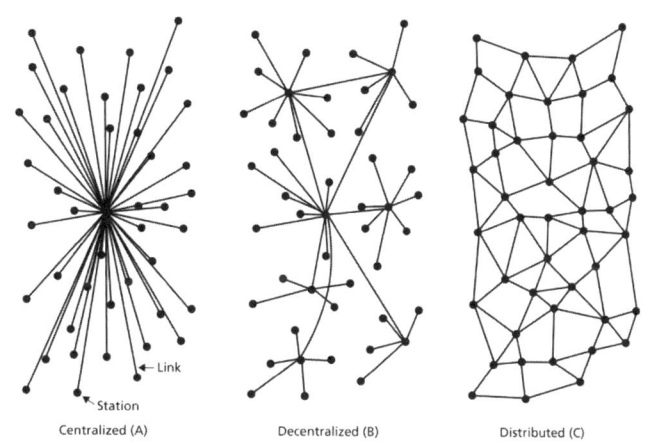

➔ 그림 3-104. Centralized, Decentralized, Distributed 구분

한편 플랫폼 사업은 점차 분산환경으로 진화하는데, 분산 플랫폼은 플랫폼에 기여한 모든 사람이 수익을 가져가는 구조이다. 즉 기존에는 플랫폼 사업자가 수익을 독차지하는데, 분산환경은 이 플랫폼에 기여한 가입자도 수익이 얻을 수 있다.

이러한 트랜드가 Web 3.0이며, Web 3.0은 플랫폼을 구성하는 모든 사람에게 수익을 분배하기 때문에 안전한 거래를 위하여 분산환경에 적합한 Blockchain이 사용될 수 있다.

저자소개 :

김 현 욱

경북대학교 전자공학과(학사, 석사)를 졸업한 이후, SK Telecom ICT 기술원에 입사하여 20년 이상 이동통신 신기술, 이동통신 부가서비스, 단말기 신기술 등을 개발하여 상용화했으며(연구위원), 이후 SK Planet에서 신기술 기반 사업을 개발하고 있습니다.

그동안 이동통신(2G, 3G, 4G, 5G), 해외 로밍, IoT, 멀티미디어, 보안기술, 측위 기술, RFID(NFC), eCommerce, O2O, Wireless Connectivity(Wi-Fi, Bluetooth 등), Blockchain, AR/VR, USIM/eSIM, AI 기반 서비스 등 다수의 기술을 상용화하면서 실무경험을 보유하고 있습니다.

주요 저서로는 IoT 기술과 서비스, 5G 이동통신 기술과 서비스, 측위기술의 이해, IMT-2000 이동통신 원리 등이 있고, SK Telecom 사내 교육용으로 다수의 교육자료와 정보통신 관련 논문이 있습니다. 신기술 개발과정에서 특허를 작성하여 국내 특허 약 200개, 해외 특허 약 25개를 보유하고 있습니다.

본 서적과 관련된 문의사항은 저자에게 연락 부탁드립니다.

(김현욱 메일 주소: hwkim7@gmail.com)

IT 사업 그리고 돈

발 행	/ 2024년 12월 10일	판 권
	•	소 유
저 자	/ 김 현 욱	
펴 낸 이	/ 정 창 희	
펴 낸 곳	/ 동일출판사	
주 소	/ 서울시 강서구 곰달래로31길7 (2층)	
전 화	/ (02) 2608-8250	
팩 스	/ (02) 2608-8265	
등록번호	/ 제109-90-92166호	

ISBN 978-89-381-1683-3 13000
값 / 20,000원

이 책은 저작권법에 의해 저작권이 보호됩니다.
동일출판사 발행인의 승인자료 없이 무단 전재하거나 복제하는
행위는 저작권법 제136조에 의해 5년 이하의 징역 또는 5,000만
원 이하의 벌금에 처하거나 이를 병과(倂科)할 수 있습니다.